AF193523

IFCT0078

CREACIÓN, PROGRAMACIÓN Y DISEÑO DE PÁGINAS WEB

IFCT0078

CREACIÓN, PROGRAMACIÓN Y DISEÑO DE PÁGINAS WEB

Pablo E. Fernández Casado

La ley prohíbe
fotocopiar este libro

IFCT0078 - CREACIÓN, PROGRAMACIÓN Y DISEÑO DE PÁGINAS WEB
Materia Thema: UGB
Materia BISAC: COM051260
© Pablo E. Fernández Casado
© De la edición: Ra-Ma 2024

Editado por:
RA-MA Editorial
Calle Jarama, 3A, Polígono Industrial Igarsa
28860 PARACUELLOS DE JARAMA, Madrid
Teléfono: 91 658 42 80
Fax: 91 662 81 39
Correo electrónico: *editorial@ra-ma.com*
Internet: *www.ra-ma.es* y *www.ra-ma.com*
ISBN: 978-84-1036-057-0
Depósito legal: M-19895-2024
Maquetación: Antonio García Tomé
Diseño de portada: Antonio García Tomé
Filmación e impresión: Safekat
Impreso en España en septiembre de 2024

A Pelusa.
Semper fidelis.

ÍNDICE

GLOSARIO DE TÉRMINOS

A continuación, se explican algunos conceptos previos que se deben tener antes de empezar con el curso.

Concepto	Descripción
Accesibilidad Web	La accesibilidad web es una de las partes que engloba la usabilidad web. Mientras que la usabilidad web, entre otras cosas, se centra en el rendimiento, la semántica y la universalidad, la accesibilidad web, se asegura de que todo tipo de usuario, tenga o no una limitación, discapacidad o incapacidad, puedan usar las páginas y aplicaciones con una experiencia de usuario óptima.
Agente de usuario	Es una programa informático o software que funciona como interfaz de interacción web o cliente de red. Habitualmente, este tipo de software hace referencia a los navegadores web y herramientas de asistencia a la accesibilidad como puedan ser los magnificadores de pantalla, los lectores de pantalla, etcétera.
Diseño Gráfico	Podría definirse como una disciplina que consiste en presentar información visual y cuyo objetivo es que, los usuarios, capten mensajes específicos sobre un tema o materia determinada.
IDE	IDE es un acrónimo que significa Entorno de Desarrollo Integrado. Su función, es la de mejorar la productividad de los desarrolladores valiéndose de unas herramientas para la edición de código, de construcción automáticas que evitan, entre otras cosas, errores de sintaxis y de estructuración y, un depurador. También pueden contener un compilador y/o intérprete como es el caso de NetBeans o Eclipse.
Lenguaje de marcado	Un lenguaje de marcado es un mecanismo para codificar documentos con todo tipo de objetos, sean textuales o no textuales. Esta codificación, a menudo, permite el uso de etiquetas y atributos para proporcionar información adicional a la estructura del texto o su presentación.

Metadato	Un metadato puede definirse como información adicional acerca de los propios datos. Muchos autores lo definen como datos sobre los datos, que es una forma de decir el contexto de los datos o a qué se refieren esos datos. Normalmente, el identificador del metadato ya indica su objetivo y, su valor, indica la explicación o contextualización.
Microdato	Los microdatos son unas marcas adicionales que se emplean para anidar metadatos sobre una información concreta dentro de un documento basado en lenguaje de marcado.
Polyfill	Un polyfill es un componente o fragmento de código que habilita o posibilita una funcionalidad que el agente de usuario no es capaz de proporcionar, ya sea porque es antiguo, ya sea porque utiliza un estándar incompatible.
Mobile First	Mobile First es una disciplina que considera que las páginas se deben diseñar dando prioridad a los dispositivos móviles, es decir, primero se tiene en cuenta el diseño para un dispositivo móvil y, si el escenario lo permite o es diferente, se le aplican una serie de reglas para su adecuado funcionamiento y correcta visualización.
Seguridad Web	La seguridad web se refiere cómo se debe contemplar o proveer la seguridad de la información en las páginas y aplicaciones, sean del tipo que sean. Su objetivo es evitar ataques de usuarios malintencionados y de softwares diseñados con un propósito no lícito o ético. En otras palabras, es una disciplina que permite proteger contra el acceso, manipulación, destrucción e interrupción de información no autorizado.
Semántica Web	La semántica web es un conjunto de recomendaciones y estándares desarrolladas por la W3C (World Wide Web Consortium) que están pensadas para hacer que los datos se vuelvan más legibles.
Usabilidad Web	En términos generales, la usabilidad se refiere a la facilidad con la que las personas utilizan los programas y máquinas que deben de manejar. En el campo de la informática, la usabilidad se refiere a la facilidad con la que las personas manejan las páginas y aplicaciones, sean web o móviles. Por tanto, un diseño usable es aquel que está centrado en el usuario.

1

CONCEPTOS PREVIOS

1.1 ENTORNOS DE PROGRAMACIÓN

Un entorno de programación o entorno de desarrollo integrado (IDE) es un programa o aplicación de software que proporciona soluciones integrales a los programadores para desarrollar software, sea del tipo que sea.

Todos los IDE normalmente poseen un editor de código fuente, herramientas varias para la automatización de tareas, validadores de código como linters, opciones para la compilación y un depurador, entre otras características.

Uno de los IDE más extendidos para múltiples arquitecturas como puedan ser PHP, Angular, React, JavaScript, HTML y CSS es Visual Studio Code.

Visual Code es un IDE (Entorno de Desarrollo Integrado) desarrollado por Microsoft que permite editar los archivos en modo texto y presenta multitud de extensiones entre las que se incluyen soporte para la depuración, control integrado de Git y el resaltado de sintaxis.

Es descargable desde:

```
https://code.visualstudio.com/download
```

1.2 HISTORIA DE LA WEB

En los años 60 se produjo una nueva forma de compartir información con otros usuarios. Se trataba de un servicio de comunicación que sólo permitía la inclusión de textos y eran manipulables a través de navegadores de sólo texto. Sin embargo, no fue hasta principios de los noventa cuando se creó HTML, lo que provocó que la web empezara a tener una aceptación suficiente y extenderse como la pólvora.

En aquel entonces, la web era un sistema unidireccional de publicación estático de sólo texto que no presentaba gráficos o imágenes, no ofrecía opciones de personalización, no permitía la actualización y, mucho menos, la posibilidad de realizar intercambio de datos, por lo que los usuarios no podían interactuar con el contenido y, únicamente, se limitaban a consultar o leer la información que el administrador de la página web hubiese subido a la red. A esto, se denominó la Web 1.0.

La web 2.0, término que fue bautizado por O'Reilly en el año 2004, supuso la segunda generación de sitios y páginas web. Este tipo de webs ya no eran estáticas, ni de sólo lectura y permitían, entre otras cosas, compartir e interactuar con la información de una manera sencilla. Como consecuencia de ello, se produjo un desarrollo de la inteligencia colectiva que fomentaba la colaboración y el intercambio de información a través de comunidades y redes sociales.

Es, por esta época, cuando se crean y extienden sistemas tan conocidos como son los blogs, chats, wikis o foros. Sistemas bidireccionales, los cuales, permitían manipular y gestionar la información de forma sencilla, además de permitir la adición de comentarios y opiniones o interactuar con otros usuarios que presentaban las mismas inquietudes, pero que no requerían tener el mismo nivel técnico o cultural.

Sin embargo, no fue hasta la web 3.0 dónde se produjo un salto cuantioso en lo referente a los sistemas en red. La web 3.0, la tercera generación de sitios y páginas web, ya no sólo era una forma de interactuar y compartir la información de manera sencilla, ahora, su objetivo es darle significado y enriquecer la experiencia del usuario.

Es aquí, como alguno ya habrá pensado, cuando nace la Semántica web y las páginas web empiezan a estructurarse a través de un lenguaje natural que puede ser interpretado por el software definiendo qué parte tiene cada función. De esta forma, acceder a la información resulta más sencillo y rápido de procesar, porque hasta las máquinas son capaces de "entender" los contenidos y su objetivo.

Se dice que la web 3.0 también tiene bastante que ver con la inteligencia artificial puesto que las páginas y aplicaciones web ya poseen la capacidad de conectarse entre sí para ofrecer un mejor servicio a los intereses de cada usuario. No obstante, es en la web 4.0 dónde esta premisa está más presente puesto que es quién obtiene un comportamiento más inteligente, predictivo y simple que implica menos movimientos y más acciones con mejores resultados.

Con la web 4.0, nacen el aprendizaje profundo (Deep Learning) y el aprendizaje automático (Machine Learning), tecnologías que forman parte de una familia de métodos de aprendizaje automático basados en redes neuronales con aprendizaje de representación. En otras palabras, tecnologías basadas en sistemas capaces de aprender a realizar tareas tras analizar diferentes patrones y muestras mediante técnicas de aprendizaje que permiten descubrir de manera automática las características de una entidad a partir de datos sin procesar.

El ejemplo más conocido o extendido de todo esto quizás sea Watson de IBM, un software capaz de responder preguntas realizadas en lenguaje natural y de realizar tareas como Speech To Text, el cual permite hablarle a una máquina y convertir lo dicho en texto escrito.

Pero esto no es todo, la web 4.0 es la responsable de que los usuarios sean advertidos por sus dispositivos móviles antes de que ellos mismos se den cuenta. Por ejemplo, ¿quién no ha recibido notificaciones con la ruta más corta al trabajo, avisos por atascos en la carretera, alertas por fuertes tormentas o lluvias o mensajes de advertencia sobre tu elevado ritmo cardiaco?

1.3 CÓMO FUNCIONA LA WEB

De forma básica, cuando un usuario se conecta a Internet con un dispositivo cualquiera, se le asigna un identificador único mediante los protocolos TCP/IP (Protocolo de Control de Transmisión / Protocolo de Internet). El protocolo TCP proporciona el medio para crear las conexiones y el protocolo IP proporciona el mejor "camino" para alcanzar su destino.

Este identificador único, más conocido como dirección IP, suele estar compuesto por cuatro códigos de 8 bits y vinculado a un nombre, también único, el cual utilizamos para acceder a un sitio web (véase, por ejemplo, *https://google.es*).

¿Qué es lo que sucede entre medias? Como hemos dicho, Internet se mueve a través de direcciones IP, por lo que, para conseguir la dirección IP asignada a ese nombre que hemos introducido, primero se debe acceder a un sistema intermedio que almacena dicha relación.

Ese sistema intermedio se conoce como DNS (Sistema de Nombres de Dominio) y, fundamentalmente, lo que hace es recopilar un catálogo de correspondencias de nombres e IPs y devolver un valor concreto como, por ejemplo, 216.58.211.35.

Una vez que se tiene el objetivo al que dirigirse, el navegador, también llamado Cliente en términos de comunicaciones, abre una instancia de comunicación con el Servidor mediante el protocolo HTTP (Protocolo de Transferencia de Hipertexto). Este protocolo es quién dicta las normas para que el Cliente se comunique con el Servidor Web asignado a la IP anteriormente adquirida y es, además, quién define la sintaxis y semántica que se debe utilizar en cada conexión.

No obstante, si accedemos a la consola del navegador (pulsando F12) y recuperamos la información de la pestaña NETWORK, al recargar la página veremos que la mayoría de estas conexiones entre el Cliente y el Servidor se realizan a través de HTTPS, o lo que es lo mismo, la versión segura del protocolo HTTP.

En este tipo de comunicación, el servidor establece un cifrado basado en la seguridad de textos mediante los protocolos criptográficos SSL/TLS, los cuales, permiten crear una capa codificada intermedia entre los protocolos HTTP y TCP/IP por el que envía el código HTML que el navegador muestra al usuario.

A continuación, se muestra un gráfico que representa todo el proceso:

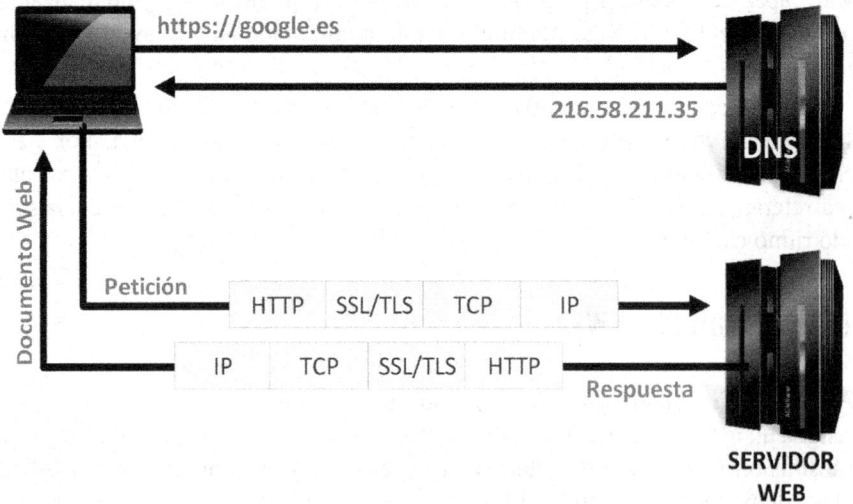

Ilustración 1.3. Proceso de una petición web.

1.4 DISEÑO GRÁFICO Y EL PAPEL DEL DISEÑADOR

El diseño gráfico podría definirse como una disciplina que consiste en presentar información visual y cuyo objetivo es que, los usuarios, capten mensajes específicos sobre un tema o materia determinada.

También podríamos definir el diseño gráfico como el arte de crear una composición de imágenes y texto de forma que se transmitan mensajes de forma efectiva.

Cuando hablamos de diseñadores gráficos, no estamos hablando de comerciales ni de artistas, no obstante, es un perfil que tiene algo de ambos. El objetivo de un diseñador gráfico no es vender nada, aunque pueda hacerlo. Ni tampoco es ser un experto comunicador, aunque puede y debe tener una cierta maestranza para poder abstraer los mensajes que se quieren divulgar y transmitirlos de forma eficiente.

Por tanto, lo primero que necesita un diseñador gráfico para empezar a trabajar es un documento o reunión informativa en la que se le proporcione todos los datos necesarios para poder afrontar de manera ordenada, estratégica y creativa el objetivo a cumplir.

Más tarde, cuando ya disponga de los requerimientos y necesidades, y tenga una idea más o menos clara de lo que se debe crear, el diseñador podrá ayudarse, y en general lo hará, de herramientas específicas como son PhotoShop, Illustrator, Gimp o FireWorks, y de lenguajes de marcado como HTML5, CSS3 o SVG, los cuales facilitan el trabajo en gran medida.

1.5 ARQUITECTURA DE LA INFORMACIÓN Y EL PAPEL DEL ARQUITECTO

La Arquitectura de la Información (AI) es el arte, disciplina o metodología, según quien lo defina, encargada de estudiar, analizar, organizar, y estructurar la información.

Cuando se habla de Arquitectura de la Información, a lo que se hace referencia es a unos principios de diseño y construcción que ayudan a seleccionar y presentar la información en sistemas interactivos y pasivos.

En lo referente a lo que busca la Arquitectura de la Información podríamos decir que, su objetivo, es:

- ▼ Procesar y dosificar la ingente cantidad de información que se produce cada día en las redes.

- ▼ Desarrollar y verificar los procesos de producción de forma que los usuarios puedan acceder con los mínimos problemas posibles.

- ▼ Utilizar la información de manera clara y precisa.

- ▼ Organizar, estructurar, marcar y distribuir los sistemas de información para que la experiencia de los usuarios se vuelva más sencilla y menos frustrante.

Si pensamos en la Arquitectura de la Información como proceso, lo que encontramos es una especie de ecosistema que tiene un ciclo de vida completo y que va definiendo los objetivos para que la producción y desarrollo se realice de forma efectiva y eficiente.

De hecho, para que los contenidos puedan ser accedidos, utilizados y asimilados de manera eficiente y efectiva, la Arquitectura de la Información define una serie de técnicas que, dependiendo de cuáles sean y de cuándo se produzcan, ayudan al desarrollo y creación de sistemas de información.

Estas técnicas pueden definir:

- El objeto o propósito del producto.

- El público objetivo.

- Los estudios de audiencia y análisis de competencia.

- La planificación, gestión y desarrollo de contenidos.

- El diseño de la interacción, la Usabilidad y la Accesibilidad.

- El diseño de la navegación, organización y apariencia de los contenidos.

- El marcado de los datos para acceder a los contenidos y facilitar su búsqueda.

- Los procesos de reingeniería del sistema.

Por tanto, un arquitecto de la Información es una persona que lleva a cabo la ejecución y verificación del diseño del sistema o interfaz, además de estar en constante cooperación con los diseñadores gráficos y responsables de la parte de procesamiento y lógica de negocio para definirla.

Sin embargo, no me sentiría cómodo al cerrar esta parte, sin antes, realizar unos últimos comentarios. Cuando se habla de Experiencia de Usuario (UX) se puede estar haciendo referencia a la Arquitectura de la Información, porque es una parte o componente de misma. No obstante, mientras que la Arquitectura de la Información se centra en la información, la Experiencia de Usuario se centra en los usuarios y en cómo pueden actuar y pensar.

Piénsese que el concepto de UX es un conglomerado de técnicas y elementos que define o ayuda a definir la estructura y organización de la información, el diseño de interacción, la usabilidad y accesibilidad de los sistemas y que, para ello, se apoya en el diseño gráfico y procesos cognitivos y de percepción.

1.6 ESTRUCTURA BÁSICA DE UNA PÁGINA WEB

Todo documento web presenta siempre una misma estructura básica. Una cabecera que prepara el documento, un contenido central o principal que habitualmente se denomina cuerpo del documento y un pie de página que suele proporcionar algunos contenidos adicionales.

La cabecera de la página es la parte en donde se proporcionan todos los datos de configuración del documento y todos los datos que describen el contenido del documento que se va a presentar. Estos datos que describen el contenido del documento se denominan formalmente metadatos y, en pocas palabras, se definen como datos acerca de los datos.

Estos metadatos pueden ser de muy diferente índole, desde datos puramente informativos, como quién creó el documento o el título del mismo, hasta datos que configuran la presentación del contenido. Estos últimos, pueden preparar la codificación de caracteres a usar en el documento, establecer las palabras clave que permiten la indexación en los motores de búsqueda como Google o Yahoo!, permitir o no que la página sea rastreada por los robots de los motores de búsqueda, definir el periodo de validez de los datos en caché, etcétera, etcétera, etcétera.

El cuerpo de la página, por el contrario, no describe nada referente al propio documento, sino que proporciona todo el contenido perceptible, es decir, es la parte del documento donde se establecen los textos, imágenes, vídeos, gráficos estadísticos e, incluso, los sonidos o música de fondo.

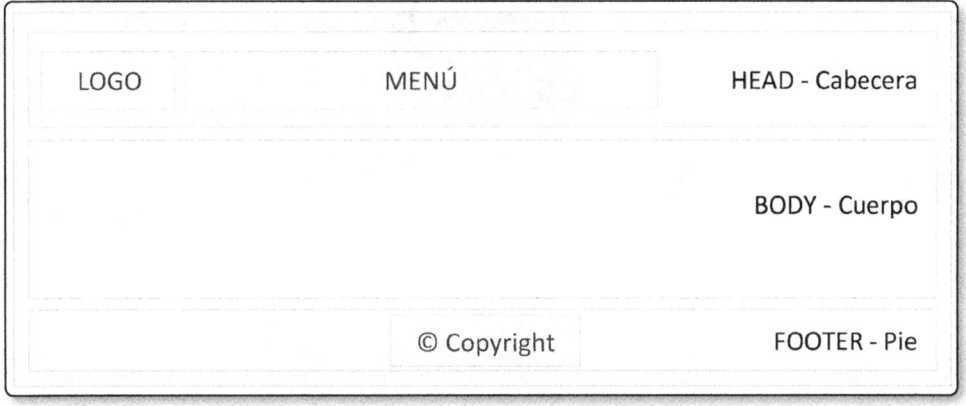

Ilustración 1.4.1. Ejemplo de estructura básica de una página web.

Como se puede observar en la ilustración anterior, cada elemento de una página web suele estar vinculado a una sección determinada. Por ejemplo, el logo y menú principal suelen estar ubicados en la zona de la cabecera y, en el pie de página, se suele mostrar información sobre el copyright.

No obstante, las secciones, casi nunca suelen tener tan pocos elementos o ser tan triviales. De hecho, los pies de página, habitualmente, suelen llevar otros contenidos adicionales como puedan ser los enlaces de interés, los créditos, acceso a las redes sociales y, en algunos casos proporcionan un formulario para apuntarse a la Newsletter o para realizar un contacto.

1.7 LOS ESTÁNDARES W3C

Los estándares Web W3C (World Wide Web Consortium) son un conjunto de recomendaciones internacionales creadas con la finalidad de conseguir que los sitios web obtengan un mejor rendimiento y mejorar la funcionalidad operativa tanto para los navegadores como para los usuarios.

El W3C desarrolla estándares web internacionales para HTML, CSS y semántica web, entre otros muchos y ofrecen soporte para la accesibilidad a nivel mundial. Este último es revisado por el Grupo de Trabajo de Arquitecturas de Plataforma Accesible - APA (en inglés).

Entre los más relevantes tenemos las Pautas de accesibilidad para el contenido web (WCAG), las Pautas de accesibilidad para las herramientas de creación de contenido (ATAG) y las Pautas de accesibilidad para el agente de usuario (UAAG).

Si se desea más información se puede visitar la dirección:

https://www.w3.org/WAI/standards-guidelines/es

2

INTRODUCCIÓN A HTML5

2.1 INTRUDUCCIÓN

El lenguaje HTML (HyperText Markup Language o lenguaje de marcado de hipertexto) es un lenguaje de marcado dedicado a la elaboración de páginas web. Fue definido por primera vez en 1991 y, en aquel entonces, se caracterizaba por tener algo más de una docena de etiquetas. Más tarde, en 1995 se publicó el primer estándar oficial de HTML al que denominaron HTML 2.0.

En 1997 entró en juego la W3C y desarrolló tres estándares más hasta llegar a lo que hoy conocemos como HTML5 en 2014.

Si bien HTML es un lenguaje formado por entidades que ayudan a estructurar y proporcionar significado a las diferentes partes del documento, cada una de estas entidades, usualmente denominadas elementos o etiquetas, están formadas por un contenido y cero, uno o varios atributos.

```
<p>Esto es un párrafo</p>
<div class="layer">Esto es una capa</div>
```

Cada uno de los atributos tiene una función y puede estar o no asociado a un comportamiento o definición específica. Por ejemplo, el atributo ID habitualmente es utilizado para poder manipular el elemento a través de un nombre corto, sin embargo, también puede ser declarado para vincularse con otro elemento generando una entidad mayor, como es el caso del siguiente código.

```
<label for="nombre">Nombre</label>
<input id="nombre" placeholder="Inserte el nombre completo" />
```

Ilustración 2.2. Etiquetado de un campo de formulario en HTML

El atributo FOR, utiliza el atributo ID para vincular el LABEL con el INPUT y generar un elemento combinado o pequeño componente.

Cabe destacar que, aunque puede haber etiquetas sin cierre, como es el caso del elemento INPUT, lo normal es que todas las etiquetas o marcas tengan un principio y un final, como es el caso de la etiqueta LABEL.

En lo referente a las novedades de HTML5, como muchos sabrán, una de las más significativas es el valor semántico. La semántica es una característica que dota a los documentos web de mayor significado porque, entre otras cosas, proporciona una mayor estructuración y ayuda a la compresión gracias a lo que se denomina identificador semántico.

El identificador semántico es un término que hace referencia a lo que contiene o representa la etiqueta, es decir, cada etiqueta o elemento tiene un nombre asociado que representa o indica su objetivo. Por ejemplo, en general, la etiqueta SECTION siempre contendrá un conjunto de elementos agrupados que tendrán o guardarán una relación.

2.2 ELEMENTOS BÁSICOS DE HTML

2.2.1 Definición del tipo de documento DTD (!DOCTYPE)

Cuando uno decide trabajar con HTML, lo primero que debe hacer es declarar el elemento !DOCTYPE. Este elemento tiene, como objetivo, informar al navegador del tipo de documento que se va a definir.

La Declaración del Tipo de Documento (DTD) puede cambiar, y de hecho cambia, para cada versión de HTML. La versión del lenguaje de marcado puede ser muy diferente según qué tipo se utilice, y puede tener más o menos restricciones en función del modo y versión. Sin ir más lejos, el tipo de documento que se debe definir para indicar que es un documento XHTML es muy distinto al que se debe usar para indicar que es HTML5 o SVG.

A continuación, se muestran los principales DTD para documentos de HTML, SVG y MathML.

2.2.1.1 DTDS DE HTML

HTML5

```
<!DOCTYPE html>
```

2.2.1.2 DTDS DE MATHML

MathML 2.0

```
<!DOCTYPE math PUBLIC "-//W3C//DTD MathML 2.0//EN"
                   "http://www.w3.org/TR/MathML2/dtd/mathml2.dtd">
```

2.2.1.3 DTDS DE SVG

SVG 1.1 Full

```
<!DOCTYPE svg PUBLIC
        "-//W3C//DTD SVG 1.1//EN"
        "http://www.w3.org/Graphics/SVG/1.1/DTD/svg11.dtd">
```

SVG 1.1 Básico

```
<!DOCTYPE svg PUBLIC
        "-//W3C//DTD SVG 1.1 Basic//EN"
        "http://www.w3.org/Graphics/SVG/1.1/DTD/svg11-basic.dtd">
```

SVG 1.1 Reducido

```
<!DOCTYPE svg PUBLIC
        "-//W3C//DTD SVG 1.1 Tiny//EN"
        "http://www.w3.org/Graphics/SVG/1.1/DTD/svg11-tiny.dtd">
```

2.2.1.4 DTDS DE XHTML

XHTML1.1

```
<!DOCTYPE html PUBLIC
        "-//W3C//DTD XHTML 1.1//EN"
        "http://www.w3.org/TR/xhtml11/DTD/xhtml11.dtd">
```

2.2.2 Etiqueta html

La etiqueta HTML es el elemento que representa la raíz o base de un documento HTML y supone el cierre automático del resto de los elementos declarados posteriormente a él.

La etiqueta HTML admite varios atributos, la mayoría en desuso. El único que sigue estando vigente es LANG y es el encargado de definir el lenguaje del documento.

Es un atributo muy útil cuando se dispone de documentos en distintos idiomas y para aquellos usuarios que dependen de herramientas de asistencia como lectores de pantalla.

```
<html lang="es">...</html>
```

2.2.3 Etiqueta head

La etiqueta HEAD es el elemento o la estructura que proporciona información general acerca del documento. Esta información general viene definida a modo de metadatos, o lo que es lo mismo, datos que informan sobre los datos y, pueden ser de muy diferente índole. Esto es, el tipo de codificación, el título del documento, las palabras clave que lo describen, la descripción sobre lo que contiene, el autor del documento, etcétera.

No obstante, lo que más abunda dentro de esta estructura suele ser elementos LINK o STYLE, los cuales recogen todas las reglas CSS aplicables en el documento.

```
<head>
    <!-- Información del documento -->
</head>
```

(i) NOTA

Aunque la etiqueta SCRIPT puede estar definida dentro del elemento HEAD, lo mejor es que esté al final de la etiqueta BODY para evitar bloqueos o retrasos en la muestra del primer renderizado.

2.2.4 Etiqueta body

La etiqueta BODY es el elemento o la estructura que define todo el contenido útil del documento. Aquí es dónde se definirán todos los textos, capas, botones, controles de entrada y salida, etcétera para que los usuarios puedan utilizarlo o consultarlo.

Al final de esta estructura, habitualmente, suele contener uno o varios elementos SCRIPT que todas las funcionalidades que se ejecutan en el navegador, como validaciones o animaciones.

```
<body>
    <!-- Contenido del cuerpo de la página -->
</body>
```

2.2.5 Comentarios

Los comentarios en HTML se establecen a través de las marcas <!-- y -->. Estas etiquetas o marcas indican al navegador que la información contenida no debe ser interpretada y, por tanto, tampoco renderizada. Un ejemplo podría ser:

```
<!-- Esto es un comentario de HTML -->
```

2.3 INFORMACIÓN DEL DOCUMENTO

Los elementos que proporcionan información sobre el documento son las etiquetas BASE, LINK, META, SCRIPT, STYLE y TITLE.

2.3.1 Elemento base

El elemento BASE especifica la base de direccionamiento predeterminada para los elementos que utilicen un direccionamiento relativo, es decir, las direcciones no tienen como primer carácter el símbolo de barra inclinada (/) y no empiezan por un identificador de dominio.

Debe estar dentro del elemento HEAD y es importante destacar que, si se declaran varios elementos BASE, la última declaración anulará todas las anteriores.

```
<head>
    <base href="https://www.ejemplo.com/" target="_blank" />
</head>
```

2.3.2 Elemento link

El elemento LINK especifica un enlace hacia una hoja de estilos o archivo externo.

```
<link rel="stylesheet" type="text/css" href="custom.css" />
```

El único atributo obligatorio del elemento LINK es REL, que es quién define la relación que existe entre el documento actual y el enlazado, es decir, si es una hoja de estilos, un icono, un archivo de ayuda, un documento de alternativa, ...) y su valor más recurrente es STYLESHEET.

No obstante, aunque el establecimiento de este atributo es importante y ayuda a la semántica web, también puede influir en el rendimiento de forma notable haciendo que los recursos se carguen de maneras diferentes.

Por esta razón, es importante que se conozca bien la aplicación que se está creando y optimizar los recursos, porque un mal uso del atributo REL puede influir negativamente en el rendimiento de la página.

A continuación, se muestran algunos de los valores de REL que afectan al rendimiento:

Valor	Descripción y ejemplo
`length`	La cláusula `DNS-PREFETCH` indica al agente de usuario que se resuelva el DNS lo antes posible, es decir, que se resuelva el dominio del servidor, pero no realice ninguna descarga. Es especialmente útil cuando se desean cargar archivos desde fuentes externas como pueda ser una fuente vectorial de Google Fonts, un script de un CDN o un JSON desde una API. `<link rel="dns-prefetch" href="//fonts.googleapis.com"/>`
`prefetch / preload`	Las cláusulas `PREFETCH` y `PRELOAD` indican al agente de usuario que descargue y almacene en caché un recurso determinado, como pueda ser una hoja de estilos o un script. Mientras que la cláusula es `PREFETCH` provocará que la descarga se realice con prioridad baja, es decir, sin afectar a los recursos más importantes o prioritarios, la cláusula es `PRELOAD` provocará que la descarga se realice a la mayor brevedad posible, pudiendo afectar a los recursos más importantes o prioritarios. Ambas cláusulas se alimentan del atributo `AS`, que proporciona una pista de la prioridad del recurso al agente de usuario. Sus principales valores son `STYLE`, `SCRIPT`, `FONT` e `IMAGE`, aunque hay más. `<link rel="preload" href="./js/scripts.js" as="script">`
`preconnect`	La cláusula `PRECONNECT` indica al agente de usuario que resuelva el DNS y realice la preconexión con los protocolos TCP y TLS, si procede. Al igual que `DNS-PREFETCH`, es especialmente útil cuando se desean cargar archivos desde fuentes externas como pueda ser una fuente vectorial de Google Fonts, un script de un CDN o un JSON desde una API. Sin embargo, su uso excesivo puede provocar pérdidas sustanciales en el rendimiento global, por lo que no se recomienda usarlo más de 4 o 6 veces por página. `<link rel="preconnect" href="//islavisual.com/">`
`prerender`	La cláusula `PRERENDER` indica al agente de usuario que se renderice el recurso en segundo plano. Esto puede ser una buena idea cuándo se está seguro de que, el usuario, realizará alguna acción que requiera esta precarga. Su uso puede aumentar el rendimiento hasta un 70%, no obstante, este tipo de procesamiento es muy costoso, tanto a nivel de memoria, como a nivel de tráfico Cabe destacar que, a febrero de 2023, esta cláusula no está del todo soportada por Firefox ni Safari, por lo que su uso no está recomendado. `<link rel="preconnect" href="//islavisual.com/">`

Con respecto a su posible personalización, permite, entre otras cosas, establecer el idioma en el que está escrito a través del atributo HREFLANG y el dispositivo o medio para el que está optimizado mediante el atributo MEDIA, que habitualmente es ALL, SCREEN o PRINT.

2.3.3 Elemento meta

Los metadatos se pueden definir como datos acerca de los datos. Es como una información que nos proporciona datos clave sobre el contenido que va a ser representado.

Por tanto, podríamos decir que los metadatos proporcionan información a los robots y usuarios que lo necesiten sobre el documento actual. No obstante, esta información puede ser de muy diversa índole, desde información referente a la apariencia, hasta datos que pueden ser utilizados por los agentes de usuario.

Dicho esto, el elemento META especifica una información sobre los datos que se encuentran dentro del actual documento HTML. Un ejemplo podría ser:

```
<meta name="keywords" content="HTML5, HTML, XHTML">
```

El elemento META se alimenta de varios atributos que permiten personalizar, entre otras cosas, la codificación de caracteres, respuestas al documento o el esquema que se debe emplear, lo cual pasamos a ver a continuación.

2.3.3.1 ATRIBUTOS DEL ELEMENTO META

2.3.3.1.1 Atributo name

El atributo NAME especifica el nombre clave que va a asignarse al metadato y asociarse a su par nombre-valor determinado por el atributo CONTENT.

En general, podemos decir que, el atributo NAME permite definir el tipo de metadato que se va a especificar. Esto es, por ejemplo, una descripción, un autor, las palabras clave (KEYWORDS) que clasifican el documento o, el tamaño y escalamiento de la ventana gráfica.

```
<meta name="author" content="Pablo E. Fernández Casado">
```

2.3.3.1.2 El atributo content

El atributo CONTENT especifica el valor de los metadatos referidos a la página o a directivas pragma.

El atributo de CONTENT sólo debe establecerse si se define el atributo NAME o el atributo HTTP-EQUIV por lo que, si el metadato que se está definiendo no contiene ninguno de estos atributos, se debe obviar su declaración para evitar errores de procesado, accesibilidad y/o usabilidad web.

```
<meta name="viewport" content="width=device-width, initial-scale=1.0">
```

2.3.3.1.3 El atributo charset

El atributo `CHARSET` se utiliza para especificar la codificación de caracteres en la que viene definido el documento. Entre sus valores más recurrentes podemos encontrar el valor UTF-8 y el valor ISO-8859-1.

El atributo `CHARSET` sólo puede ser interpretado una única vez por documento, es decir, que debe ser declarado una única vez en la página. Además, debe estar declarado al principio del documento, entre los primeros 512 bytes, dentro de la etiqueta `HEAD` porque, en caso contrario, puede ser ignorado.

Cabe destacar que, aunque existen multitud de posibles codificaciones, ningún agente de usuario las soporta todas, por lo que es importante que uno se informe antes de establecer una codificación de caracteres específica.

```
<meta charset="UTF-8">
```

2.3.3.1.4 El atributo http-equiv

El atributo `HTTP-EQUIV` se dice que es una directiva pragma y vienen a ser simulaciones de encabezados de respuesta HTTP. En otras palabras, se utiliza para comunicarse con los servidores y adaptar sus respuestas al documento.

Este atributo era utilizado antes de la versión 5 de HTML para especificar la codificación de caracteres, pero ahora ya no está permitido. A continuación, se muestra una lista con los valores actuales más representativos que admite este atributo.

- **CONTENT-SECURITY-POLICY**: especifica una política de contenido que sirve para prevenir y disminuir algunos tipos de ataque como la inyección de datos o XSS (Cross Site Scripting) o para definir algún comportamiento que, se desea, se cumpla. Por ejemplo, si se desea que todo el contenido provenga del mismo origen, se puede establecer esta directiva a DEFAULT-SRC 'SELF'. Si, además, se desea que incluya todos sus subdominios, podría definirse la directiva a DEFAULT-SRC 'SELF' *.COMPONENTS.COM. (Para más información puede visitarse la URL *https://developer.mozilla.org/es/docs/Web/HTTP/CSP*).
- **DEFAULT-STYLE**: especifica la hoja de estilos por defecto o preferida. El valor de CONTENT debe ser exactamente el mismo que el definido en el atributo TITLE del elemento LINK o elemento STYLE.
- **REFRESH**: especifica un intervalo de tiempo, tras el cual, el documento se actualiza automáticamente.

```
<meta http-equiv="refresh" content="60">
```

2.3.3.1.5 El atributo scheme

El atributo `SCHEME` *no está soportado por HTML5*, no obstante, antes se utilizaba para especificar el esquema que se debía emplear para interpretar el valor de una propiedad.

En otras palabras, especificaba el esquema de formato o URI que se debía emplear para interpretar el valor del atributo CONTENT.

```
<meta name="date" content="01-01-2020" scheme="DD-MM-YYYY">
<meta name="identifier" content="0-2345-6634-6" scheme="ISBN">
```

2.3.4 Elemento title

El elemento TITLE especifica el nombre del recurso o documento para darlo a conocer.

```
<title>Curso de creación de páginas web</title>
```

En lo referente a los posibles valores admitidos, puede ser cualquier valor de texto que respete las normas de ortografía y gramática. Esto es, no se debe capitalizar la descripción del título, a no ser que sea un nombre propio, y se deben respetar los signos de puntuación.

2.3.5 Elemento style

Permite definir información de estilo a través de selectores y reglas CSS. Un ejemplo podría ser:

```
<style media="screen" type="text/css">
    html{
        font-family: Arial, sans-serif;
        font-size: 14px;
        font-style: normal;
    }
</style>
```

El elemento STYLE tiene dos atributos, el tributo MEDIA y el atributo TYPE. El atributo MEDIA, permite especificar el dispositivo o medio para el que está optimizado el recurso y el atributo TYPE, especifica el tipo de medio o dispositivo, sin embargo, actualmente sólo admite el valor expuesto en el ejemplo, es decir, TEXT/CSS.

2.3.6 Elemento script

HTML puede ser de gran ayuda cuando se trata de describir el contenido, sin embargo, la inmensa mayoría de las veces se suele requerir de una funcionalidad que no nos proporciona el lenguaje. Sirva como ejemplo que, si lo que se desea es saber si el valor de un campo de entrada es válido, se debe recurrir a algún fragmento de código externo en lenguaje script para poder realizar las verificaciones pertinentes.

Dicho esto, el elemento SCRIPT permite insertar un código, o fragmento de código, ejecutable dentro de un documento HTML.

```
<script src="./validarNIF.js"></script>
```

2.3.7 Principales metadatos a definir

En la actualidad, existen gran cantidad de metadatos posibles y cualquiera de ellos puede definirse a través de los atributos NAME, HTTP-EQUIV, CHARSET, SCHEME e SCHEME. Por esta razón sólo presentaremos los más relevantes a nivel introductorio.

Entre los principales metadatos que debe haber en una página web deben estar la codificación de caracteres de la página (generalmente "UTF-8"), el título del documento, la definición del área útil o ventana de visualización y la inclusión de una hoja de estilos y un archivo con los scripts utilizados.

Por tanto, basándonos en esta aseveración anterior, lo único que nos queda es explicar lo que es el área útil o ventana de visualización y para qué sirve.

Viewport (definición del área útil o ventana de visualización)

El término VIEWPORT significa ventana y, en el contexto páginas web, se refiere al área útil de la pantalla dónde se visualizará el contenido.

En líneas generales, se puede afirmar que el tamaño de una página o documento renderizado no se corresponde con el tamaño del área visible de la pantalla. Por este motivo, cuando no se declara esta directiva, los contenidos pueden mostrarse con las barras de desplazamiento horizontal y vertical.

Pensemos, por ejemplo, en cómo puede verse una página, que está diseñada para ser visualizada en pantallas grandes, en un dispositivo móvil. Si esto sucede e intentamos visualizar un contenido pensado para ser mostrado en resoluciones superiores a 1280 píxeles, en un dispositivo que sólo dispone de 360 píxeles, el resultado será que, el usuario, tendrá que desplazarse tanto vertical, como horizontalmente, para acceder a todo el contenido.

Cierto es que este problema, en parte, podría evitarse no utilizando elementos con ancho fijo ni medidas absolutas como son los píxeles, pero, aun así, con todo y con ello, el resultado no sería completamente usable y accesible.

Pues bien, el VIEWPORT o área útil dónde se mostrará el documento, cambia en función de si estamos en un dispositivo de escritorio o en un dispositivo móvil. Si el navegador o herramienta de asistencia se ejecutan en un dispositivo de escritorio, el tamaño de la pantalla coincidirá con el tamaño del área útil para renderizar el documento, no así, cuando se ejecuta en un dispositivo móvil.

Cuando el navegador o herramienta de asistencia se ejecutan en un dispositivo móvil, el VIEWPORT no se corresponde con el tamaño real de la pantalla, sino con el espacio que la aplicación de software está emulando. Por ejemplo, en un dispositivo de Apple, aunque el ancho de la pantalla sea de 320 píxeles, en realidad se pueden estar emulando 980, porque el sistema realiza una serie de extrapolaciones para que se ajuste al espacio visible y se muestre el contenido de la mejor forma posible.

Todo esto, entre otras razones, es porque los dispositivos móviles poseen una densidad en píxeles muy diferente a las pantallas de escritorio. Mientras que en las pantallas de sistemas de escritorio la proporción de densidad en píxeles es de 1:1, en los dispositivos móviles puede llegar a ser muy superior.

> ### ⓘ NOTA
>
> La densidad de píxeles es un valor que se calcula a partir de los valores de resolución y tamaño de la pantalla. Este valor especifica el número de pixeles que es posible mostrarse en una pulgada (2,54 cm).

Dicho esto, la directiva VIEWPORT especifica cuál debe ser el tamaño del área útil de pantalla y los valores posibles de escalado. Estos valores de escalado indican el nivel de escalado inicial (zoom) y si se puede o no ampliar o reducir.

```
<meta name="viewport" content="width=device-width, initial-scale=1 />
```

Entre los posibles valores que admite esta directiva tenemos:

Valor	Descripción y ejemplo
height	Especifica el alto, en píxeles, de la ventana gráfica. Permite definir cualquier valor entero positivo o la palabra clave DEVICE-HEIGHT, que indica que se utilice el 100% de alto de la pantalla.
initial-scale	Especifica la proporción (a escala) que existe entre el ancho o alto del dispositivo y el tamaño de la ventana gráfica. Permite definir cualquier valor, entero o decimal, comprendido entre 0 y 10.
maximum-scale	Especifica el nivel de escalado máximo que se puede utilizar, teniendo que ser, este, igual o superior al determinado por la propiedad MINIMUM-SCALE. Permite definir cualquier valor, entero o decimal, comprendido entre 0 y 10.
minimum-scale	Especifica el nivel de escalado mínimo que se puede utilizar, teniendo que ser, este, igual o menor al determinado por la propiedad MAXIMUM-SCALE. Permite definir cualquier valor, entero o decimal, comprendido entre 0 y 10.
user-scalable	Especifica si el usuario puede o no realizar cambios en el nivel de escalado (puede hacer zoom) en la página. Sus posibles valores son YES y NO. Por defecto el valor es YES.
width	Especifica el ancho, en píxeles, de la ventana gráfica. Permite definir cualquier valor entero positivo o la palabra clave DEVICE-WIDTH, que indica que se utilice el 100% del ancho de la pantalla.

Cabe destacar que, si establecemos esta directiva en un documento o página web que no presenta un diseño adaptativo y lo ejecutamos en un dispositivo móvil, el efecto que se producirá será que todo se hará mucho más pequeño para que entre en el área útil o ventana gráfica. Por esta razón, esta directiva debe estar declarada y procesada en combinación con las consultas de medios de CSS (Media Queries) de manera eficiente, para que el contenido sea usable, legible y accesible.

2.4 ATRIBUTOS GLOBALES

2.4.1 Atributo accesskey

El atributo ACCESSKEY especifica un atajo de teclado (o combinación de teclas) que el usuario puede pulsar para interactuar con el elemento.

```
<button accesskey="h">Ayuda</button>
```

Como se puede observar en la ilustración anterior, la tecla de activación es la letra H, no obstante, dependiendo del navegador y sistema operativo, se activará de una u otra manera.

Navegador	Windows	Linux	iOS
Firefox	Alt+Shift+Tecla	Alt+Shift+Tecla	Command+Alt+Tecla
Edge	Alt+Tecla	n/a	
Internet Explorer	Alt+Tecla	n/a	
Chrome	Alt+Tecla	Alt+Tecla	Command+Alt+Tecla
Safari	Alt+Tecla	N/A	Command+Alt+Tecla
Opera 15+	Alt+Tecla	Alt+Tecla	Command+Alt+Tecla

Es por esta razón que la utilización del atributo ACCESSKEY puede afectar de forma considerable a la accesibilidad web ya que, un atajo de teclado programado con este atributo, puede entrar en conflicto con la herramienta de asistencia que esté utilizando el usuario e, incluso, puede pasar que el usuario presente una discapacidad cognitiva y el atajo de teclado le resulte confuso.

2.4.2 Atributo autocapitalize

El atributo AUTOCAPITALIZE especifica si el contenido que se va a representar debe capitalizarse de manera automática o no. Sus posibles valores son OFF / NONE, que indican al navegador que no se transforme el contenido, ON / SENTENCES, que indican al navegador que el contenido se transforme como si fuese una oración, es decir, el primer carácter del párrafo o elemento, WORDS, que le indica al navegador que se capitalice cada una de las palabras del contenido y CHARACTERS, que le indica al navegador que se transforme todo a mayúsculas.

```
<label>
    Nombre:
    <input type="text" name="name" autocapitalize="words">
</label>
```

> **ⓘ NOTA**
>
> Cabe destacar que esta funcionalidad no está soportada por Firefox Opera ni Safari. No obstante, es posible reproducir todas estas funcionalidades a través de las propiedades FONT-VARIANT y TEXT-TRANSFORM de CSS.

2.4.3 Atributo autofocus

El atributo AUTOFOCUS especifica si el elemento debe enfocarse automáticamente cuando finaliza el proceso de carga de la página o cuando se muestra un elemento de diálogo.

```
<label for"name">Nombre:</label>
<input type="text" id="name" name="name" autofocus>
```

Sin embargo, su uso no es recomendable porque puede confundir a las personas con problemas de visión que usan tecnología de lectura de pantalla y a las personas con problemas cognitivos. Esto es porque las acciones automáticas imprevistas, como llevar el foco automáticamente sin previo aviso a un control de formulario puede sorprender y frustrar a los usuarios.

2.4.4 Atributo class

El atributo CLASS especifica una definición de clase a la etiqueta o elemento. A diferencia del atributo ID, el valor de este atributo puede repetirse en cualquier parte del documento.

```
<p class="toLeft">
    Este párrafo tiene una clase que hace que se alineé a la izquierda
</p>

<p class="toRight">
    Este párrafo tiene una clase que hace que se alineé a la derecha
</p>
```

2.4.5 Atributo contenteditable

El atributo CONTENTEDITABLE especifica al navegador que el elemento es editable, aunque originalmente no lo fuese. Es decir, permite que el elemento pueda ser modificado en lo referente a su contenido, formato y estilos y pueda ser manipulado a través de los eventos asociados a la edición, como puedan ser el evento FOCUS o el evento KEYPRESS.

```
<p contentEditable="true">
    Este párrafo es modificable,
    <span>y esta etiqueta también.</span>
</p>
```

Cabe destacar que el ámbito de aplicación de este atributo afecta a todos sus hijos. Es decir, que al estar el elemento SPAN (de la ilustración anterior) dentro de un elemento de párrafo editable, también se volverá editable.

Como nota adicional añadiremos que, desde JavaScript, es posible conocer si el elemento tiene esta propiedad establecida a través del método isContentEditable.

2.4.6 Atributo draggable

El atributo DRAGGABLE especifica que el elemento indicado puede ser arrastrado a un contenedor.

```
<p draggable="true">Este es un párrafo arrastable</p>
```

> ### ⓘ NOTA
>
> Cuando se define un atributo DRAGGABLE, también es importante definir el atributo TITLE para proporcionar un identificador único si se realizan interacciones a través de herramientas de asistencia. Además, en el elemento origen se debe declarar el evento ONDRAGSTART y, en el objeto destino, los eventos ONDROP y ONDRAGOVER.

2.4.7 Atributo dir

El atributo DIR especifica la direccionalidad del texto, es decir, si los contenidos están escritos en un idioma que se lee de izquierda a derecha, o de derecha a izquierda.

```
<p dir="rtl">
    Texto legible de derecha a izquierda para idiomas como el árabe.
</p>
```

2.4.8 Atributo enterkeyhint

El atributo ENTERKEYHINT especifica el texto o icono de acción que se debe representar como efecto de aceptación (salto de línea o a siguiente campo) en los teclados virtuales. Por tanto, sólo podrá ser definido en controles de formulario como el elemento TEXTAREA e INPUT, o en aquellos elementos que tengan establecida la propiedad CONTENTEDITABLE a true.

```
<input enterkeyhint="search">
```

Entre los posibles valores que puede tomar este atributo, tenemos las opciones de ENTER, que muestra el icono o texto de "ingresar", DONE, que muestra el icono o texto de "hecho", **GO**, que muestra el icono o texto de "ir", **NEXT**, que muestra el icono o texto de "siguiente", **PREVIOUS**, que muestra el icono o texto de "anterior", **SEARCH**, que muestra el icono o texto de "buscar" y, **SEND**, que muestra el icono o texto de "enviar".

2.4.9 Atributo hidden

El atributo HIDDEN especifica que el elemento no es relevante y, como consecuencia, no debe mostrase en pantalla. Esto puede ser útil cuando se desea que los elementos del documento, o de una sección de este, se vuelvan visibles en función de una condición o circunstancia determinada.

```
<p hidden>Este párrafo permanecerá oculto hasta nueva orden.</p>
```

> **ⓘ NOTA**
>
> Cabe destacar que, la visualización u ocultación de elementos también es posible realizar a través de CSS, mediante la propiedad DISPLAY.

2.4.10 Atributo inputmode

El atributo INPUTMODE sugiere, o proporciona pistas, sobre el tipo de datos que se pueden introducir en los elementos editables. Por tanto, sólo podrá ser definido en controles de formulario, como los elementos INPUT y TEXTAREA, o en aquellos elementos que tengan establecida la propiedad CONTENTEDITABLE a true.

Sus posibles valores son:

Valor	Descripción y ejemplo
none	Indica que no tiene teclado virtual y que la página implementará su propio control de entrada.
text	Indica que se utilizará la entrada estándar definida.
decimal	Indica que la entrada será un valor numérico con decimales separados por coma o punto. La visualización del signo negativo dependerá del dispositivo donde se reproduzca.
numeric	Indica que la entrada será un valor numérico entero. La visualización del signo negativo dependerá del dispositivo donde se reproduzca.
tel	Indica que la entrada permitirá los dígitos del 0 al 9, el * y #.
search	Indica que el teclado virtual debe optimizarse para la búsqueda.
email	Indica que la entrada es de tipo email.
url	Indica que la entrada es de tipo URL.

```
<div contenteditable="" inputmode="search"></div>
```

> ### ⓘ NOTA
> A febrero de 2023 Safari es el único que no lo soporta este atributo.

2.4.11 Atributo id

El atributo ID especifica un identificador que vincula la etiqueta HTML con ese nombre. Dada la importancia que tienen para los lenguajes de script, la accesibilidad web, la usabilidad web y el posicionamiento SEO, los identificadores de etiqueta no deben repetirse bajo el mismo contexto.

```
<label>
    Nombre completo
        <input id="name" />
</label>
```

2.4.12 Atributo lang

El atributo LANG especifica el idioma en el que está descrito el contenido del elemento. La anotación para indicar el idioma debe ser representado bajo el estándar ISO-639-1, el cual identifica el lenguaje a partir de dos caracteres.

```
<p lang="es">Mi nombre es Pablo</p>
<p lang="en">My name is Paul</p>
```

Dado que HTML tiene un carácter hereditario, su aplicación afectará al propio elemento y sus hijos, al igual que sucede cuando lo declaramos en la etiqueta HTML, que indica que todo el documento, por tanto, todos sus elementos, están definidos en ese idioma.

2.4.13 Atributo nonce

El atributo NONCE especifica un código criptográfico de uso único que puede ser utilizado por la Política de Seguridad de Contenido para indicar si el elemento va a ser cargado y aplicado al documento actual o si se permitirá que se continúe con una acción determinada.

Dicho de otra forma, el atributo NONCE resulta ser una manera de decirle a los agentes de usuario que el elemento SCRIPT o LINK que está definido en el documento, no fue inyectado por un tercero (malicioso), sino que fue colocado de forma intencionada en el documento por un usuario legítimo que puede manipular el servidor.

```
<link rel="search" href="booksearch.asp"
    nonce="bGlicm8tY29uc3J0dWNjacOzbi1kZS1wYWdpbmFzLXdlYg==">
```

El código de este atributo, en general, se genera en el servidor, aunque resulta posible obtener un valor legítimo a través de las herramientas online que están disponibles en Internet. Su valor se corresponde con una codificación en Base64 de, al menos, 128 bits.

Para indicarle al servidor que ese NONCE es legítimo, en el encabezado de las peticiones se debe declarar una CSP (Política de Seguridad de Contenido) como la siguiente:

```
Content-Security-Policy: script-src 'nonce-
bGlicm8tY29uc3J0dWNjacOzbi1kZS1wYWdpbmFzLXdlYg=='
```

Esto ayudará a evitar ciertos ataques, incluyendo los famosos ataques XSS (Cross-Site Scripting) y ataques por inyección de datos.

2.4.14 Atributo slot

El atributo SLOT especifica o asigna un espacio dentro del árbol Shadow DOM de un componente web. Como dato importante, el valor de este atributo debe coincidir exactamente con el atributo NAME del elemento que define el atributo SLOT.

```
<span slot="book">Domine JavaScript 4ª Edición</span>
```

La creación y definición de Web Components está descrita en varios sitios web y, también, explicada en detalle en el libro "Domine JavaScript 4ª Edición" de esta misma editorial.

No obstante, esta especificación todavía está en fase experimental y, por tanto, es posible que se requiera de algún polyfill escrito en un lenguaje como JavaScript para poder utilizarlo.

2.4.15 Atributo style

El atributo STYLE especifica las propiedades de estilo para un elemento o conjunto de ellos. Aunque es altamente aconsejable que las propiedades de estilo se definan en documentos CSS independientes, esta etiqueta puede ser útil para declarar estilos de uso específico o para realizar pruebas.

```
<h1 style="margin-top: 5px;">Título con margen superior</h1>
```

2.4.16 Atributo tabindex

El atributo TABINDEX especifica si el elemento puede obtener el foco y su posición relativa en la secuenciación de obtención del foco.

Por ejemplo, si su valor es -1, el elemento no podrá tomar el foco. Los elementos no modificables suelen tener esta opción definida por defecto.

Si su valor es 0, podrá tomar el foco, pero por orden de llegada, es decir, por el orden que se establezca según se van declarando los elementos. Los elementos modificables tienen esta opción definida por defecto.

Ahora bien, si su valor es mayor que 0, lo que se indica al agente de usuario es que tiene prioridad con respecto a los elementos que tengan un TABINDEX menor.

```
<p tabindex="0">
    Este párrafo puede tomar el foco
</p>
```

2.4.17 Atributo title

El atributo TITLE especifica el mensaje, a modo de tooltip, que deberá ser mostrado cuando se sitúe el dispositivo puntero sobre dicho elemento.

```
<p title="Esto es un párrafo de prueba!">
    Esto es un párrafo con un mensaje emergente
</p>
```

2.4.18 Atributo translate

El atributo TRANSLATE especifica si el valor contenido dentro de ese elemento debe ser traducido o no. Sus posibles valores son YES y NO, no obstante, el único que de verdad se usa es NO ya que es el que indica a las herramientas de traducción que el texto no debe ser traducido.

```
<p>Visita www.<span translate="no">Islavisual</span>.com</p>
```

2.4.19 Atributos personalizados

Los atributos personalizados podrían definirse como un contenedor de datos modificables que permiten su manipulación e integración con el DOM de los lenguajes de script como JavaScript.

Una de las razones por las que se dotó a HTML5 de esta capacidad es porque, hasta entonces, el almacenamiento de información asociada a elementos independientes se hacía a través del atributo CLASS, lo que muchas veces no resultaba muy elegante ni claro.

Hoy día, los atributos personalizados son útiles en muchas ocasiones. Por ejemplo, imaginemos una situación en la que se está ofreciendo una lista de elementos seleccionables a través de una tabla. En esta supuesta tabla, se están mostrando datos al usuario, pero no se desea mostrar el identificador de registro. Sin embargo, para conocer qué registro o elemento seleccionó el usuario, debemos recurrir a ese ID.

Pues bien, se puede almacenar en un atributo personalizable y, más tarde, con alguna funcionalidad creada en un lenguaje de script como JavaScript, recuperar ese ID y enviárselo al servidor a través de Ajax.

La forma de definir un atributo personalizado es mediante el prefijo DATA- y un sufijo que no puede empezar con la palabra XML, ni contener puntos, comas o mayúsculas.

```
<p id="p1" data-id="002">
    Esto es un párrafo con un atributo personalizado
</p>
```

A modo informativo, también se puede recuperar el atributo personalizado a través de un lenguaje de script como JavaScript. La forma de recuperarlo es mediante el uso de la propiedad DATASET, la cual proporciona una interfaz para manipular los atributos personalizados definidos en HTML5. En este caso, para acceder al atributo anteriormente expuesto, podríamos hacer lo siguiente:

```
<script type="text/javascript">
    document.querySelector("#p1").dataset.id;
</stript>
```

2.5 PRACTICA Y JUEGA

Juego: Tags ID 1 / Elementos básicos de HTML	
	El juego repasa las etiquetas HTML5 y tiene como objetivo seleccionar la etiqueta correcta en cada caso con el mínimo número de errores y en el menor tiempo posible. Se puede acceder desde la dirección *https://codepen.io/pefc/full/NWLgMmQ*

Ejercicio:

Definir un documento HTML5 con todas las declaraciones y metadatos necesarios para crear una página web estándar. Como parte importante deberemos asegurarnos de que:

- La codificación de caracteres en Unicode de 8-bit.
- Estén presentes el título del documento.
- La definición del área útil o ventana de visualización.
- La hoja de estilos de nuestro documento, la cual llamaremos "styles.css".
- El documento de JavaScript con las funciones personalizadas de nuestro documento, al cual llamaremos "scripts.js".

Estructura de un documento HTML	Código QR
Definir la estructura básica para un documento cualquiera de HTML. En la siguiente dirección se dispone de una posible respuesta. **https://codepen.io/pefc/pen/oNPBope**	

3

DEFINICIÓN DE CONTENIDOS

Un contenido puede definirse como todo aquello que tenga un carácter textual, visual y/o auditivo. Si se sirve a modo digital o está disponible en línea como parte o un todo de una página web, entonces, es o será un contenido web.

Antiguamente, los contenidos no podían ser clasificados ni dotados de significado porque no había forma humana de averiguar qué contenido era para qué cosa. Entonces, llegó el W3C (el Consorcio de la World Wide Web) y empezó a trabajar de manera ordenada para desarrollar normas y directrices web que garantizasen el crecimiento a largo plazo de la web. Un conjunto de esas normas y directrices están en lo que se denomina la semántica web.

Antes de entrar en materia, quisiera hacer un inciso sobre qué es la semántica web y para qué sirve.

La semántica web es un conjunto de recomendaciones y estándares desarrolladas por la W3C (World Wide Web Consortium) que están pensadas para hacer que los datos se vuelvan más legibles. Se basa en la idea de que los metadatos son y pueden ser semánticos y ontológicos, es decir, que los elementos que conforman las páginas pueden aportar un significado con carácter formal y legible.

El objetivo de la semántica web es mejorar el intercambio de información entre sistemas a través de agentes inteligentes. En otras palabras, que los sistemas y programas informáticos puedan encontrar información sin la intervención del factor humano.

Una de las formas para conseguir este objetivo es establecer una jerarquía con una estructuración y organización específica y, en eso, entra en juego el HTML5.

3.1 ELEMENTOS SEMÁNTICOS DE HTML

3.1.1 Elemento article

Especifica un contenido que, habitualmente, es considerado como una entidad independiente o autónoma que cobra sentido por sí sola sin depender de los demás elementos colindantes. Un ejemplo podría ser:

```html
<article>
    <header>
        <h2>HTML5</h2>
    </header>

    <div>
        <p> El lenguaje HTML5 (HyperText Markup Language Versión 5) es un len-
    guaje de marcado de hipertexto que está vigente desde el año 2014 y puede ser
    utilizado para...</p>
    </div>

    <footer>
        <a href="html-usos.html">Seguir leyendo</a>
    </footer>
</article>
```

El elemento ARTICLE es uno los elementos clave para el posicionamiento SEO, y es de vital importancia para la accesibilidad y semántica web. Por ello, cuando se declara este elemento, se debe especificar, al menos, una etiqueta HEADER con el título y una etiqueta FOOTER con las posibles acciones, si procede.

Además, también es importante tener claro que ARTICLE no puede contener elementos SECTION contenidos en él puesto que, de lo contrario, se perdería el valor de entidad única, independiente y significativa.

3.1.2 Elemento aside

Especifica un contenido que, habitualmente, es considerado como una entidad independiente a todo elemento colindante. Su uso está especialmente arraigado para listas u opciones de navegación, nubes de etiquetas y menús Off Canvas, aunque se puede utilizar para cualquier cometido mientras no se pierda su significado u ontología. Un ejemplo podría ser:

```html
<aside>
    <h3>Artículos relaccionados</h3>
    <ul>
        <li><a href="#">Artículo 1</a></li>
        <li><a href="#">Artículo 2</a></li>
        <li><a href="#">Artículo 3</a></li>
    </ul>
</aside>
```

3.1.3 Elemento div

El elemento DIV especifica que el contenido que se va a representar es una división o sección.

Aunque el uso de la etiqueta DIV no tiene restricciones, su aplicación está más pensada para realizar divisiones que no tengan, o tengan poco, valor semántico, es decir, su uso debe debería darse cuando no se puedan utilizar elementos de mayor significado como puedan ser MAIN, NAV, SECTION, ARTICLE, HEADER o FOOTER.

```
<div>
    <p>Esto puede ser un texto descriptivo sobre HTML5</p>
    <img src="./html5.png" />
</div>
```

3.1.4 Elemento footer

El elemento FOOTER puede especificar un pie de página o un pie de artículo, dependiendo de donde se declare. Si es un descendiente directo del elemento ARTICLE, se considerará pie de artículo. Si es un descendiente directo del elemento BODY, se considerará pie de página o documento.

El elemento FOOTER sólo puede ser declarado una única vez por artículo y por página, sin embargo, dependiendo de dónde se defina, su intencionalidad es muy diferente.

Si está dentro de una estructura ARTICLE, lo habitual es que contenga las acciones asociadas o en relación con el artículo que se está describiendo, pero, si es un pie de página, lo habitual es que contenga los datos de contacto, acceso a documentos importantes como la Política de Privacidad, Términos de uso o la Declaración de cookies, información de copyright, los enlaces hacia sus redes sociales o, incluso, otras acciones relacionadas con el contexto de la web y la empresa u organización como apuntarse a la newsletter.

Un ejemplo podría ser:

```
<footer>
    <ul>
        <li>Copyright ©2020</li>
        <li>Polícita de Privacidad</li>
        <li>Versión para móviles</li>
    </ul>
</footer>
```

3.1.5 Elementos h1..h6

Los elementos H1...H6 especifican diferentes niveles de encabezado. El más relevante en la jerarquía o de mayor peso es H1 (al cual se le suele atribuir el título del documento) y, el menos relevante en la jerarquía o de menor peso es H6. Un ejemplo podría ser:

```
<h1>Esto es un encabezado de nivel 1</h1>
<h2>Esto es un encabezado de nivel 2</h2>
<h3>Esto es un encabezado de nivel 3</h3>
<h4>Esto es un encabezado de nivel 4</h4>
<h5>Esto es un encabezado de nivel 5</h5>
<h6>Esto es un encabezado de nivel 6</h6>
```

Los elementos H1...H6 pueden ser elementos clave para el posicionamiento SEO, y son de vital importancia para la accesibilidad y semántica web. Es muy importante que no se especifique más de un encabezado de primer nivel y que no se realicen saltos en la jerarquía por temas de apariencia o gusto, es decir, después de un H1 siempre debe ir un H2, después de un H2 siempre debe ir un H3, y así sucesivamente.

También, es importante matizar que, la utilización de elementos de jerarquía dentro de las etiquetas HEADER puede ser una técnica muy interesante para definir el contenido y reforzar su importancia y significado.

3.1.6 Elemento header

El elemento HEADER puede especificar una cabecera de página o una cabecera de artículo, dependiendo de donde se declare. Si es un descendiente directo del elemento ARTICLE, se considerará cabecera de artículo. Si es un descendiente directo del elemento BODY, se considerará cabecera de página o documento.

El elemento HEADER sólo puede ser declarado una única vez por artículo y por página, sin embargo, dependiendo de dónde se defina, su intencionalidad es muy diferente.

Si está dentro de una estructura ARTICLE, lo habitual es que contenga el título del artículo que se está describiendo, pero, si es una cabecera de página, lo habitual es que contenga el logo de la empresa u organización, el menú principal de navegación, el acceso a la zona privada y registro, los enlaces hacia sus redes sociales o, incluso, otras acciones relacionadas con el contexto de la web y la empresa u organización de primer orden como un buscador.

También, es habitual encontrar en la definición de cabecera, la declaración de elementos de cabecera H1...H6. Estos elementos, bien utilizados, aportan al documento un orden de jerarquía y valor semántico.

Un ejemplo podría ser:

```
<article>
    <header>
        <h2>HTML5</h2>
    </header>
    ...
</article>
```

3.1.7 Elemento hgroup

El elemento HGROUP especifica un bloque de encabezado de sección que representa la estructura del documento HTML. Habitualmente, este elemento se utiliza para agrupar encabezados consecutivos a modo de subtítulos o eslóganes. Un ejemplo podría ser:

```
<hgroup>
    <h1>Fast and Furious 4</h1>
    <h2>Aún más rápido</h2>
</hgroup>
```

3.1.8 Elemento main

El elemento MAIN especifica el bloque de contenido principal de un documento web. Su uso es importante para no perder semántica y, por ello, sólo se debe definir un elemento MAIN en todo el documento.

No obstante, tampoco puede ser un descendiente de ASIDE, SECTION, ARTICLE, HEADER, FOOTER o NAV y, salvo excepciones, no debe incluir secciones laterales, cabeceras o pies de página, menús de navegación principales, formularios de búsqueda ni ningún otro elemento que, por definición o contexto, deban estar fuera de la sección principal del documento.

Un ejemplo podría ser:

```
<main>
    <h1>CSS</h1>
    <p>CSS es un lenguaje de marcado para proveer estilos al contenido.</p>

    <!--Más contenidos -->

    <aside>Otros contenidos</aside>
</main>
```

3.1.9 Elemento nav

El elemento NAV especifica un conjunto de enlaces de navegación. Este conjunto de enlaces debe estar destinado únicamente para el bloque principal, es decir, no se debe usar el elemento NAV para acciones, botones o enlaces que no pertenezcan al menú principal de navegación. Un ejemplo podría ser:

```
<nav>
    <ul class="nav navbar-nav navbar-right">
        <li><a href="#home">Inicio</a></li>
        <li><a href="#about">Acerca de Nosotros</a></li>
        <li><a href="#features">Servicios</a></li>
        <li><a href="#blog">Blog</a></li>
        <li><a href="#support">Contactar</a></li>
        <li><a href="javascript:showSearchLayer()">Buscar</a></li>
    </ul>
```

```
</nav>
```

Cabe destacar que, la utilización correcta de este elemento es importante para la usabilidad web, la semántica web, el posicionamiento SEO y, especialmente, para la accesibilidad web.

La razón de su importancia en accesibilidad es que las herramientas de asistencia, como los lectores de pantalla, usan este elemento para determinar si omitir o no la representación inicial del contenido del documento.

3.1.10 Elemento section

El elemento SECTION especifica un contenido que, habitualmente, contiene entidades independientes como artículos y tiene una temática definida.

Al igual que sucede con el elemento ARTICLE, el elemento SECTION suele llevar asociado un elemento de encabezado por su naturaleza semántica, aunque no es una cualidad requerida. Un ejemplo podría ser:

```
<section>
    <article>
        <h3>Atmósfera de Mercurio</h3>
        <p>La atmósfera de Mercurio contiene un 31.7% de Potasio, un 24.9% de
Sodio, un 9.5% de Oxígeno atómico, un 7.0% de Argón, un 5.9% de Helio, un 5.6%
de Oxígeno molecular, un 5.2% de Nitrógeno, un 3.6% de Dióxido de carbono, un
3.4% de Agua y un 3.2% de Hidrógeno.</p>
    </article>
</section>
```

El elemento SECTION es otro los elementos clave para el posicionamiento SEO, y es de vital importancia para la accesibilidad y semántica web. Por ello, cuando se declara este elemento, se debe especificar, al menos, una etiqueta H1...H6 con el título.

Además, también es importante tener claro que SECTION puede contener varios elementos SECTION a su vez, o tener varios elementos ARTICLE, pero un elemento ARTICLE no puede contener elementos SECTION contenidos en él.

3.2 FORMATEANDO EL TEXTO

3.2.1 Elemento abbr

El elemento ABBR especifica que el contenido que se va a representar es una abreviatura o un acrónimo. Admite varios atributos, sin embargo, el único "obligatorio" es el atributo TITLE que indica el significado de dicha abreviatura.

Un ejemplo podría ser:

```
<abbr title="Cascading Style Sheets">CSS</abbr> es un lenguaje de diseño gráfico
para definir y crear la presentación de un documento estructurado escrito en un
lenguaje de marcado.
```

ⓘ NOTA

Al poner el puntero del ratón encima de CSS debería aprecer un tooltip con el mensaje "Cascading Style Sheets".

3.2.2 Elemento address

El elemento ADDRESS Especifica una información de contacto para el documento actual.

Un ejemplo podría ser:

```
<address>
    Escrito por Pablo Enrique Fernández Casado.
    Visita <a href="https://ejemplo.com">Ejemplo.com</a>
    Castellana 58, local
    28046 Madrid
    España
</address>
```

Y otro ejemplo podría ser:

```
<address>
    Email de contacto:
    <a href="mailto:ejemplo@gmail.com">ejemplo@gmail.com</a><br>
    Teléfono: <a href="tel:+34999999999">(+34) 999.999.999</a>
</address>
```

3.2.3 Elemento bdo

El elemento BDO especifica la direccionalidad del contenido que está dentro de él. Requiere del atributo DIR para asignar la dirección del texto.

Un ejemplo podría ser:

```
<p dir="ltr">Esta palabara arábica <bdo dir="rtl">ARABIC PLACEHOLDER</bdo>, está
escrita de izquierda a derecha, pero se muestra al revés.</p>
```

El resultado debería ser algo como:

Esta palabra arábica REDLOHECALP CIBARA, está escrita de izquierda a derecha, pero se muestra al revés.

3.2.4 Elementos blockquote y cite

Los elementos BLOCKQUOTE y CITE especifican que el contenido que se va a representar es una cita. La diferencia estriba en que, BLOCKQUOTE, se mostrará a modo de bloque y, CITE, se mostrará o representará como una cita en línea.

Un ejemplo con BLOCKQUOTE podría ser:

```
<blockquote cite="https://blog.com/einstein">
    Hay dos cosas infinitas, el Universo y la estupidez humana
</blockquote>
```

Y un ejemplo con CITE podría ser:

```
<p>
    <cite>
        Hay dos cosas infinitas, el Universo y la estupidez humana
    </cite>, dicho por Albert Einstein
</p>
```

3.2.5 Elemento code

El elemento CODE especifica que el contenido que se va a representar es un fragmento de código.

Un ejemplo podría ser:

```
<code>
    <script type="text/javascript">
        document.querySelector("body").style.fontSize = "14px";
    </script>
</code>
```

3.2.6 Elemento data

El elemento DATA especifica y vincula un contenido textual con un valor legible para el sistema o aplicación. En el ejemplo siguiente, el valor del atributo VALUE podría ser un identificador de código de barras.

Un ejemplo podría ser:

```
<ul>
    <li><data value="3967381398">Producto pequeño</data></li>
    <li><data value="3967381399">Producto mediano</data></li>
    <li><data value="3967381400">Producto grande</data></li>
</ul>
```

3.2.7 Elemento dfn

El elemento DFN especifica que, a continuación, se va a definir el contenido que está dentro de él.

Un ejemplo podría ser:

```
<p>
    El <dfn>HTML</dfn> es un lenguaje de marcado para hipertextos.
</p>
```

3.2.8 Elemento em

El elemento EM especifica que el contenido que se va a representar debe aparecer enfatizado. Normalmente, este énfasis suele ser el resultado de aplicar un estilo en cursiva, por lo que se puede confundir con la etiqueta I.

Un ejemplo podría ser:

```
<p>
    Este texto no tiene énfasis,
    <em>pero este texto sí está con énfasis</em>
</p>
```

3.2.9 Elemento i

El elemento I especifica que el contenido que se va a representar debe aparecer en cursiva. Cabe destacar que, este estilo cursivo puede confundirse con el resultado de la aplicación de la etiqueta EM.

Un ejemplo podría ser:

```
<p>
    Este texto no tiene énfasis,
    <i>pero este texto sí está con énfasis</i>
</p>
```

3.2.10 Elementos ins y del

Los elementos INS y DEL especifican que el contenido que se va a representar ha sufrido una alteración que afecta a un texto, o parte de él, anteriormente escrito. La etiqueta DEL indica el texto que estaba antes y se representa como si estuviese anulado o tachado. La etiqueta INS representa el texto nuevo que ha cambiado.

Un ejemplo podría ser:

```
<p>
    El cometa <del>C/2020 F3</del> <ins>Neowise</ins>, descubierto ...
</p>
```

3.2.11 Elemento kbd

El elemento KBD especifica que el contenido que se va a declarar es una tecla o combinación de teclas.

Un ejemplo podría ser:

```
<kbd>alt + S</kbd>
```

Y otro ejemplo algo más completo podría ser:

```
<p>
    Pulse <kbd><kbd style="border: 1px solid #000; border-radius: 4px; padding:
2px;">Ctrl</kbd> + <kbd style="border: 1px solid #000; border-radius: 4px;
padding: 2px;">R</kbd></kbd> para recargar la página.
</p>
```

En este último caso, el resultado debiera ser similar a:

Pulse $\boxed{\texttt{Ctrl}}$ + $\boxed{\texttt{R}}$ para recargar la página.

3.2.12 Elemento mark

El elemento MARK especifica que el contenido que se va a representar debe estar marcado o resaltado por su relevancia o importancia dentro del contexto en el que se encuentra.

Un ejemplo podría ser:

```
<p>
    Los <mark>elementos P no deben contener etiquetas que no sean de texto</
mark>. Esto es, no es aconsejable introducir en una etiqueta de párrafo un ele-
mento DIV, SECTION, ARTICLE, ...
</p>
```

El resultado debiera ser similar a:

Los elementos P no deben contener etiquetas que no sean de texto. Esto es, no es aconsejable introducir en una etiqueta de párrafo un elemento DIV, SECTION, ARTICLE, ...

3.2.13 Elemento math

El elemento MATH especifica que lo que se va a definir es una fórmula o ecuación matemática. Esto es posible gracias al lenguaje MathML que lleva incorporado y permite utilizar etiquetas HTML para escribir anotaciones matemáticas.

El elemento MATH es el nivel superior del MathML, que es un lenguaje de marcado basado en XML cuyo objetivo es expresar mediante notación de marcas una notación matemática de forma sea legible para las máquinas y seres humanos.

Entre sus posibles elementos, los más comunes, son MI (que representa a un identificador o variable), MN (que representa un valor o número), MO (que representa un operador) y MS (que representa una cadena), aunque dispone de muchos más.

Si se desea información más detallada se puede visitar la dirección web o URL de *https://www.w3.org/TR/MathML2/ (MathML2 de W3C)*.

A continuación, se exponen los casos más usuales de uso de MathML.

3.2.13.1 EJEMPLO DE SUPERÍNDICES

```
<math>
    <msup>
        <mi>n</mi>
        <mn>7</mn>
    </msup>
</math>
```

El resultado debiera ser similar a:

$$n^7$$

3.2.13.2 EJEMPLO DE SUBÍNDICES

```
<math>
    <msub>
        <mi>n</mi>
        <mn>7</mn>
    </msub>
</math>
```

El resultado debiera ser similar a:

$$n_7$$

3.2.13.3 EJEMPLO DE FRACCIONES

```
<math>
    <mfrac>
        <mn>1</mn>
        <mn>2</mn>
    </mfrac>
</math>
```

El resultado debiera ser similar a:

$$\frac{1}{2}$$

3.2.13.4 EJEMPLO DE RAÍCES

```
<math>
    <mroot>
        <mn>-8</mn>
        <mn>3</mn>
    </mroot>
</math>
```

El resultado debiera ser similar a:

$$\sqrt[3]{-8}$$

3.2.13.5 EJEMPLO DE SUMATORIOS

```
<math>
    <mrow>
        <munderover>
            <mo>∑</mo>
            <mrow>
                <mi>n</mi>
                <mo>=</mo>
                <mn>1</mn>
            </mrow>
            <mrow>
                <mo>+</mo>
                <mn>∞</mn>
            </mrow>
        </munderover>
        <mfrac>
            <mn>1</mn>
            <msup>
                <mi>n</mi>
                <mn>2</mn>
            </msup>
        </mfrac>
    </mrow>
</math>
```

El resultado debiera ser similar a:

$$\sum_{n\,=\,1}^{+\infty} \frac{1}{n^2}$$

3.2.13.6 EJEMPLO DE MATRICES

```
<math>
    <mrow>
        <mo>[</mo>
        <mtable>
            <mtr>
                <mtd> <mn style="color: var(--color2-bg);">x</mn> </mtd>
                <mtd> <mn>1</mn> </mtd>
            </mtr>
            <mtr>
                <mtd> <mn>2</mn> </mtd>
                <mtd> <mn>3</mn> </mtd>
            </mtr>
        </mtable>
        <mo>]</mo>
    </mrow>
</math>
```

El resultado debiera ser similar a:

$$\begin{bmatrix} 4 & 1 \\ 2 & 3 \end{bmatrix}$$

3.2.13.7 EJEMPLO DE INTEGRALES

```
<math>
    <munderover>
        <mo>∫</mo>
        <mi>a</mi>
        <mi>b</mi>
    </munderover>
    <mrow>
        <mo>(</mo>
        <mn>5</mn>
        <mi>x</mi>
        <mo>+</mo>
        <mn>2</mn>
        <mi>cos</mi>
        <mrow>
            <mo>(</mo>
            <mi>x</mi>
            <mo>)</mo>
        </mrow>
        <mo>)</mo>
    </mrow>
    <mi>dx</mi>
</math>
```

El resultado debiera ser similar a:

$$\int_{a}^{b} \Big(5x + 2\cos\big(x \big) \Big)\,\mathrm{dx}$$

3.2.14 Elemento pre

El elemento PRE especifica que el contenido que se va a representar es un texto preformateado. En general, este elemento se suele representar con una fuente Courier o Monospace y conserva todos los espacios y saltos de línea.

Un ejemplo podría ser:

```
<pre>
    <p>
        Los  espacios repetidos y
        Saltos de línea de    este    elemento se muestran tal cuál!
    </p>
</pre>
```

El resultado debiera ser similar a:

> Los espacios repetidos y
> Saltos de línea de   este   elemento se muestran tal cuál!

3.2.15 Elementos sub y sup

Los elementos SUB y SUP especifican que el contenido que se va a representar debe aparecer como subíndice o superíndice, es decir, por debajo de la línea normal y en una fuente de menor tamaño o por encima de la línea normal y en una fuente de menor tamaño.

Un ejemplo con SUB podría ser:

```
<p>La fórmula del agua es H<sub>2</sub>O</p>
```

El resultado debiera ser similar a:

La fórmula del agua es H_2O

Y un ejemplo con SUB podría ser:

```
<p>E = MC<sup>2</sup></p>
```

Resultado

$E = MC^2$

3.2.16 Elemento var

El elemento VAR especifica que el contenido que se va a representar es el nombre de una variable.

Un ejemplo podría ser:

```
<var>x</var> = Millones de personas;
```

3.3 LISTAS

3.3.1 Elemento ul

El elemento UL especifica que el contenido que se va a representar es una lista desordenada, en general, representada a través de unas viñetas.

Los elementos de esta lista desordenada se definen mediante el elemento LI, el cual representa el contenido útil del elemento UL.

```
<ul style="list-style-type: disc">
    <li>
        Planetas del Sistema Solar
        <ul>
            <li>Mercurio</li>
            <li>Venus</li>
            <li>La Tierra</li>
            <li>Marte</li>
            <li>Júpiter</li>
            <li>Saturno</li>
            <li>Urano</li>
            <li>Neptuno</li>
            <li>Phattie (hipotético planeta helado)</li>
        </ul>
    </li>
    <li>
        Planetas enanos del Sistema Solar
        <ul>
            <li>Eris</li>
            <li>Plutón</li>
            <li>Makemake</li>
            <li>Haumea</li>
            <li>Ceres</li>
        </ul>
    </li>
</ul>
```

Como se puede observar en el ejemplo, el elemento UL permite crear listas anidadas de elementos. La forma de realizarlo es declarar un nuevo elemento UL dentro de un elemento LI.

Los estilos de las listas desordenadas pueden definirse a través de la propiedad de estilo LIST-STYLE-TYPE. Entre los múltiples valores, los más utilizados son:

Propiedad	Significado
circle	Especifica que las viñetas deben ser un círculo (○).
disc	Especifica que las viñetas deben ser un círculo relleno (●).
inherit	Especifica que utilicen las viñetas por defecto.
none	Especifica que las viñetas no se deben mostrar.
square	Especifica que las viñetas deben ser un cuadrado (■).

3.3.2 Elemento ol

El elemento OL especifica que el contenido que se va a representar es una lista ordenada, en general, representada a través de una lista de valores numéricos o letras.

Los elementos de esta lista ordenada se definen mediante el elemento LI, el cual representa el contenido útil del elemento OL.

```
<ol style="list-style-type: decimal">
    <li>...</li>
    <li>
        Satélites de Plutón
        <ol>
            <li>Nix</li>
            <li>Caronte</li>
            <li>Hydra</li>
        </ol>
    <li>...</li>
</ol>
```

El elemento OL permite crear listas anidadas de elementos. La forma de realizarlo es declarar un nuevo elemento OL dentro de un elemento LI.

Los estilos de las listas desordenadas pueden definirse a través de la propiedad de estilo LIST-STYLE-TYPE. Entre los múltiples valores, los más utilizados son:

Propiedad	Significado
decimal	Especifica que la numeración es decimal sin ceros a la izquierda (1, 2).
decimal-leading-zero	Especifica que la numeración es decimal con ceros a la izquierda (01, 02).
lower-alpha	Especifica que la numeración es alfabética en minúsculas (a, b).
lower-roman	Especifica que la numeración es romana en minúsculas (i, ii).
upper-alpha	Especifica que la numeración es alfabética en mayúsculas (A, B).
upper-roman	Especifica que la numeración es romana en mayúsculas (I, II).

3.3.3 Elemento dl

El elemento DL especifica que el contenido que se va a representar es una lista de definición, también conocidas como descriptiva o dinámica.

Los elementos de esta lista descriptiva se definen a través de los elementos DT y DD, que representan el grupo de terminología y su descripción respectivamente.

```
<h4>Términos de astronomía</h4>
<dl>
    <dt>Planeta</dt>
    <dd>Es aquel cuerpo celeste que orbita alrededor del Sol, posee una masa
como para que su propia gravedad domine las fuerzas presentes como cuerpo rígi-
do, lo que implica una forma eférica determinada por el equilibrio hidrostático
y es claramente dominante en su vecindad, habiendo limpiado su órbita de cuerpos
similares a él.</dd>

    <dt>Planeta enano</dt>
    <dd> Es aquel cuerpo celeste que orbita alrededor del Sol, posee una masa
como para que su propia gravedad domine las fuerzas presentes como cuerpo rígi-
do, lo que implica una forma eférica determinada por el equilibrio hidrostático
y no es dominante en su vecindad y no es un satélite de otro planeta o cuerpo
estelar.</dd>
</dl>
```

El elemento DL suele ser utilizado para definir glosarios, listas de metadatos o pares de clave-valor. No obstante, puede utilizarse en cualquier otra situación que se requiera puesto que posee un gran valor semántico.

Aunque los elementos están dispuestos de una forma muy diferente a como podríamos estar acostumbrados a trabajar con HTML, la representación se realiza de forma bastante clara, asignando únicamente un margen la izquierda de cada elemento DD. Además, los elementos DD no tienen por qué ser únicos, es decir, a un elemento DT le pueden seguir dos o más elementos DD.

Los estilos de las listas de definición no admiten viñetas o numeraciones como sucede con los elementos UL y OL, no obstante, si son personalizables a través de CSS.

ⓘ NOTA

Utilizar las listas de definición para crear sangrías o efectos de jerarquización puede afectar a la usabilidad web, accesibilidad web y/o posicionamiento SEO de manera negativa.

3.4 ENLACES

3.4.1 Elemento a

El elemento A especifica que el contenido que se va a representar es un hipervínculo que, habitualmente, lanzará una acción a otro lugar del documento actual o a otro documento diferente.

Por defecto, los enlaces se estilizan de la misma forma para ayudar a la accesibilidad y usabilidad web. Es por esta razón que, en general, todos los agentes de usuario suelen mostrar los enlacen no visitados en azul y subrayado, los enlaces visitados en morado y subrayado y, los enlaces activos en rojo y subrayado.

```
<a href="https://www.google.es">Visitar Google España</a>
```

Entre los atributos que admite en su configuración, los más utilizados son:

Atributo	Descripción
download	Especifica que el contenido al que apunta el enlace debe ser descargado. Aunque casi todos los navegadores lo soportan, no es funcional con ningún navegador de Microsoft hasta la versión 18 de Microsoft Edge.
href	Especifica el destino hacia dónde se irá cuando se pulse en el enlace. Si este valor empieza por el símbolo almohadilla, indicará que se desea ir a otra sección del documento actual. De no ser así, indicará la dirección hacia otro documento diferente.
hreflang	Especifica el idioma del documento vinculado.
rel	Especifica la relación existente entre el documento actual y el vinculado. Entre los posibles valores que puede tomar, los más frecuentes son NOREFERRER, para indicar que no se envíe ningún encabezado, NOFOLLOW, para indicar que el enlace no sea rastreado por los crawlers y SEARCH, para indicar que el documento es una página de búsqueda.
target	Especifica dónde se abrirá el vínculo. Entre los posibles valores que puede tomar, los más frecuentes son _BLANK, para indicar que se abra en una nueva pestaña, _SELF, para indicar que se abra en la misma pestaña y _TOP, para que se abra en el primer elemento BODY de la ventana.

Cabe destacar que, si el atributo HREF no está presente, los atributos DOWNLOAD, HREFLANG, MEDIA, REL, TARGET y TYPE no tendrán ningún efecto y serán ignorados.

3.5 PRACTICA Y JUEGA

Juego: Tags ID 2 / Contenidos

 El juego repasa las etiquetas HTML5 y tiene como objetivo seleccionar la etiqueta correcta en cada caso con el mínimo número de errores y en el menor tiempo posible. Se puede acceder desde la dirección *https://codepen.io/pefc/full/vYzZdqB*

Inserción de contenidos HTML | Código QR

Definir todas las etiquetas y estructuras necesarias para crear una página web que disponga de una cabecera de página, pie de página, contenido principal y contenido relacionado con el principal.

- Establecer en la cabecera el nombre "Tutorial" a modo de marca y un menú principal con las opciones de "Inicio", "Blog", "Contactar" y "Acceder".
- En el contenido principal deberemos disponer de una sección que nos muestre un texto que diga "No hay problemas difíciles, lo que hay es malos planteamientos, por Pablo E. Fernández Casado." a modo de slogan o título.
- En el pie de página se deberán poner los enlaces a la Política de Privacidad, Aviso Legal, Uso de Cookies y a todas nuestras redes sociales mediante los iconos vectoriales de LineAwesome, enlazable desde cualquier CDN (por ejemplo, https://cdnjs.cloudflare.com). En este caso, Facebook, Twitter, Instagram y LinkedIn.

https://codepen.io/pefc/pen/RwYKxBX

4

INTRODUCCIÓN AL CSS3

El lenguaje CSS (Cascading Style Sheets) es un lenguaje de marcado de presentación dedicado a la elaboración de páginas web. Fue definido por primera vez en 1994 y, poco después, fue añadido al grupo de trabajo de la W3C como parte del proceso de desarrollo y estandarización.

El crecimiento de especificación CSS ha sido francamente irregular con respecto a otras evoluciones de lenguajes de marcado. De hecho, sólo hay que investigar un poco para ver que en 1998 se publicó la recomendación 2.1 y, poco después, en 1999, ya apareció el primer borrador de la versión actual de CSS. Desde entonces, ha ido evolucionando hasta la especificación que es la actualmente denominamos CSS3.

El lenguaje de marcado CSS3 está pensado para separar el contenido y estructura de la presentación en un documento HTML, XML o XHTML. Esta separación permite, además, mejorar la accesibilidad y usabilidad de los documentos porque proporciona una mayor flexibilidad, una mejor reutilización de código y una reducción de la complejidad gracias, entre otras cosas, a que se evita la repetición de código.

Entre sus características iniciales podemos destacar que es un lenguaje sencillo que permite diferentes métodos de renderizado y que todo se realiza a través de reglas que se aplican en función de unos selectores previamente definidos.

4.1 SOPORTE A LOS NAVEGADORES

En líneas generales podemos afirmar que Chrome, Edge, Firefox, Internet Explorer, Opera y Safari son los navegadores más utilizados por los usuarios y que, prácticamente todos, salvo algunas excepciones, dan soporte a la inmensa mayoría de sus propiedades, selectores, pseudo-elementos y pseudo-clases.

En la dirección *https://www.w3schools.com/cssref/css3_browsersupport.asp* es posible encontrar el soporte específico para todas las propiedades CSS de manera individual.

4.2 /CÓMO FUNCIONA CSS

Básicamente, el lenguaje CSS es una especificación que define un conjunto de reglas, cada una de ellas, definida a través de un selector y una declaración.

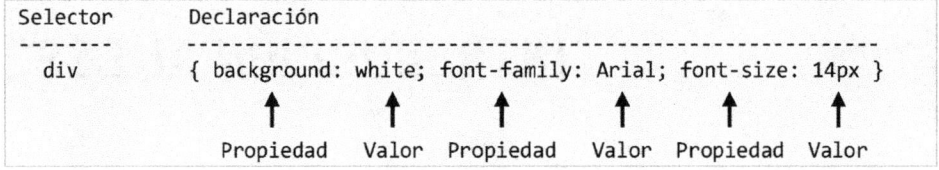

Como se puede apreciar en la ilustración anterior, la regla CSS está compuesta por un selector y un conjunto de declaraciones, en este caso dos.

El selector, puede ser un nombre de etiqueta HTML, una clase, un identificador, un comodín o, incluso, una combinación de ellos. Su objetivo es localizar el elemento o grupo de elementos dónde se debe aplicar este conjunto de declaraciones. La declaración, por su parte, está definida a modo de bloque mediante unas llaves y representa los estilos a aplicar a través de pares de propiedad-valor.

Cada uno de estos pares siempre termina con un punto y coma, aunque si es el final de la declaración puede omitirse, como es el caso de la ilustración. El conjunto de estos pares de propiedad-valor es el que definirá el comportamiento visual del objeto que se haya seleccionado por el selector previamente definido.

4.3 DEFINICIÓN DE SELECTOR Y CLASIFICACIÓN

Como se acaba de comentar, un selector, puede ser un nombre de etiqueta HTML, una clase, un identificador, un comodín o, incluso, una combinación de ellos y se utilizan para localizar o seleccionar el conjunto de elementos HTML que se desea manipular.

Aunque los selectores pueden ser de muy diversos tipos, se puede establecer una clasificación general en la que se dividen en universales, simples, combinados, de atributo, pseudo-clases y pseudo-elementos. A continuación, se describen todos y cada uno de ellos brevemente ya que, posteriormente, se verán en detalle:

Tipo	Descripción
Simples	Aquellos que permiten seleccionar los elementos a partir del nombre de una etiqueta, identificador o clase. Ejemplos de selectores simples son **"button"**, **"#banner"** o **".header"**.
Combinados	Aquellos que permiten seleccionar los elementos a partir de una relación preestablecida entre ellos. Ejemplos de selectores combinados son **"div p"**, **"#banner .title"** o **".header .title"**.
Pseudo-clases	Son un tipo especial de selectores que permiten seleccionar los elementos a partir del estado en el que se encuentran y siempre van precedidos del símbolo dos puntos. Ejemplos de este tipo de selectores son **"button:hover"**, **"a:active"** o **"input:focus"**.
Pseudo-elementos	Son otro tipo especial de selectores que permiten seleccionar partes concretas de los elementos o del documento. Siempre van precedidos del símbolo de dos puntos, repetido dos veces. Ejemplos de este tipo de selectores son **"::selection"**, **".icon:focus"** o **"input::placeholder"**.
De atributo	Aquellos que permiten seleccionar los elementos a partir de sus atributos o propiedades y siempre van declarados a través de corchetes. Algunos ejemplos podrían ser **"a[href^="https"]"**, **"a[href*="blog"]"** o **"a[href$="php"]"**.
Universal	Es un selector que permite la selección de todos los elementos de un elemento dado, incluyendo el propio documento. Ejemplos de uso de este selector son **"*"** o **"article *"**.

4.4 UNIDADES DE MEDIDA

Existen dos tipos de unidad de medida, las absolutas y las relativas.

4.4.1 Unidades absolutas o fijas

Las unidades absolutas o fijas son aquellas que no están relacionadas de ninguna forma con el contexto ni ninguna otra entidad. Entre las diferentes propuestas que ofrece CSS como unidades de medida absolutas podemos encontrar:

Unidad	Descripción
px	El término PX hace referencia a los puntos de la pantalla, por lo que cada punto en la pantalla es un píxel. Sus posibles valores pueden ser negativos y positivos, dependiendo de la propiedad y contexto.
pt	El término PT hace referencia al tamaño del punto en una pantalla o papel. En lo referente a su equivalencia, un punto se suele traducir a 0.35mm, o lo que es lo mismo, a 1.33 píxeles. Sus posibles valores pueden ser negativos y positivos, dependiendo de la propiedad y contexto.
in	El término IN hace referencia a la longitud del sistema ingles pulgada, es decir, 2.54cm. En lo referente a sus posibles equivalencias, una pulgada se suele traducir en a 96 píxeles o, lo que es lo mismo, 72 puntos. Sus posibles valores pueden ser negativos y positivos, dependiendo de la propiedad y contexto.
cm, mm, pc	Los términos CM (centímetros), MM (milímetros) y PC (picas) hacen referencia las conocidas medidas de longitud. Hoy en día es poco frecuente si uso y, en lo referente a su equivalencia, podríamos decir que una pica es equivalente a 12 puntos, o lo que es lo mismo, 4.23 milímetros.

4.4.2 Unidades relativas

Las unidades relativas son aquellas que toman como punto de referencia otra entidad o contexto. Entre las diferentes propuestas que ofrece CSS como unidades de medida absolutas tenemos:

Unidad	Descripción
%	El término % hace referencia al porcentaje del marco o contexto actual. Sus valores no tienen por qué ir de cero a cien, ya que también son válidos los valores superiores.
ch	El término CH hace referencia a la anchura, en píxeles, del carácter 0 del elemento padre, esto es, depende del tamaño de la fuente y letra base realizar la equivalencia. El tamaño que se toma como referencia es la anchura del carácter 0, por tanto, si se establece el ancho de un elemento a 80ch, lo que se está indicando es que, será de ancho como 80 caracteres 0, todos seguidos sin espacios en blanco.
em	El término EM hace referencia a la anchura, en píxeles, de la letra M mayúscula del elemento padre, esto es, si el elemento padre tiene aplicado un tamaño de fuente de 14 píxeles, 1.2em será equivalente a 16.8 píxeles.

ex	El término EX hace referencia a la anchura, en píxeles, de la letra X minúscula del elemento padre, esto es, depende del tamaño de la fuente y letra base realizar la equivalencia. El tamaño que se toma como referencia es la anchura de la X minúscula, por tanto, si se establece el ancho de un elemento a 80EX, lo que se está indicando es que, será de ancho como 80 caracteres x, todos seguidos sin espacios en blanco.
rem	El término REM hace referencia a la anchura, en píxeles, de la letra M mayúscula del elemento HTML (o raíz), esto es, si el elemento HTML tiene aplicado un tamaño de fuente de 14 píxeles, 1.2rem será equivalente a 16.8 píxeles.
vmax	El término VMAX hace referencia a la centésima parte de la altura o anchura de la ventana gráfica o área útil. La regla de para saber qué valor se está aplicando es "cuál de los valores de ancho y alto es mayor", esto es, si la altura es mayor que la anchura, 1VMAX será equivalente a 1VH, pero si la anchura es mayor que la altura, 1VMAX será equivalente a 1VW.
vmin	El término VMIN hace referencia a la centésima parte de la altura o anchura de la ventana gráfica o área útil. La regla de para saber qué valor se está aplicando es "cuál de los valores de ancho y alto es menor", esto es, si la altura es menor que la anchura, 1VMIN será equivalente a 1VH, pero si la anchura es menor que la altura, 1VMIN será equivalente a 1VW.
vh	El término VH hace referencia a la centésima parte de la altura del viewport, esto es, un 1% de la altura de la ventana gráfica o área útil. Por tanto, si se establece el alto de un elemento a 100VH, lo que se está indicando es que sea el 100% del alto del viewport, o lo que es lo mismo, 100% del alto de la ventana del navegador.
vw	El término VW hace referencia a la centésima parte de la anchura del viewport, esto es, un 1% de la anchura de la ventana gráfica o área útil. Por tanto, si se establece el ancho de un elemento a 100VW, lo que se está indicando es que sea el 100% del ancho del viewport, o lo que es lo mismo, 100% del ancho de la ventana del navegador.

4.5 SELECTORES

Como ya uno se podrá haber dado cuenta, un selector es una entidad que permite enlazar o vincular unos estilos con los elementos que conforman un documento.

A continuación, se muestra una descripción, más o menos detallada, con los selectores CSS más frecuentemente utilizados en documentos y páginas web.

4.5.1 Simples y combinados

Selector	Descripción
*	El carácter "asterisco" es un selector universal que selecciona todos los elementos del documento. `* { color: black; }`
Tipo o etiqueta	Permite seleccionar todos los elementos que se correspondan con un nombre de etiqueta HTML. `div { border-color: #00FF00; }`
.	El carácter "punto" selecciona todos los elementos que tengan como clase el identificador indicado detrás del punto. `.items-group { color: #000; }`
#	El símbolo "almohadilla" permite seleccionar el elemento que tenga como ID el identificador indicado detrás de la almohadilla. Aunque no provoca error que haya dos elementos con el mismo ID, es importante controlarlo para no obtener resultados imprevisibles. `#banner { background: black; color: white; }`
Espacio	El carácter "espacio" permite seleccionar todos los elementos que estén contenidos en los elementos que se correspondan con el selector previamente declarado. `div p { font-size: 14px; }`
,	El carácter "coma" permite seleccionar todos los elementos que resulten de combinar los selectores de forma independiente. `div, span { color: red; }`
>	El símbolo "mayor que" permite seleccionar todos los elementos que estén contenidos en los elementos que se correspondan con el selector previamente declarado y que sean hijos directos. `div > p { width: 100%; }`
+	El símbolo "suma" permite seleccionar todos los elementos que resulten del selector de la derecha y que estén declarados justo después del de los elementos seleccionados por el selector predecesor. `input + button { border: 2px solid gray; }`
~	La virgulilla permite seleccionar todos los elementos que sean hermanos del elemento previamente declarado. `div ~ label { border-color: #00FF00; }`

`[atributo]`	Permite seleccionar los elementos que tengan definido el atributo establecido entre corchetes.
	`span[role] { width: 100%; }`
`[atributo=valor]`	Permite seleccionar los elementos que tengan definido el atributo establecido entre corchetes y cuyo valor sea el "valor" indicado.
	`input[type="image"] { height: 32px; }`
`[atributo^=valor]`	Permite seleccionar los elementos que tengan definido el atributo establecido entre corchetes y cuyo valor empiece por el "valor" indicado. Esto seleccionaría, por ejemplo, todos los elementos que tengan el atributo CLASS establecido a FORM-GROUP, FORM-CONTROL, pero no ACTION-FORM.
	`input[class^="form"] { height: 32px; }`
`[atributo*=valor]`	Permite seleccionar los elementos que tengan definido el atributo establecido entre corchetes y cuyo valor contengan el "valor" indicado. Esto seleccionaría, por ejemplo, todos los elementos que tengan el atributo CLASS establecido a FORM-GROUP, FORM-CONTROL y ACTION-FORM. input[class*="form"] { height: 32px; }
`[atributo$=valor]`	Permite seleccionar los elementos que tengan definido el atributo establecido entre corchetes y cuyo valor termine por el "valor" indicado. Esto seleccionaría, por ejemplo, todos los elementos que tengan el atributo CLASS establecido a ACTION-FORM, pero no FORM-CONTROL y FORM-GROUP. input[class$="form"] { height: 32px; }

4.5.2 Pseudo-clases

Las pseudo-clases son un tipo de selector que tiene CSS y que sirven para dar funcionalidad a los elementos en función de su estado. A continuación, se explican la mayoría de ellas.

Pseudo-clase	Descripción
`:active`	Permite seleccionar todos los elementos de tipo enlace que estén activos.
	`a:active { color: #003366; }`
`:checked`	Permite seleccionar todos los elementos de tipo RADIO, CHECKBOX u OPTION que estén chequeados o conmutados, es decir, que los elementos de tipo RADIO, CHECKBOX tengan establecida la propiedad CHECKED o que los elementos OPTION de un elemento SELECT tengan establecida la propiedad SELECTED.
	`input[type="radio"]:checked { background: #000; }`

`:disable`	Permite seleccionar todos los elementos que estén deshabilitados, es decir, que tengan establecida la propiedad DISABLED. `input:disabled{ background: #eee; color: #999; }`
`:empty`	Permite seleccionar todos los elementos que estén totalmente vacíos, es decir, que no tengan ni espacios, ni texto, ni hijos. `span:empty{ display: none; }`
`:enable`	Permite seleccionar todos los elementos que estén habilitados, es decir, que no tengan establecida la propiedad DISABLED. `input:enabled{ border: 1px solid #fff; }`
`:first-child`	Permite seleccionar los elementos que sean el primer descendiente del elemento especificado. Si no indica elemento, se seleccionan todos los primeros descendientes. `ul li:first-child { font-weight: bold; }`
`:first-of-type`	Permite seleccionar los elementos que sean el primer descendiente del elemento y tipo (nombre de etiqueta) especificado. Si no indica elemento, se seleccionan todos los primeros descendientes. La diferencia con `:FIRST-CHILD` es que, este, seleccionará los elementos por tipo y no por posición. `div span:first-of-type { font-weight: bold; }`
`:focus`	Permite seleccionar el elemento que posea el foco de teclado. `a:focus { background: #003366; color: #FFFFFF; }`
`:hover`	Permite seleccionar todos los elementos que estén por dentro del elemento por el que se pasa el puntero del ratón. `a:hover { background: #003366; color: #FFFFFF; }`
`:invalid`	Permite seleccionar todos los elementos que no pasen la validación requerida por HTML5. El selector `:INVALID` sólo funciona cuando los elementos tienen alguna limitación como que sea requerido, que tenga un mínimo o máximo establecido o que sea de un campo de tipo especial como el email o number. Por tanto, si un elemento INPUT tiene el atributo REQUIRED establecido y se define una regla que contemple esta pseudo-clase, se aplicará de manera automática. `input:invalid { background: red; }`
`:last-child`	Permite seleccionar los elementos que sean el último descendiente del elemento especificado. Si no indica elemento, se seleccionan todos los últimos descendientes. `ul li:last-child { font-weight: bold; }`

`:last-of-type`	Permite seleccionar los elementos que sean el último descendiente del elemento y tipo (nombre de etiqueta) especificado. Si no indica elemento, se seleccionan todos los últimos descendientes. La diferencia con `:LAST-CHILD` es que, este, seleccionará los elementos por tipo y no por posición. `div p:last-of-type { font-weight: bold; }`
`:link`	Permite seleccionar todos los elementos de tipo enlace no visitados. `a:link { color: red; text-decoration: none; }`
`:optional`	Permite seleccionar todos los elementos de tipo `INPUT`, `SELECT` y `TEXTAREA` que sean opcionales, es decir, que no tengan establecido la propiedad `REQUIRED`. `input:optional { background: gold; color: #000; }`
`:only-child`	Permite seleccionar los elementos que sean el único descendiente entre los elementos del mismo nivel. `ul li:only-child { font-weight: bold; }`
`:only-of-type`	Permite seleccionar los elementos que sean el único descendiente de ese tipo o nombre de etiqueta entre los elementos del mismo nivel. `div span:only-of-type { font-weight: bold; }`
`:not`	Permite seleccionar todos los elementos que NO coincidan con el selector indicado entre paréntesis. El valor dentro de los paréntesis puede ser cualquier selector de los anteriores, es decir, puede ser una etiqueta, una clase, un identificador, una pseudo-clase, un pseudo-elemento o una combinación de ellos. `*:not(a) { color: black; }`
`:nth-child(n)`, `:nth-of-type`	Permite seleccionar los elementos que sean el número de descendiente indicado por el valor de N, empezando por 1. Cuando se trabaja con este selector, se pueden utilizar valores de palabra clave (también llamados valores predefinidos) y de notación funcional (también llamados valores calculados). Los valores de palabra clave son las palabras reservadas `EVEN` y `ODD`, que representan a los valores pares e impares respectivamente. Los valores de notación funcional utilizan el formato de expresión AN + B, que representa la serie de valores que resultan de multiplicar un factor N por A y sumarle el valor de B. Dicho de otro modo, el valor del patrón AN + B representa a los elementos que resulten de realizar la división entera de A más el offset entero B. Por tanto, el patrón 2N simboliza todos los elementos pares y, 3N+1, simboliza los elementos que estén definidos en las posiciones 1, 4, 7, ... La diferencia entre `:NTH-CHILD` y `:NTH-OF-TYPE` es que, este último, seleccionará los elementos por tipo y no por posición. `li:nth-child(3) { font-weight: bold; }`

`:nth-last-child(n)`	Permite seleccionar los elementos que sean el número de ascendiente indicado por el valor de N empezando desde el final y con el valor 1. A modo aclaratorio, el valor de N igual a 1 se corresponderá con el último descendiente del elemento padre, el valor de N igual a 2, se corresponderá con el penúltimo descendiente, y así sucesivamente. Cuando se trabaja con este selector, se pueden utilizar valores de palabra clave (también llamados valores predefinidos) y de notación funcional (también llamados valores calculados). Los valores de palabra clave son las palabras reservadas EVEN y ODD, que representan a los valores pares e impares respectivamente. Los valores de notación funcional utilizan el formato de expresión AN + B, que representa la serie de valores que resultan de multiplicar un factor N por A y sumarle el valor de B. Dicho de otro modo, el valor del patrón AN + B representa a los elementos que resulten de realizar la división entera de A más el offset entero B. Por tanto, el patrón 2N simboliza todos los elementos pares y, 3N+1, simboliza los elementos que estén definidos en las posiciones 1, 4, 7, ... `li:nth-last-child(2) { font-weight: bold; }`
`:nth-last-of-type(n)`	Selecciona los elementos que sean del tipo especificado y cuya posición sea el valor indicado por N empezando desde el final, con el valor 1. A modo aclaratorio, el valor de N igual a 1 se corresponderá con el último descendiente del elemento padre que tenga ese tipo (nombre de etiqueta), que no tiene por qué ser el último descendiente. Cuando se trabaja con este selector, se pueden utilizar valores de palabra clave (también llamados valores predefinidos) y de notación funcional (también llamados valores calculados). Los valores de palabra clave son las palabras reservadas EVEN y ODD, que representan a los valores pares e impares respectivamente. Los valores de notación funcional utilizan el formato de expresión AN + B, que representa la serie de valores que resultan de multiplicar un factor N por A y sumarle el valor de B. Dicho de otro modo, el valor del patrón AN + B representa a los elementos que resulten de realizar la división entera de A más el offset entero B. Por tanto, el patrón 2N simboliza todos los elementos pares y, 3N+1, simboliza los elementos que estén definidos en las posiciones 1, 4, 7, ... `div p:nth-last-of-type(2) { font-weight: bold; }`
`:read-only`	Permite seleccionar todos los elementos que tengan el atributo READONLY establecido entre sus atributos HTML, es decir, que sean de sólo lectura. `span:read-only { background: lime; }`
`:required`	Permite seleccionar todos los elementos que tengan el atributo REQUIRED establecido entre sus atributos HTML, es decir, que tengan un carácter obligatorio. `span:invalid:required { background: orange; }`

`:root`	Permite seleccionar el elemento raíz del documento, al igual que el elemento `HTML`, pero con la diferencia de que, la pseudo-clase :ROOT tiene mucho más peso y relevancia. Por ejemplo, mientras que el selector `HTML` no se suele utilizar para definir variables `CSS`, la pseudo-clase :ROOT sí. ```:root { --bg-color: #F00; }```

`:target`	Las direcciones o URL que comienzan con una almohadilla representan un identificador de anclaje a un determinado elemento dentro de un documento. Cuando el usuario pulsa en un elemento `A` que posee un `HREF` con una almohadilla, se lanza un evento que pone el foco en el elemento que tiene ese `ID`. Cuando eso sucede se activa la pseudo-clase :TARGET. Por tanto, la pseudo-clase :TARGET selecciona el elemento destino cuando el usuario pulsa en un elemento que vincula dicho elemento con el punto de anclaje.
	
	 ``html
	<style>
	    div { display: none }
	</style>
	<a href="#enlace">Enlace</a>
	<div id="enlace">
	    <h2>Enlace</h2>
	    <p>Un contenido cualquiera</p>
	</div>
	``
	 Si ejecutásemos el código anterior en un navegador, lo que se vería es sólo el enlace y si pulsásemos en dicho enlace, no mostraría nada, únicamente provocaría una navegación hacia el punto de anclaje. Para hacerlo visible cuando se pulse el enlace podríamos recurrir a una funcionalidad en JavaScript, pero no, es más sencillo a través de la pseudo-clase :TARGET.
	
	 ```div:target { display: block; }```
	
	 Ahora sí, si añadimos esta regla al código anterior, y pulsamos en el enlace, veremos que, además de provocar una navegación, se muestra el DIV con todo su contenido.

`:valid`	Permite seleccionar todos los elementos que pasen la validación requerida por HTML5 y JavaScript. El selector :VALID sólo funciona cuando los elementos tienen alguna limitación como que sea requerido, que tenga un mínimo o máximo establecido, que sea de un campo de tipo especial como el email o sólo numérico. Por tanto, si un elemento `INPUT` no tiene el atributo `REQUIRED` establecido, no realiza ningún otro tipo de validación, y se define una regla que contemple esta pseudo-clase, se aplicará de manera automática. ```input:valid { background: lightgreen; }```
`:visited`	Permite seleccionar todos los elementos de tipo enlace visitados. ```a:visited { color: green; }```

4.5.3 Pseudo-elementos

Los pseudo-elementos son un tipo de selector que tiene CSS y que sirven para añadir estilos adicionales en una parte concreta del elemento. Es por ello que se suele afirmar que, mientras que las pseudo-clases están vinculadas a los estados del elemento, los pseudo-elementos están vinculados al aspecto visual.

Pseudo-elemento	Descripción

`::before,`
`::after`
	Prácticamente todos los elementos de CSS tienen tres capas de visualización superpuestas, la anterior, la seleccionada y la posterior. Mientras que la capa seleccionada es manipulable a través del propio elemento, la anterior y posterior son manipulables a través de los pseudo-elementos BEFORE y AFTER.
	Se dice que los pseudo-elementos BEFORE y AFTER son el primer y último hijo del elemento, respectivamente, sin embargo, aunque sean hijos del elemento, no pertenecen al HTML. Por esta razón, cuando se desea insertar contenido en estas capas se debe recurrir a la propiedad CONTENT, para asignar contenido sin la intervención de HTML.
	Aunque pueda parecer que no, el contenido de la propiedad CONTENT puede ser muy diverso. Permite la asignación de una cadena de texto (vacía o no), un código hexadecimal o Unicode, una URL de una imagen o archivo, una palabra clave de CSS como OPEN-QUOTE o CLOSE-QUOTE, una función CSS como ATTR o, incluso, una combinación de todos ellos.
	
	`.elemento::before   { content: ""; }`
	`button i::after      { content: url(./icono.png); }`
	`h2 span::before      { content: attr(data-value); }`
	`div::after{content: open-quote " X " close-quote}`

`::selection`	Permite definir un estilo específico para marcar el texto seleccionado. Es importante destacar que este pseudo-elemento sólo puede utilizar las propiedades BACKGROUND, COLOR, CURSOR y OUTLINE. `::selection { background: black; color: yellow; }`
`::placeholder`	Permite definir un estilo específico para los elementos que admiten el establecimiento del atributo PLACEHOLDER de HTML. `::placeholder { background: whitesmoke; }`

4.5.4 Especificidad de los selectores

La especificidad es la forma mediante la cual los agentes de usuario deciden que tiene más o menos relevancia o peso. Esto es una de las características que hará que una regla se aplique y sobrescriba a otras, independientemente de donde esté declarada, antes o después.

Por resumirlo en una frase, los selectores de **tipo** y **pseudo-elementos** poseen un peso de 0, los selectores de **clase y atributo** (con corchetes) poseen un peso de 1, los selectores de **ID** (con almohadilla) poseen un peso de 2, el atributo **style** posee un peso de 3, la palabra clave **¡important** posee un peso de 4 y el **attributo style con !important** dentro posee un peso de 5.

Tanto el selector universal, como los combinadores (+, >, ~ o el espacio) y la pseudo-clase :NOT(), no tienen efectividad en lo que respecta a estos pesos, pero sí dentro de la definición de la pseudo-clase :NOT().

Cualquier declaración en línea sobre los elementos HTML sobrescribe los estilos definidos en las hojas de estilo internas o externas, a menos que, las reglas CSS tengan contenidas la palabra clave IMPORTANT.

Aunque, en principio, esta palabra clave no tiene nada que ver con la especificidad, sí que influye en ella anulando prácticamente toda posible herencia. Por esta razón, se ha puesto con el mayor peso en nuestra tabla.

También cabe destacar que, el uso de la palabra clave IMPORTANT no es una buena práctica a nivel de desarrollo profesional, primero porque rompe la estandarización de las reglas en cascada, segundo, porque dificulta la lectura y depuración del código y, tercero, pero no menos importante, porque puede provocar comportamientos no contemplados o deseados en el documento.

4.6 PROPIEDADES

A continuación, se muestra una lista con las propiedades de CSS3 más frecuentes en el diseño de páginas web agrupadas por funcionalidad.

4.6.1 Texto, fuentes y tipos de letra

4.6.1.1 PROPIEDAD FONT-FAMILY

Especifica el espacio entre caracteres. Entre sus posibles valores podemos encontrar NORMAL, que indica el valor prefijado por el agente de usuario y [VALOR], que indica un valor establecido en una de las medidas permitidas de CSS.

Si se desea indicar varias fuentes, se puede hacer a través del carácter coma, no obstante, su aplicación será en función de la disponibilidad y de izquierda a derecha, es decir, si la primera no está disponible o no se puede seleccionar, se seguirá intentando con las siguientes.

4.6.1.2 PROPIEDAD FONT-SIZE

Especifica el tamaño del texto. Entre sus posibles valores podemos encontrar valores desde XX-SMALL, que indica un tamaño de fuente baladí, equivalente a 9px, hasta XX-LARGE, que indica un tamaño de fuente enorme, equivalente a 32px. No obstante, también es posible indicar un valor establecido en una de las medidas permitidas de CSS que se comentaron anteriormente.

4.6.1.3 PROPIEDAD FONT-STYLE

Especifica el estilo del texto. Entre sus posibles valores podemos encontrar NORMAL, que indica que se muestre con un estilo de fuente normal, ITALIC, que indica que se muestre con un estilo de letra cursiva y, OBLIQUE, que indica que se muestre con un estilo de fuente oblicuo.

4.6.1.4 PROPIEDAD FONT-VARIANT

Especifica la variación del texto. Esta propiedad presenta múltiples valores, pero el único que, de verdad se utiliza, es SMALL-CAPS y ALL-SMAL-CAPS para indicar que el texto se muestre con las letras minúsculas convertidas a mayúsculas, pero con un tamaño menor.

4.6.1.5 PROPIEDAD FONT-WEIGHT

Especifica el grosor del texto.

Entre sus posibles valores podemos encontrar NORMAL, que es el valor por defecto e indica que se muestre la letra con un grosor normal, BOLD, que indica que se muestren los caracteres gruesos y, 100, 200, 300, 400, 500, 600, 700, 800 y 900, que indican que se muestre el grosor de los caracteres en función de estos valores.

Muchas fuentes vectoriales utilizan esta propiedad para definir diferentes pesos o grosores de carácter. En general, el valor 100 se corresponde con un tipo de letra muy fina o delgada, el valor 400 a un tipo NORMAL y 700 o superior a un tipo BOLD.

4.6.1.6 PROPIEDAD LETTER-SPACING

Especifica el espacio entre caracteres que se debe aplicar al texto. Entre sus posibles valores podemos encontrar NORMAL, que indica que se muestre la letra con un espacio entre caracteres normal y es el valor por defecto. No obstante, también es posible indicar un valor establecido en una de las medidas permitidas de CSS que se comentaron anteriormente.

4.6.1.7 PROPIEDAD LINE-HEIGHT

Especifica el espacio entre líneas de un texto. Entre sus posibles valores podemos encontrar NORMAL, que indica que se muestre la letra con un espacio entre caracteres normal definido por defecto, un [NÚMERO], que indica un factor de multiplicación para el tamaño de fuente actual y, como no, un [VALOR] que indica un valor establecido en una de las medidas permitidas de CSS comentadas anteriormente.

4.6.1.8 PROPIEDAD TEXT-ALIGN

Especifica la alineación del texto. Entre sus posibles valores podemos encontrar LEFT, RIGHT, CENTER y JUSTIFY que indican que el texto se alinee a la izquierda, a la derecha, de manera centrada o de forma justificada, respectivamente.

> ### (i) NOTA
>
> Cabe destacar que la alineación justificada no suele ser una buena opción si se desea que la página sea accesible.

4.6.1.9 PROPIEDAD TEXT-DECORATION

Especifica la decoración agregada al texto. Aunque esta propiedad presenta múltiples valores, los más recurrentes y frecuentemente utilizados son **UNDERLINE**, que indica que el texto se muestre subrayado por debajo del texto, **OVERLINE**, que indica que el texto se muestre subrayado por encima del texto y **LINE-THROUGH**, que indica que el texto se muestre tachado.

4.6.1.10 PROPIEDAD TEXT-INDENT

Especifica la sangría que se debe aplicar a la primera línea del texto. Entre sus posibles valores podemos encontrar **[PORCENTAJE]**, que indica un tanto por ciento de sangría con respecto al ancho del elemento actual y un **[VALOR]**, que indica un valor establecido en una de las medidas permitidas de CSS anteriormente comentadas.

> ### (i) NOTA
>
> Aunque no es frecuente, el valor de la sangría puede ser negativo. Si esto es así, el texto se sangrará a la izquierda en vez de hacia la derecha.

4.6.1.11 PROPIEDAD TEXT-TRANSFORM

Especifica la capitalización del texto. Entre sus posibles valores, los más recurrentes y frecuentemente utilizados tenemos **NONE**, que indica que no se debe capitalizar el texto y es el valor por defecto, **CAPITALIZE**, que indica que se capitalice el primer carácter de cada palabra, **UPPERCASE**, que indica que se transforme todo el texto a mayúsculas y **LOWERCASE**, que indica que se transforme todo el texto a minúsculas.

4.6.1.12 PROPIEDAD VERTICAL-ALIGN

Especifica la alineación vertical para el elemento y es particularmente útil cuando se trabaja con texto e imágenes. Entre sus posibles valores podemos encontrar múltiples configuraciones, sin embargo, las más frecuentes son **TOP**, que indica que el texto debe alinearse en la parte superior con respecto al elemento más alto de la línea y **MIDDLE**, que indica que el texto debe alinearse en el medio del elemento padre.

4.6.1.13 PROPIEDAD WHITE-SPACE

Especifica como se debe gestionar el espacio en blanco en el elemento textual actual. Entre sus posibles valores podemos encontrar múltiples configuraciones, sin embargo, las más frecuentes son **NORMAL**, que es el valor por defecto e indica que las secuencias de espacios en blanco y tabulaciones se reducirán a un único elemento, haciendo que el texto salte a la línea siguiente cuando sea necesario y, **NOWRAP**, que indica que las secuencias de espacios en blanco y tabulaciones se reducirán a un único elemento, pero el texto nunca saltará a la siguiente línea hasta que encuentre un elemento **BR**.

4.6.1.14 PROPIEDAD WORD-BREAK

Especifica como se deben cortar las palabras cuando no entran en el espacio asignado al elemento. Entre sus posibles valores podemos encontrar múltiples configuraciones, sin embargo, las más frecuentes son **NORMAL**, que es el valor por defecto e indica que no se produzcan cortes en las palabras, provocando que la palabra entera caiga hacia la siguiente línea y **BREAK-ALL**, que indica que las palabras deben cortarse por cualquier carácter para que entren en el espacio del elemento.

4.6.1.15 PROPIEDAD WORD-SPACING

Especifica el espacio que debe haber entre las palabras del texto. Entre sus posibles valores podemos encontrar **NORMAL**, que indica que las palabras deben estar separadas por un espacio equivalente a 0.25EM y es el valor por defecto y, **[VALOR]**, que indica un valor establecido en una de las medidas permitidas de CSS.

4.6.1.16 PROPIEDAD WORD-WRAP

Especifica que las palabras del texto pueden ajustarse o separarse a la siguiente línea. Entre sus posibles valores podemos encontrar **NORMAL**, que indica que se deben cortar las palabras sólo en los puntos de ruptura permitidos, lo que se suele convertir en que no se corten y es el valor por defecto y, **BREAK-WORD**, que indica que se pueden cortar las palabras en cualquier punto.

4.6.2 Listas

4.6.2.1 PROPIEDAD LIST-STYLE

Es una propiedad compuesta que especifica el tipo de lista que se desea utilizar en el elemento. Se compone de un valor de estilo de un parámetro que se corresponde con la propiedad **LIST-STYLE-IMAGE**, la cual permite definir la imagen que desea utilizar como viñetas. Una posición, que se corresponde con la propiedad **LIST-STYLE-POSITION**, la cual permite definir la posición de la viñeta y, una posible imagen, que se corresponde con la propiedad **LIST-STYLE-TYPE**, la cual permite definir el tipo de viñeta cuando no se utiliza una imagen como marcador. No obstante, este último no suele usarse nunca.

Dado que se van a comentar todas y cada una de las propiedades independientes que pueden asignarse a esta propiedad compuesta, sólo expondremos un ejemplo.

```
ul { list-style: circle inside url("circle.png"); }
```

4.6.3 Márgenes internos y externos

Aunque se haga referencia con terminología similar en nuestro idioma, el uso de los márgenes internos y externos tiene diferentes objetivos. Mientras que el margen interno puede estar enfocado a provocar un efecto decorativo, el externo puede estar enfocado a provocar una mejor legibilidad.

4.6.3.1 PROPIEDADES MARGIN Y PADDING

Las propiedades MARGIN y PADDING son unas propiedades compuestas que especifican el margen externo e interno respectivamente.

Ambas, admiten entre uno y cuatro valores que el agente de usuario interpretará de manera distinta, dependiendo del número de estos. Entre sus posibles valores podemos encontrar AUTO, que indica que se debe dejar que los valores sean provistos por el agente de usuario y, únicamente, es aplicable a MARGIN y, [VALOR], que indica un valor establecido en una de las medidas permitidas de CSS.

Si se declaran los cuatro valores, la secuencia de asignación será valor superior, valor derecho, valor inferior y valor izquierdo. Por ejemplo, si quisiéramos asignar 15PX de margen externo a los elementos LI en todos sus lados podríamos hacer:

```
li   { margin: 15px 15px 15px 15px; }
```

Si se declaran tres valores, la secuencia de asignación será valor superior, valor a los lados y valor inferior. Por ejemplo, si quisiéramos asignar 1EM de margen interno a las partes superior e inferior y 0.5EM a los lados derecho e izquierdo en todos los elementos P podríamos hacer:

```
p    { padding: 1em 0.5em 1em; }
```

Si se declaran dos valores, la secuencia de asignación será valor superior e inferior y valor derecho e izquierdo. Por ejemplo, si quisiéramos eliminar el margen externo superior e inferior de los elementos DIV y asignar valores automáticos a los laterales, podríamos hacer:

```
div { margin: 0 auto; }
```

Si se declara un único valor, la secuencia de asignación será para todos los valores, es decir, se asignará el mismo valor para el margen superior, para el margen derecho, para el margen inferior y para el margen izquierdo. Por ejemplo, si quisiéramos asignar 15PX de margen interno a los elementos LI en todos sus lados podríamos hacer:

```
li   { padding: 15px; }
```

En lo referente a los valores por defecto, la propiedad MARGIN tiene asignado el valor AUTO a todos sus lados y, la propiedad PADDING tiene asignado el valor 0 a todos sus lados.

Además de la compuesta, CSS permite especificar los valores de margen de forma independiente a través de la adición de los sufijos TOP, RIGHT, BOTTOM y LEFT. La concatenación de las palabras clave MARGIN o PADDING con uno de estos sufijos, provocará que se asigne el valor para el lado especificado.

```
ul  { margin-top: 2ch; }
li  { margin-right: auto; }
p   { padding-bottom: 1vw; }
div { padding-left: 1rem; }
```

4.6.4 Bordes internos y externos

Aunque se haga referencia con terminología similar en nuestro idioma, el uso de los bordes internos y externos tiene diferentes objetivos. Mientras que el margen interno puede estar enfocado a provocar un efecto decorativo, el externo puede estar enfocado a provocar una mejor legibilidad y localización.

4.6.4.1 PROPIEDADES BORDER Y OUTLINE

Las propiedades BORDER y OUTLINE son unas propiedades compuestas que especifican el margen externo e interno respectivamente.

Ambas, son propiedades compuestas que se definen a través de un valor de ancho de borde, un estilo de borde y un color de borde.

Todas estas características pueden asignarse a través de sus propiedades individuales **BORDER-COLOR** o **OUTLINE-COLOR**, que permiten asignar el color del borde interno o externo respectivamente, **BORDER-STYLE** o **OUTLINE-STYLE**, que permiten asignar el estilo del borde interno o externo y **BORDER-WIDTH** o **OUTLINE-COLOR**, que permiten asignar el ancho o tamaño de cada uno de los bordes internos o externos.

La secuencia de asignación para esta propiedad es ancho, estilo y color, aunque es posible que los navegadores entiendan otro posible orden de asignación.

```
div { border: 2px solid #f0f0f0; }
div { outline: 2px solid #f0f0f0; }
```

4.6.4.2 PROPIEDADES BORDER-COLOR Y OUTLINE-COLOR

La propiedad BORDER-COLOR es una propiedad compuesta que especifica el color de los bordes del elemento. Al igual que sucede con los márgenes internos y externos, el orden de asignación es valor superior, valor derecho, valor inferior y valor izquierdo. Entre sus posibles valores podemos encontrar **TRANSPARENT**, que indica que los bordes deben ser de color transparente y **[COLOR]**, que es una palabra clave como pueda ser uno de los valores preestablecidos por los navegadores o, un código de color en hexadecimal, RGBA o HSLA.

Si se declaran los cuatro valores, la secuencia de asignación será valor superior, valor derecho, valor inferior y valor izquierdo. Por ejemplo, si quisiéramos asignar un color rojo a los elementos LI en todos sus lados podríamos hacer:

```
li  { border-color: red #F00 #FF0000 rgba(255, 0, 0); }
li  { outline-color: red #F00 #FF0000 rgba(255, 0, 0); }
```

Si se declaran tres valores, la secuencia de asignación será valor superior, valor a los lados y valor inferior. Por ejemplo, si quisiéramos asignar un color azul claro a los lados superior e inferior y un color azul oscuro a los lados derecho e izquierdo en todos los elementos P podríamos hacer:

```
p   { border-color: lightblue darkblue lightblue; }
```

Si se declaran dos valores, la secuencia de asignación será valor superior e inferior y valor derecho e izquierdo. Por ejemplo, si quisiéramos asignar un color negro a los lados superior e inferior y un color gris a los lados derecho e izquierdo en todos los elementos DIV podríamos hacer:

```
div { border-color: black gray; }
```

Si se declara un único valor, la secuencia de asignación será para todos los valores, es decir, se asignará el mismo valor al borde superior, borde derecho, borde inferior y borde izquierdo. Por ejemplo, si quisiéramos asignar un color naranja a los elementos LI en todos sus lados podríamos hacer:

```
li  { border-color: orange; }
```

Por último, cabe mencionar que, además de la compuesta, CSS permite especificar los valores de forma independiente a través de la adición de los interfijos TOP, RIGHT, BOTTOM y LEFT. La construcción de BORDER-COLOR con estos nombres, provocará que se asigne el valor para el lado especificado.

```
div { border-top-color: rgb(0, 0, 0); }
div { border-right-color: rgba(0, 0, 0, 1); }
div { border-bottom-color: hsl(0, 0%, 0%); }
div { border-left-color: hsla(0, 0%, 0%, 1); }
```

En lo referente a la propiedad OUTLINE-COLOR es idéntica a BORDER-COLOR, con la salvedad de que, OUTLINE-COLOR, sólo admite un valor de color para todos los bordes, en vez de cuatro.

4.6.4.3 PROPIEDAD BORDER-STYLE Y OUTLINE-STYLE

Es una propiedad compuesta que especifica el estilo de los bordes del elemento. Al igual que sucede con otras propiedades, el orden de asignación es valor superior, valor derecho, valor inferior y valor izquierdo. Entre sus posibles valores podemos encontrar:

Valor	Descripción	Muestra
none	Indica que NO se desean bordes en ninguno de los lados.	
hidden	Indica que los bordes deben estar ocultos.	
dotted	Indica que los bordes deben ser únicos y punteados.	
dashed	Indica que los bordes deben ser únicos y rayados.	
solid	Indica que los bordes deben ser únicos y continuos.	
double	Indica que los bordes deben ser dobles y continuos.	
groove	Indica que los bordes deben tener un efecto 3D acanalado.	
ridge	Indica que los bordes deben tener un efecto 3D ondulado.	
inset	Indica que los bordes deben tener un efecto 3D presionado.	
outset	Indica que los bordes deben tener un efecto 3D en relieve.	

Si se declaran los cuatro valores, la secuencia de asignación será valor superior, valor derecho, valor inferior y valor izquierdo. Por ejemplo, si quisiéramos asignar un estilo sólido a los elementos LI en todos sus lados podríamos hacer:

```
li { border-style: solid solid solid solid ; }
```

Si se declaran tres valores, la secuencia de asignación será valor superior, valor derecho e izquierdo y valor inferior. Por ejemplo, si quisiéramos asignar un estilo de borde sólido a los lados superior e inferior y uno punteado a los lados derecho e izquierdo en todos los elementos P podríamos hacer:

```
p { border-style: solid dotted solid; }
```

Si se declaran dos valores, la secuencia de asignación será valor superior e inferior y valor derecho e izquierdo. Por ejemplo, si quisiéramos asignar un estilo rayado a los lados superior e inferior y uno punteado a los lados derecho e izquierdo en todos los elementos DIV podríamos hacer:

```
div { border-style: dashed dotted; }
```

Si se asigna un único valor, la secuencia de asignación será para todos los valores, es decir, se asignará el mismo valor al borde superior, borde derecho, borde inferior y borde izquierdo. Por ejemplo, si quisiéramos asignar un estilo 3D ondulado a los elementos LI en todos sus lados podríamos hacer:

```
li  { border-style: ridge; }
```

Por último, cabe mencionar que, además de la compuesta, CSS permite especificar los valores de forma independiente a través de la adición de los interfijos TOP, RIGHT, BOTTOM y LEFT. La construcción de BORDER-STYLE con estos nombres, provocará que se asigne el valor para el lado especificado.

```
div { border-top-style: solid; }
div { border-right-style: solid; }
div { border-bottom-style: solid; }
div { border-left-style: solid; }
```

En lo referente a la propiedad OUTLINE-STYLE es idéntica a BORDER-STYLE, con la salvedad de que, OUTLINE-STYLE, sólo admite un valor de estilo para todos los bordes, en vez de cuatro.

4.6.4.4 PROPIEDADES BORDER-WIDTH Y OUTLINE-WIDTH

La propiedad BORDER-WIDTH es una propiedad compuesta que especifica el tamaño de los bordes del elemento. Al igual que sucede con los márgenes internos y externos, y otras propiedades de su mismo contexto, el orden de asignación es valor superior, valor derecho, valor inferior y valor izquierdo. Entre sus posibles valores podemos encontrar **THIN**, que indica que los bordes deben tener un tamaño fino o delgado, equivalente a 1 píxel, **MEDIUM**, que es el valor por defecto e indica que los bordes deben tener un tamaño medio, equivalente a 3 píxeles, **THICK**, que indica que los bordes deben tener un tamaño grueso, equivalente a 5 píxeles y **[VALOR]**, que indica un valor establecido en una de las medidas permitidas de CSS.

Si se declaran los cuatro valores, la secuencia de asignación será valor superior, valor derecho, valor inferior y valor izquierdo. Por ejemplo, si quisiéramos asignar un tamaño de borde de 2PX a los elementos LI en todos sus lados podríamos hacer:

```
li  { border-width: 2px 2px 2px 2px; }
```

Si se declaran tres valores, la secuencia de asignación será valor superior, valor derecho e izquierdo y valor inferior. Por ejemplo, si quisiéramos asignar un tamaño de borde de 2PX a los lados superior e inferior y un tamaño de borde de 1PX a los lados derecho e izquierdo en todos los elementos P podríamos hacer:

```
p   { border-width: 2px 1px 2px; }
```

Si se declaran dos valores, la secuencia de asignación será valor superior e inferior y valor derecho e izquierdo. Por ejemplo, si quisiéramos asignar un tamaño de borde de 2PX a los lados superior e inferior y un tamaño de borde de 4PX a los lados derecho e izquierdo en todos los elementos DIV podríamos hacer:

```
div { border-width: 2px 4px; }
```

Si se declara un único valor, la secuencia de asignación será para todos los valores, es decir, se asignará el mismo valor al borde superior, borde derecho, borde inferior y borde izquierdo. Por ejemplo, si quisiéramos asignar un tamaño de borde de 2PX a los elementos LI en todos sus lados podríamos hacer:

```
li  { border-width: 2px; }
```

Por último, cabe mencionar que, además de la compuesta, CSS permite especificar los valores de forma independiente a través de la adición de los interfijos TOP, RIGHT, BOTTOM y LEFT. La construcción de BORDER-WIDTH con estos nombres, provocará que se asigne el valor para el lado especificado.

```
div { border-top-width: 2px; }
div { border-right-width: 1px; }
div { border-bottom-width: 1px; }
div { border-left-width: 2px; }
```

En lo referente a la propiedad OUTLINE-WIDTH es idéntica a BORDER-WIDTH, con la salvedad de que, OUTLINE-WIDTH, sólo admite un valor de estilo para todos los bordes, en vez de cuatro.

4.6.4.5 PROPIEDAD BORDER-RADIUS

Es una propiedad compuesta que especifica el tamaño de la curva (o radio) que une los bordes del elemento. Para esta propiedad, el orden de asignación es valor esquina superior izquierda, valor esquina superior derecha, valor esquina inferior derecha y valor esquina inferior izquierda.

Sus posibles valores sólo pueden asignarse a través de un valor establecido en una de las medidas permitidas de CSS.

Si se declaran los cuatro valores, la secuencia de asignación será la anteriormente comentada. Así, por ejemplo, si quisiéramos asignar un radio de borde de 15PX a los elementos LI en todas sus esquinas podríamos hacer:

```
li  { border-radius: 15px 15px 15px 15px; }
```

Y si lo ejecutásemos, el resultado sería algo como:

ESTE ELEMENTO TIENE UN BORDER-RADIUS DE 15PX 15PX 15PX 15PX

Si se declaran tres valores, la secuencia de asignación será valor esquina superior izquierda, valor esquinas superior derecha e inferior izquierda y valor esquina inferior derecha. Por ejemplo, si quisiéramos asignar un radio de borde de 15PX a las esquinas superior izquierda e inferior derecha y un radio de borde de 0PX a las esquinas superior derecha e inferior izquierda en todos los elementos P podríamos hacer:

```
p    { border-radius: 15px 0px 15px; }
```

Y si lo ejecutásemos, el resultado sería algo como:

ESTE ELEMENTO TIENE UN BORDER-RADIUS DE 15PX 0PX 15PX

Si se declaran dos valores, la secuencia de asignación será valor esquinas superior izquierda e inferior derecha y valor esquinas superior derecha e inferior izquierda. Por ejemplo, si quisiéramos asignar un radio de borde de 15PX a las esquinas superior izquierda e inferior derecha y un radio de borde de 0PX a las esquinas superior derecha e inferior izquierda en todos los elementos DIV podríamos hacer:

```
div { border-width: 15px 0px; }
```

Y si lo ejecutásemos, el resultado sería algo como:

ESTE ELEMENTO TIENE UN BORDER-RADIUS DE 15PX 0

Si se declara un único valor, la secuencia de asignación será para todos los valores, es decir, se asignará el mismo valor para las esquinas superior izquierda, superior derecha, inferior derecha e inferior izquierda. Por ejemplo, si quisiéramos asignar un radio de borde de 15PX a los elementos LI en todas sus esquinas podríamos hacer:

```
li   { border-width: 15px; }
```

Y si lo ejecutásemos, el resultado sería algo como:

ESTE ELEMENTO TIENE UN BORDER-RADIUS DE 15 PÍXELES

4.6.4.6 PROPIEDAD OUTLINE-OFFSET

Especifica el espacio en blanco que debe existir entre el borde interno proporcionado por la propiedad BORDER y el borde externo proporcionado por la propiedad OUTLINE. Entre sus posibles valores podemos encontrar **[VALOR]**, que indica un valor establecido en una de las medidas permitidas de CSS.

4.6.5 Colores

4.6.5.1 CODIFICACIÓN DE COLORES

Los colores en HTML pueden establecerse a través de los nombres preestablecidos por el agente de usuario, mediante codificación RGB, HSL o hexadecimal. Tanto RGB, como HSL, admiten una variación que permite especificar el canal alfa.

4.6.5.1.1 Codificación RGB y RGBA

El modelo de color RGB (Red - Green - Blue) es un modelo matemático abstracto que describe cómo realizar la codificación o representación de colores a partir de unos componentes de intensidad sobre los colores primarios. Dado que su formulación es únicamente a través de rojo, verde, azul, la codificación RGB no presenta la posibilidad de definir un color con transparencia.

El espacio de color RGBA (Red - Green - Blue - Alpha) es una combinación del modelo RGB con un cuarto componente denominado canal de alfa. Este canal alfa es el que posibilita que los colores puedan tener una transparencia.

El valor de los componentes rojo, verde y azul se establecen a partir de un valor binario de 8 bits bajo el sistema decimal, es decir, con valores que van de 0 a 255. Sin embargo, el valor del canal alfa se establece con un valor en tanto por uno.

```
RGB(0, 0, 255);       /* Color azul al 50% de transparencia */
RGBA(0, 0, 255, 0.5); /* Color azul al 50% de transparencia */
```

4.6.5.1.2 Codificación Hexadecimal

La codificación de colores en hexadecimal funciona exactamente igual que el modelo RGB, es decir, los colores pueden formalizarse o construirse a partir de unos valores de rojo, verde, azul, no obstante, su anotación es diferente.

Cabe destacar que existen algunos navegadores que permiten definir colores en hexadecimal y con transparencia a través de un código de ocho caracteres hexadecimales, en vez de seis. No obstante, este tipo de codificación con transparencia puede no ser compatible con algunos navegadores.

El valor de los componentes rojo, verde y azul y el canal alfa van de 00 a FF y, aunque en general, esta especificación se aplica mediante la concatenación del carácter almohadilla y una cadena de seis caracteres, también es posible codificar los colores mediante una cadena de longitud tres.

Cuando se utiliza este tipo de anotación, el color generado se construye a partir de la duplicación y anidación de cada carácter, es decir, cuando se especifica un color codificado como 0F0, en realidad, lo que se está generando es el color 00FF00, en este caso un verde.

4.6.5.1.3 Codificación HSL y HSLA

El modelo de color HSL (Hue - Saturation - Lightness) es un modelo matemático abstracto que describe cómo realizar la codificación o representación de colores a partir de unos componentes de matiz, saturación y luminosidad. Dado que su formulación es únicamente a través de estos tres componentes, la codificación HSL no presenta la posibilidad de definir un color con transparencia.

El espacio de color HSLA (Hue - Saturation - Lightness - Alpha) es una combinación del modelo HSL con un cuarto componente denominado canal de alfa. Este canal alfa es el que posibilita que los colores puedan tener una transparencia.

El componente de matiz se mide en grados, por lo que sus posibles valores van de 0 a 360. El valor 0 equivale al rojo, 120 al verde y 240 al azul.

Los componentes de saturación y luminosidad se establecen en términos porcentaje, es decir, con valores que van de 0 a 100 y, el canal alfa, se establece en términos de tanto por uno. Un ejemplo de esta codificación es HSL(0, 240%, 50%), el cual equivale a decir que es un azul al 50% de transparencia.

4.6.5.2 PROPIEDADES PARA EL COLOR

4.6.5.2.1 Propiedad background

Aunque la propiedad BACKGROUND admite múltiples opciones, uno de los usos más extendidos es, únicamente, la asignación de un color de fondo o degradado. De hecho, su definición permite establecer un color de fondo, una imagen o efecto gradiente, una posición, un tamaño, una opción de repetición, un origen, una opción de extensión y una de desplazamiento.

Todos estos posibles valores son interpretados de forma unívoca e independiente y, por decirlo así, todos son opcionales, lo cual permite que se puedan asignar uno o varios valores en cualquier orden.

Al igual que sucede con otras propiedades, también permite la asignación a través de sus propiedades individuales y, aunque todas ellas se verán, de forma independiente, en el capítulo de imágenes y multimedia, aquí las comentaremos por encima, sobre todo, para obtener una idea de su capacidad y utilidad.

Valor	Descripción
background-attachment	Define opciones de desplazamiento.
background-color	Define el color del fondo.
background-clip	Define las opciones de extensión para el fondo.
background-image	Define la imagen o efecto gradiente.
backgroound-origin	Define el origen de la imagen o fondo.
background-position	Define la posición de la imagen o fondo.
background-repeat	Define las opciones de repetición del fondo.
background-size	Define el tamaño de la imagen o fondo.

Como se puede observar, su sintaxis es bastante compleja, sin embargo, su uso está muy recomendado, debido, fundamentalmente, a que está diseñada para ahorrar tiempo de proceso y carga.

```
div { background: purple; }
div { background: url(./imagen-fondo.png) repeat-x; }
div { background: padding-box black; }
div { background: no-repeat centrer/cover url(./imagen-fondo.png); }
li  { background: #FFF url("plus.png") no-repeat fixed left center; }
```

4.6.5.2.2 Propiedad background-color

Especifica el color del fondo que será aplicado en el elemento, el cual afecta (o incluye) el espacio asignado al margen interno y al borde, pero no al margen externo. Entre sus posibles valores podemos encontrar **[COLOR]**, que indica el color de fondo en formato HSL, RGBA o hexadecimal y **TRANSPARENT**, que indica que el color de fondo es transparente y es equivalente a RGBA (0, 0, 0, 0).

```
div { background-color: rgba(128, 0, 128, 1); }
```

4.6.5.2.3 Propiedad color

Especifica el color del texto. Esta propiedad admite una larga lista de colores a través de su nombre en inglés o mediante su equivalente en RGB(A), HSL(A) o hexadecimal.

4.6.5.2.4 Propiedades text-shadow y box-shadow

Si la propiedad TEXT-SHADOW es una propiedad compuesta que agrega una sombra al texto, la propiedad BOX-SHADOW es una propiedad compuesta que agrega una sombra a los elementos no textuales. Su sintaxis es:

```
text-shadow: PosX PosY radio_desenfoque color;
box-shadow:  inset PosX PosY radio_desenfoque radio_propagación color;
```

Si el valor de la PosX es positivo, la sombra avanzará en sentido hacia la derecha, por lo que, si es negativo, avanzará en sentido hacia la izquierda. Algo similar pasa con el segundo parámetro. Si el valor de PosY es positivo, la sombra avanzará en sentido hacia abajo, por lo que, si es negativo, avanzará en sentido hacia arriba.

Para los valores de desenfoque, cuanto mayor sean sus valores, mayor será la difuminación y expansión de la sombra. En lo referente a los valores del parámetro de color, admite una larga lista de opciones a través de su nombre en inglés o mediante su equivalente en RGB(A), HSL(A) o hexadecimal.

ⓘ **NOTA**

Salvo excepciones, las propiedades TEXT-SHADOW y BOX-SHADOW no se deben utilizar porque, además de dificultar su lectura y disminuir la legibilidad, puede disminuir la accesibilidad y proporcionar una imagen corporativa "desaliñada".

4.6.6 Posicionamiento

4.6.6.1 PROPIEDAD CLEAR

Especifica en qué lado debe romperse la línea de posicionamiento flotante proporcionada por la propiedad FLOAT. El efecto de romper el posicionamiento flotante viene a significar que, los elementos que estén por la parte que indica esta propiedad, caerán hacia la línea siguiente. Entre sus posibles valores podemos encontrar **BOTH**, que indica que debe romperse por ambos lados (independientemente del valor de la propiedad FLOAT), **LEFT**, que indica que romperse por el lado izquierdo (siempre y cuando el valor de la propiedad FLOAT sea LEFT), **NONE**, que es el valor por defecto e indica que se permiten elementos flotantes a ambos lados del elemento actual y **RIGTH**, que indica que romperse por el lado derecho (siempre y cuando el valor de la propiedad FLOAT sea RIGHT).

Por dejar el tema algo más claro, por ejemplo, si tenemos tres elementos con la propiedad FLOAT establecida a LEFT o RIGHT, y establecemos la propiedad CLEAR a BOTH en todos ellos, cada elemento debería posicionarse en una nueva línea.

Ahora, si esos mismos elementos tienen la propiedad FLOAT establecida a LEFT o RIGHT, y establecemos la propiedad CLEAR al mismo valor que FLOAT en el segundo, el primero debería permanecer en la línea de posicionamiento actual y, el resto, deberían posicionarse en una nueva línea. Sin embargo, si al segundo elemento se le establece la propiedad CLEAR a otro valor que no sea el de FLOAT, no tendrá ningún efecto.

```
aside { clear: right; }
div   { clear: both; }
p     { clear: left; }
```

> **ⓘ NOTA**
>
> Los elementos que tengan un posicionamiento absoluto, es decir, tengan la propiedad POSITION establecida a ABSOLUTE, ignorarán esta propiedad.

4.6.6.2 PROPIEDAD FLOAT

Especifica un posicionamiento flotante para el elemento. Entre sus posibles valores podemos encontrar **LEFT**, que indica que el elemento debe estar flotando a la izquierda, **NONE**, que es el valor por defecto e indica que NO debe flotar, es decir, que se mostrará justo dónde aparezca el elemento y **RIGTH**, que indica que el elemento debe estar flotando a la derecha.

```
aside { float: right; }
div   { float: left; }
p     { float: none; }
```

NOTA

Los elementos que tengan un posicionamiento absoluto, es decir, tengan la propiedad POSITION establecida a ABSOLUTE, ignorarán esta propiedad.

4.6.6.3 PROPIEDAD POSITION

Especifica el tipo de posicionamiento utilizado para el elemento. Entre sus posibles valores podemos encontrar:

Valor	Descripción
absolute	Indica que el elemento se posiciona con respecto al primer ancestro que tenga un posicionamiento relativo o estático.
fixed	Indica que el elemento se posiciona con respecto a la ventana del navegador.
relative	Indica que el elemento debe posicionarse de forma relativa con respecto a su elemento hermano o anterior.
static	Indica que los elementos se procesan y posicionan en el orden en el que llegan o aparecen. Es el valor por defecto.
sticky	Sólo es efectivo cuando el elemento presenta una barra de desplazamiento e indica que el elemento debe tener un comportamiento mixto de relativo y fijo. Por ejemplo, si un elemento contenedor tiene la barra de desplazamiento habilitada y uno de sus elementos hijo se establece como STICKY, mientras esté por encima del punto indicado por la propiedad TOP, se comportará como si tuviese un posicionamiento relativo. Sin embargo, en el momento en que se sobrepase el valor establecido por TOP, se quedará adherido como si tuviese posicionamiento fijo.

Como norma, cuando se trabaja con posicionamientos absolutos, la coordenada (0,0) del elemento dependerá de su último ancestro con posicionamiento estático o relativo. Sin embargo, cuando se trabaja con posicionamientos fijos, la coordenada (0,0) siempre se corresponderá con la coordenada (0,0) del documento.

4.6.6.4 PROPIEDAD BOTTOM

Especifica que el elemento debe estar posicionado con respecto a su propiedad inferior. Entre sus posibles valores podemos encontrar AUTO, que indica que el navegador es quién debe calcular la posición y es el valor por defecto y [VALOR] , que indica un valor establecido en una de las medidas permitidas de CSS.

La propiedad BOTTOM es muy sencilla, no obstante, posee unas reglas que hay que tener claras. Por ejemplo, si el posicionamiento es ABSOLUTE, el punto de origen desde el cual, el elemento se empezará a desplazar, será el equivalente al valor de la propiedad BOTTOM de su primer ancestro con posicionamiento relativo.

Si el posicionamiento es ABSOLUTE, FIXED o RELATIVE, su desplazamiento será hacia arriba o hacia abajo en función de si es o no positivo, respectivamente.

Si el posicionamiento es STICKY (adherido), se comportará como si tuviese un posicionamiento relativo hasta que llegue a ese valor establecido. A partir de ese momento, se quedará adherido como si tuviese posicionamiento fijo. Ahora bien, si su posicionamiento es STATIC, la propiedad BOTTOM no tendrá ningún efecto.

4.6.6.5 PROPIEDAD LEFT

Especifica que el elemento debe estar posicionado con respecto a su propiedad izquierda. Entre sus posibles valores podemos encontrar **AUTO**, que indica que el navegador es quién debe calcular la posición y es el valor por defecto y, **[VALOR]**, que indica un valor establecido en una de las medidas permitidas de CSS.

La propiedad LEFT es muy sencilla, no obstante, posee unas reglas que hay que tener claras. Por ejemplo, si el posicionamiento es ABSOLUTE, el punto de origen desde el cual, el elemento se empezará a desplazar, será el equivalente al valor de la propiedad LEFT de su primer ancestro con posicionamiento relativo.

Si el posicionamiento es ABSOLUTE, FIXED o RELATIVE, su desplazamiento será hacia la derecha o hacia la izquierda en función de si es o no positivo, respectivamente.

Si el posicionamiento es STICKY (adherido) se comportará como si tuviese un posicionamiento relativo hasta que llegue a ese valor establecido. A partir de ese momento, se quedará adherido como si tuviese posicionamiento fijo. Eso sí, sólo funcionará si la barra de desplazamiento horizontal está visible y habilitada. Ahora bien, si su posicionamiento es STATIC, la propiedad LEFT no tendrá ningún efecto.

4.6.6.6 PROPIEDAD RIGHT

Especifica que el elemento debe estar posicionado con respecto a su propiedad derecha. Entre sus posibles valores podemos encontrar **AUTO**, que indica que el navegador es quién debe calcular la posición y es el valor por defecto y, **[VALOR]**, que indica un valor establecido en una de las medidas permitidas de CSS.

La propiedad RIGHT es muy sencilla, no obstante, posee unas reglas que hay que tener claras. Por ejemplo, si el posicionamiento es ABSOLUTE, el punto de origen desde el cual, el elemento se empezará a desplazar, será el equivalente al valor de la propiedad RIGHT de su primer ancestro con posicionamiento relativo.

Si el posicionamiento es ABSOLUTE, FIXED o RELATIVE, su desplazamiento será hacia la izquierda o hacia la derecha en función de si es o no positivo, respectivamente.

Si el posicionamiento es STICKY (adherido) se comportará como si tuviese un posicionamiento relativo hasta que llegue a ese valor establecido. A partir de ese momento, se quedará adherido como si tuviese posicionamiento fijo. Eso sí, sólo funcionará si la barra de desplazamiento horizontal está visible y habilitada. Ahora bien, si su posicionamiento es STATIC, la propiedad RIGHT no tendrá ningún efecto.

4.6.6.7 PROPIEDAD TOP

Especifica que el elemento debe estar posicionado con respecto a su propiedad superior. Entre sus posibles valores podemos encontrar AUTO, que indica que el navegador es quién debe calcular la posición y es el valor por defecto y, [VALOR], que indica un valor establecido en una de las medidas permitidas de CSS.

La propiedad TOP es muy sencilla, no obstante, posee unas reglas que hay que tener claras. Por ejemplo, si el posicionamiento es ABSOLUTE, el punto de origen desde el cual, el elemento se empezará a desplazar, será el equivalente al valor de la propiedad TOP de su primer ancestro con posicionamiento relativo.

Si el posicionamiento es ABSOLUTE, FIXED o RELATIVE, su desplazamiento será hacia abajo o hacia arriba en función de si es o no positivo, respectivamente. Eso sí, esto sólo funcionará si la barra de desplazamiento vertical está visible y habilitada.

Si el posicionamiento es STICKY (adherido), se comportará como si tuviese un posicionamiento relativo hasta que llegue a ese valor establecido. A partir de ese momento, se quedará adherido como si tuviese posicionamiento fijo. Ahora bien, si su posicionamiento es STATIC, la propiedad TOP no tendrá ningún efecto.

4.6.6.8 PROPIEDAD Z-INDEX

Especifica el orden de apilamiento del elemento. Entre sus posibles valores podemos encontrar AUTO, que indica que el navegador es quién debe calcular la posición y es el valor por defecto y, [NÚMERO], que es un valor entero que indica el orden de presentación.

Si el valor es positivo, se presentará según el orden de apilamiento. Esto es, cuanto mayor sea el valor, más arriba de la pila estará y más posibilidades de mostrarse primero tendrá.

Sin embargo, si el valor es negativo, se establecerá por detrás del orden de apilamiento general de sus hermanos o ancestros, por lo que puede que se oculte o vuelva invisible.

> **ⓘ NOTA**
>
> La propiedad Z-INDEX solamente tendrá efecto cuando el posicionamiento sea absoluto, relativo o fijo.

4.6.7 Comportamientos y tamaños

4.6.7.1 PROPIEDAD BOX-SIZING

Especifica cómo deben asignarse y calcularse el alto y ancho de los elementos. Esto es, si deben incluir los márgenes internos (padding) y/o los bordes, o no. Entre sus posibles valores podemos encontrar CONTENT-BOX, que indica que se debe incluir sólo el contenido, e ignorar los márgenes internos y bordes y es el valor por defecto y, BORDER-BOX, que indica que se deben incluir el contenido, padding y bordes.

 **NOTA**

En general, se puede afirmar que, trabajar con cajas o capas incluyendo los márgenes internos y los bordes es más fácil de manejar y facilita el diseño adaptativo, aunque no siempre.

4.6.7.2 PROPIEDAD DISPLAY

Especifica cómo se debe representar el elemento. Entre sus posibles valores podemos encontrar:

Valor	Descripción
`block`	Indica que el elemento debe mostrarse en bloque. Esto es, el elemento comenzará en una nueva línea y que ocupará todo el ancho disponible.
`contents`	Indica que el elemento debe mostrarse como si fuese un contenido. Esto significa que se pierde el concepto de caja o capa y que, en su lugar, será reemplazado por un contenedor virtual que contiene sus elementos descendientes.
`flex`	Indica que el elemento debe comportarse como un elemento de bloque flexible. Esto es, los elementos se recolocarán en cualquier dirección y podrán ampliar o reducir sus tamaños en función del espacio disponible para llenarlo de forma eficiente sin provocar desbordamientos ni cortes.
`grid`	Indica que el elemento debe comportarse como un elemento de bloque de una cuadrícula, similar a una tabla, por lo que los elementos se recolocarán a modo de filas y columnas.
`inline`	Indica que el elemento debe mostrarse en línea. Esto conllevará que las propiedades de WIDTH y HEIGHT sean ignoradas y, por lo tanto, no tengan ningún efecto.
`inline-block`	Indica que el elemento debe mostrarse como un conjunto de bloques en línea. Esto es, el elemento se trata como si estuviese en INLINE, pero admite la aplicación de las propiedades de WIDTH y HEIGHT.
`inline-flex`	Indica que el elemento debe comportarse como un contenedor flexible, aunque con el concepto de línea, en vez de en bloque.
`inline-grid`	Indica que el elemento debe comportarse como un conjunto de contenedores de cuadrícula en línea, en vez de en bloque.
`inline-table`	Indica que el elemento debe comportarse como si fuese un conjunto de tablas en línea, en vez de en bloque.
`list-item`	Indica que el elemento debe comportarse como si fuese una lista, con sus viñetas y demás características.
`none`	Indica que el elemento NO debe mostrarse.

`table`	Indica que el elemento debe comportarse como una matriz bidimensional compuesta por filas y columnas.
`table-caption`	Indica que el elemento debe comportarse como si fuese el elemento CAPTION de una tabla.
`table-cell`	Indica que el elemento debe comportarse como si fuese la celda de una tabla, es decir, como el elemento TD.
`table-column`	Indica que el elemento debe comportarse como si fuese la columna de una tabla, es decir, como el elemento COL.
`table-column-group`	Indica que el elemento debe comportarse como si de un grupo de columnas de una tabla se tratase, es decir, como el elemento COLGROUP.
`table-header-group`	Indica que el elemento debe comportarse como si fuese la cabecera de una tabla, es decir, como el elemento THEAD.
`table-footer-group`	Indica que el elemento debe comportarse como si fuese el pie de una tabla, es decir, como el elemento TFOOTER.
`table-row`	Indica que el elemento debe comportarse como si fuese la fila de una tabla, es decir, como el elemento TR.
`table-row-group`	Indica que el elemento debe comportarse como si fuese el cuerpo de una tabla, es decir, como el elemento TBODY.

ⓘ NOTA

Mientras que, en documentos HTML, el valor por defecto suele ser BLOCK, en los documentos XML y SVG suele ser INLINE.

4.6.7.3 PROPIEDAD HEIGHT

Especifica la altura del elemento. Entre sus posibles valores podemos encontrar AUTO, que indica que el navegador es quién debe calcular y asignar el alto y es el valor por defecto y, [VALOR], que indica un valor establecido en una de las medidas permitidas de CSS.

4.6.7.4 PROPIEDAD MAX-HEIGHT

Especifica la altura máxima del elemento. Entre sus posibles valores podemos encontrar NONE, que indica que no hay máximo establecido y es el valor por defecto y, [VALOR], que indica un valor establecido en una de las medidas permitidas de CSS.

4.6.7.5 PROPIEDAD MAX-WIDTH

Especifica la anchura máxima del elemento. Entre sus posibles valores podemos encontrar NONE, que indica que no hay máximo establecido y es el valor por defecto y, [VALOR], que indica un valor establecido en una de las medidas permitidas de CSS.

4.6.7.6 PROPIEDAD MIN-HEIGHT

Especifica la altura mínima del elemento. Entre sus posibles valores podemos encontrar **AUTO**, que indica que no hay mínimo establecido y es el valor por defecto y, **[VALOR]**, que indica un valor establecido en una de las medidas permitidas de CSS.

4.6.7.7 PROPIEDAD MIN-WIDTH

Especifica la anchura mínima del elemento. Entre sus posibles valores podemos encontrar **AUTO**, que indica que no hay mínimo establecido y es el valor por defecto y, **[VALOR]**, que indica un valor establecido en una de las medidas permitidas de CSS.

4.6.7.8 PROPIEDAD OPACITY

Especifica la opacidad del elemento. Entre sus posibles valores podemos encontrar un **[NÚMERO]** y que es un valor decimal que indica, en tanto por uno, el porcentaje de visibilidad del elemento.

Negro al 100%   Negro al 50%   Negro al 5%
    opacity: 1;   opacity: 0.5;   opacity: .05;

4.6.7.9 PROPIEDAD OVERFLOW

Especifica cómo se debe comportar el elemento si su contenido se desborda, es decir, si su contenido no entra en el espacio asignado. Entre sus posibles valores podemos encontrar:

- ▶ **AUTO**: indica que las barras de desplazamiento se mostrarán u ocultarán en función de si el contenido desborda o no, y que el contenido nunca debe verse fuera de los límites del elemento.

- ▶ **HIDDEN**: indica que las barras de desplazamiento se mantengan ocultas, independientemente de que el contenido desborde o no, y que el contenido nunca debe verse fuera de los límites del elemento.

- ▶ **SCROLL**: indica que las barras de desplazamiento se mantengan visibles, independientemente de que el contenido desborde o no, y que el contenido nunca debe verse fuera de los límites del elemento.

- ▶ **VISIBLE**: indica que las barras de desplazamiento se mantengan ocultas y que el contenido se muestre, aunque se desborde. Es el valor por defecto.

> **ⓘ NOTA**
>
> La propiedad OVERFLOW no tiene ningún efecto en elementos que no tengan definida una altura específica.

Por último, cabe mencionar que, existen unas variaciones de esta propiedad que permiten establecer los valores de forma independiente. Estas propiedades son OVERFLOW-X, que establece el comportamiento para los límites derecho e izquierdo del elemento y, OVERFLOW-Y, que establece el comportamiento para los límites superior e inferior del elemento.

4.6.7.10 PROPIEDAD VISIBILITY

Especifica si el elemento debe estar visible o no. Entre sus posibles valores podemos encontrar **COLLAPSE**, que indica que el elemento debe aparecer oculto y sin ocupar espacio en pantalla. Este valor sólo es aplicable para los elementos TR, TBODY, COL y COLGROUP, **HIDDEN**, que indica que el elemento debe aparecer oculto, pero sin colapsar el espacio que ocupa y **VISIBLE**, que es el valor por defecto e indica que el elemento debe aparecer visible.

4.6.7.11 PROPIEDAD WIDTH

Especifica la anchura del elemento. Entre sus posibles valores podemos encontrar **AUTO**, que indica que el navegador es quién debe calcular y asignar el ancho y es el valor por defecto y, **[VALOR]**, que indica un valor establecido en una de las medidas permitidas de CSS.

4.6.8 Reglas arroba y media queries

4.6.8.1 REGLA CHARSET

Especifica la codificación de caracteres que se debe utilizar en la hoja de estilos.

Aunque generalmente el único valor que se utiliza es UTF-8 por temas de estandarización y compatibilidad, existen otros muchos valores que puede admitir, disponibles en la web de IANA. Para consultar todos los posibles valores puede visitarse la URL *https://www.iana.org/assignments/character-sets/character-sets.xhtml*. No obstante, para que esta regla funcione, o se aplique, se deben tener en cuenta unas romas:

- ▶ La regla arroba CHARSET debe ser la primera declaración de la hoja de estilos.

- ▶ Si por cualquier razón, hubiese declaradas o definidas varias reglas CHARSET, la única que tendrá efecto será la primera, el resto serán ignoradas.

- ▶ La regla arroba CHARSET no puede estar declarada dentro de ningún atributo o estructura STYLE de HTML.

Ejemplo:

```
@charset "utf-8"
```

4.6.8.2 REGLA FONT-FACE

Especifica una nueva fuente de texto, o nuevo tipo de fuente, para poder ser utilizada como tipografía en el documento o página web.

Cabe destacar que no todos los formatos de fuente están disponibles para todos los navegadores. Así, por ejemplo, los formatos de fuente de texto TTF/OTF y WOFF pueden ser interpretados por la mayoría de los agentes de usuario, pero el formato WOFF2 no está soportado por Internet Explorer ni Safari. En cuanto al formato SVG, es compatible con Safari, pero no con Firefox.

Por esta razón, lo normal es que se utilicen fuentes de texto vectoriales desde algún directorio interactivo de uso público, los cuales cargan todos los posibles formatos para que cada agente de usuario utilice el que más le convenga.

Para que la regla FONT-FACE pueda ser aplicada, se deben definir serie de parámetros u opciones:

Valor	Descripción
font-family	Define el nombre de la fuente que será usado en las reglas CSS para vincular y aplicar el estilo. Es un parámetro requerido.
src	Permite definir la dirección o ubicación del archivo. Es un parámetro requerido.
font-stretch	Permite expandir o condensar el texto. Es opcional y puede contener cualquiera de los posibles valores de FONT-STRETCH.
font-style	Permite establecer el estilo del texto. Es opcional y puede contener cualquiera de los posibles valores de FONT-STYLE.
font-weight	Permite establecer el grosor del texto. Es opcional y puede contener cualquiera de los posibles valores de FONT-WEIGHT.
unicode-range	Permite definir el rango de caracteres Unicode que admite la fuente de texto. El valor por defecto es "U+0-10FFFF".

Ejemplo:

```
/* Declaracón de fuente básica */
@font-face {
    font-family: textFont;
    src: url(new_arial_100.ttf);
    font-weight: 100;
}
```

4.6.8.3 REGLA IMPORT

Permite incluir otras hojas de estilo dentro de la hoja de estilo actual. Debe estar declarada justo después de la declaración de la regla CHARSET.

Ejemplo:

```
@import "custom-styles.css";
```

Aunque, en general, se suelen importar las hojas de estilos sin ningún control de medios o resoluciones, es posible hacerlo en función de estos parámetros.

Ejemplo:

```
@import "mobile.css" screen and (max-width: 768px);
```

Para poder ver todos los posibles valores con los que se puede configurar la regla IMPORT se puede consultar la regla MEDIA, explicada un poco más adelante.

4.6.8.4 REGLA KEYFRAMES

Permite especificar una animación a partir de las reglas CSS que estén contenidas en su declaración. Esta regla, que sólo es aplicable para el contexto de las animaciones CSS, permite cambiar las propiedades y valores durante todo el ciclo de la animación.

Para poder definir el ciclo de vida de la animación se pueden utilizar las palabras clave FROM y TO o recurrir a valores de porcentaje, aunque, siempre es mejor utilizar esta segunda opción por temas de compatibilidad.

ⓘ NOTA

La característica !IMPORTANT es ignorada dentro de esta regla.

Ejemplo:

```
@keyframes ejemplo1 { from {top: 0px;} to {top: 200px;} }
@keyframes ejemplo2 {
    0%   {top: 0px; left 0; }
    25%  {top: 0px; left: 50px; }
    50%  {top: 50px; left: 50px}
    75%  {top: 50px; left: 0}
    100% {top: 0; left 0; }
}
```

Si se desea más información y ejemplos sobre las animaciones se puede ir directamente al capítulo de animaciones, transiciones y efectos.

4.6.8.5 REGLA MEDIA

La regla MEDIA, referida habitualmente como "media query" o consulta de medios, se utiliza para aplicar diferentes reglas de estilo dependiendo de la resolución del dispositivo y/o medio.

Este tipo de consultas puede aplicarse para controlar varias casuísticas como son el medio, ancho y alto de la ventana gráfica (VIEWPORT), ancho y alto del dispositivo, la orientación y/o la resolución.

Seguramente, muchos de los lectores ya se habrán dado cuenta, o ya sabrán, que estas reglas MEDIA son muy utilizadas en diseños adaptativos y/o receptivos tanto en configuraciones de escritorio, como en tables o móviles. No obstante, también son utilizadas, como se ha podido observar en la propiedad IMPORT, para controlar los medios como son la pantalla, la impresora o la voz.

La regla MEDIA funciona de forma similar a como lo hacen otras propiedades de CSS ya que permite una declaración combinada o individual de un tipo de medio, con o sin la especificación de sus características e, incluso, una especificación sin tipo de medio.

Ejemplo:

```
@media screen and (min-width: 768px) and (max-width: 1024px){
    /* Reglas CSS aplicables para estas circunstancias */
}
```

Los tipos de medios disponibles son:

 ▶ **ALL**: indica que las reglas contenidas en la consulta de medios son válidas para cualquier tipo de medio. Es el valor por defecto.

 ▶ **PRINT**: indica que las reglas contenidas en la consulta de medios sólo son válidas sólo para el tipo de medio definido como impresora.

 ▶ **SCREEN**: indica que las reglas contenidas en la consulta de medios sólo son válidas para el medio definido como pantalla, independientemente de si pertenece a un dispositivo de escritorio, tablet o móvil.

 ▶ **SPEECH**: indica que las reglas contenidas en la consulta de medios sólo son válidas para agentes de usuario que permiten la lectura mediante control de voz, como los lectores de pantalla utilizados por las personas con discapacidad.

Las características de medios, también llamadas funciones de medios, son muchas y, algunas de ellas, no son compatibles con todos los agentes de usuario, sin embargo, aquí se comentarán la mayoría:

 ▶ **ANY-HOVER**: indica que las reglas contenidas en la consulta de medios deberán aplicarse cuando el dispositivo de entrada disponible puede pasar por los elementos. Sus posibles valores son HOVER, para indicar que todos los dispositivos y mecanismos que tengan disponible esta opción deben aplicar esta consulta de medios cuando esté disponible el desplazamiento por los elementos o, NONE, para cuando NO esté disponible el desplazamiento por los elementos.

```
@media (any-hover: hover){
    /* Reglas CSS aplicables cuando puede pasar por los elementos */
}

@media (any-hover: none){
    /* Reglas CSS aplicables cuando NO puede pasar por los elementos */
}
```

- **ANY-POINTER**: indica que las reglas contenidas en la consulta de medios deberán aplicarse cuando el dispositivo disponga de un dispositivo señalador (o de tipo puntero), sea o no primario, y tenga una precisión determinada. Sus posibles valores son FINE, para indicar que el dispositivo señalador es de alta precisión, COARSE, que indica que el dispositivo señalador es de precisión limitada o, NONE, que indica que no hay dispositivo señalador.

```
@media (any-pointer: coarse){
    /* Reglas CSS aplicables cuando el dispositivo es de baja precisión */
}

@media (any-pointer: fine){
    /* Reglas CSS aplicables cuando el dispositivo es de alta precisión */
}

@media (any-pointer: none){
    /* Reglas CSS aplicables cuando no hay dispositivo señalador */
}
```

- **ASPECT-RATIO**: indica que las reglas contenidas en la consulta de medios deberán aplicarse cuando la relación de altura y anchura de la ventana gráfica o VIEWPORT se corresponda con el valor indicado. Además, existen dos variaciones que permiten controlar los valores máximo y mínimo a través de los prefijos MAX- y MIN-.

```
@media (aspect-ratio: 16/9){
 /* Reglas CSS aplicables cuando el dispositivo es 16 a 9 */
}

@media (min-aspect-ratio: 1/1){
/* Reglas CSS aplicables cuando el dispositivo es, como máximo, 1 a 1 */
}

@media (max-aspect-ratio: 11/16){
 /* Reglas CSS aplicables cuando el dispositivo es, como máximo, 11 a 16 */
}
```

- **COLOR**: indica que las reglas contenidas en la consulta de medios deberán aplicarse cuando la profundidad de color (número de bits para representar un color) solicitada se corresponda con la profundidad de color del dispositivo. Sus posibles valores son 1, 2, 4, 8, 16, 24 y 32 y, por defecto, su valor es 8. Además, existen dos variaciones que permiten controlar los valores máximo y mínimo a través de los prefijos MAX- y MIN-.

```
@media (color){
    /* Reglas CSS aplicables cuando el dispositivo es color */
}

@media (min-color: 8){
    /* Reglas CSS aplicables cuando el dispositivo admite 8 bits */
}

@media (max-color: 16){
    /* Reglas CSS aplicables cuando el dispositivo admite 16 bits */
}
```

▶ **COLOR-GAMUT**: indica que las reglas contenidas en la consulta de medios deberán aplicarse cuando el rango aproximado de colores admitido por el agente de usuario y dispositivo de salida se corresponda con el valor indicado. Sus posibles valores son SRGB, que admite la gama SRGB y son la inmensa mayoría de las pantallas de color, P3, que admite gama especificada por el espacio de color DCI P3 o una superior como SRGB y, REC2020, que admite la gama especificada por la Recomendación UIT-R BT.2020 Color Space o superior.

```
@media (color-gamut: srgb){
    /* Reglas CSS aplicables para estas circunstancias */
}

@media (color-gamut: p3){
    /* Reglas CSS aplicables para estas circunstancias */
}
@media (color-gamut: srgb){
    /* Reglas CSS aplicables para estas circunstancias */
}
```

▶ **COLOR-INDEX**: indica que las reglas contenidas en la consulta de medios deberán aplicarse cuando el dispositivo permita mostrar un cierto número de colores. Sus posibles valores van desde 0, que equivale a decir todos, hasta el permitido por cada dispositivo. Su valor por defecto es 0. Además, existen dos variaciones que permiten controlar los valores máximo y mínimo a través de los prefijos MAX- y MIN-.

```
@media (color-index: 0){
    /* Reglas CSS aplicables para estas circunstancias */
}

@media (min-color-index: 10){
    /* Reglas CSS aplicables cuando permite, como mínimo, 10 colores */
}
```

```
@media (max-color-index: 256){
    /* Reglas CSS aplicables cuando permite, como máximo, 256 colores */
}
```

▶ **GRID**: indica que las reglas contenidas en la consulta de medios deberán aplicarse cuando el dispositivo de salida utiliza un sistema basado en rejilla o es un mapa de bits. Sus posibles valores son 1 o 0 que indican si el dispositivo de salida está o no basado en rejilla, respectivamente.

```
@media (grid: 0){
    /* Reglas CSS aplicables cuando NO está basado en rejilla */
}
```

▶ **HEIGHT**: indica que las reglas contenidas en la consulta de medios deberán aplicarse cuando la altura del dispositivo de salida se corresponda con el valor indicado. Como sus análogas, posee dos variaciones que permiten controlar los valores máximo y mínimo a través de los prefijos MAX- y MIN-.

```
@media (height: 610px){
    /* Reglas CSS aplicables para estas circunstancias */
}

@media (min-height: 40vh){
    /* Reglas CSS aplicables para estas circunstancias */
}

@media (max-height: 80vh){
    /* Reglas CSS aplicables para estas circunstancias */
}
```

▶ **HOVER**: indica que las reglas contenidas en la consulta de medios deberán aplicarse cuando el dispositivo de entrada permita al usuario el desplazamiento por los elementos. Sus posibles valores son HOVER, para indicar que todos los dispositivos y mecanismos que tengan disponible esta opción deben aplicar esta consulta de medios cuando esté disponible el desplazamiento por los elementos o, NONE, para cuando NO esté disponible el desplazamiento por los elementos.

```
@media (hover: hover){
    /* Reglas CSS aplicables cuando puede desplazarse */
}

@media (hover: none){
    /* Reglas CSS aplicables cuando NO puede desplazarse */
}
```

▶ **INVERTED-COLORS**: indica que las reglas contenidas en la consulta de medios deberán aplicarse cuando el agente de usuario, o el sistema operativo, tenga invertidos los colores. Sus posibles valores son INVERTED, para indicar que se aplique cuando los colores estén invertidos y, NONE, para indicar que se aplique cuando los colores se muestran normalmente.

```
@media (inverted-colors: inverted){
    /* Reglas CSS aplicables cuando los colores están invertidos */
}

@media (inverted-colors: none){
    /* Reglas CSS aplicables cuando los colores NO están invertidos */
}
```

▶ **MONOCHROME**: indica que las reglas contenidas en la consulta de medios deberán aplicarse cuando el dispositivo sea monocromo. Sus posibles valores son 0, para indicar que se aplique cuando NO es monocromo, o "vacío", para indicar que se aplique cuando sí lo es.

```
@media (monochrome: 0){
    /* Reglas CSS aplicables cuando no es monocromo */
}

@media (monochrome){
    /* Reglas CSS aplicables cuando es monocromo */
}
```

▶ **ORIENTATION**: indica que las reglas contenidas en la consulta de medios deberán aplicarse cuando el dispositivo tenga establecida una orientación de pantalla determinada. Sus posibles valores son PORTRAIT, para indicar que se aplique cuando el dispositivo está en posición vertical, lo que equivale a decir, cuando la anchura es menor que la altura y, LANDSCAPE para indicar que se aplique cuando el dispositivo está en horizontal, es decir, el caso contrario.

```
@media (orientation: landscape){
    /* Reglas CSS aplicables cuando el dispositivo está en horizontal */
}

@media (orientation: portrait){
    /* Reglas CSS aplicables cuando el dispositivo está en vertical */
}
```

▶ **POINTER**: indica que las reglas contenidas en la consulta de medios deberán aplicarse cuando el dispositivo disponga de un dispositivo señalador (o de tipo puntero) considerado primario y tenga una precisión determinada. Sus posibles valores son FINE, para indicar que el dispositivo señalador es de alta precisión, COARSE, que indica que el dispositivo señalador es de precisión limitada o, NONE, que indica que no hay dispositivo señalador.

```
@media (pointer: coarse){
    /* Reglas CSS aplicables cuando el dispositivo es de baja precisión */
}
```

```
@media (pointer: fine){
    /* Reglas CSS aplicables cuando el dispositivo es de alta precisión */
}

@media (pointer: none){
    /* Reglas CSS aplicables cuando no hay dispositivo señalador */
}
```

▶ **RESOLUTION**: indica que las reglas contenidas en la consulta de medios deberán aplicarse cuando la densidad en píxeles del dispositivo se corresponda con el valor indicado. Como sus análogas, posee dos variaciones que permiten controlar los valores máximo y mínimo a través de los prefijos MAX- y MIN-.

```
@media (resolution: 100dpi){
/* Reglas CSS aplicables cuando la densidad es 100 píxeles */
}

@media (min-resolution: 72dpi){
/* Reglas CSS aplicables cuando la densidad es, como minimo, 72 píxeles */
}

@media (max-resolution: 300dpi){
/* Reglas CSS aplicables cuando la densidad es, como minimo, 300 píxeles */
}
```

▶ **WIDTH**: indica que las reglas contenidas en la consulta de medios deberán aplicarse cuando la anchura del dispositivo de salida se corresponda con el valor indicado. Como sus análogas, posee dos variaciones que permiten controlar los valores máximo y mínimo a través de los prefijos MAX- y MIN-.

```
@media (width: 32vw){
    /* Reglas CSS aplicables para estas circunstancias */
}

@media (min-width: 64vw){
    /* Reglas CSS aplicables para estas circunstancias */
}

@media (max-width: 96vw){
    /* Reglas CSS aplicables para estas circunstancias */
}
```

4.7 FUNCIONES

A continuación, se muestra una descripción, más o menos detallada, de las funciones CSS más frecuentemente utilizadas en páginas web, a excepción de las funciones de filtro y transformaciones que se verán en un capítulo dedicado más adelante.

4.7.1 Funciones de pseudo-elementos

4.7.1.1 FUNCIÓN ATTR

La función ATTR es la abreviatura de ATTRIBUTE y tiene como objetivo devolver el valor descrito por el atributo indicado. Es muy frecuente utilizarlo para mostrar datos guardados en atributos personalizados DATA, sin embargo, puede contener cualquier atributo que se haya definido en el elemento HTML. La forma de usarlo es a través de la propiedad CONTENT de los pseudo-elementos ::BEFORE y ::AFTER.

```
div::before { content: attr(data-value); }
```

> **ⓘ NOTA**
>
> Aunque esta función resulta ser experimental y sólo es posible utilizarla en la propiedad CONTENT de los pseudo-elementos ::BEFORE y ::AFTER, con el tiempo, es posible que pueda llegar a ofrecer muchas más funcionalidades y/o posibilidades.

4.7.1.2 FUNCIÓN COUNTER

La función COUNTER permite recuperar el valor actual de un contador CSS. Aunque los contadores CSS pueden considerarse variables CSS, su manipulación se realiza de forma muy distinta. Esta manipulación se realiza a través de las propiedades COUNTER-RESET y COUNTER-INCREMENT, las cuales permiten reiniciar una variable e incrementar su valor, respectivamente.

```
ul.falso-ol    { counter-reset: indice;}
ul.falso-ol li { counter-increment: indice; }
```

Los contadores CSS pueden ser muy útiles cuando se desea representar una lista de objetos que utilizan una estructura que no está basada en listas de HTML. Por ejemplo, podría darse el caso de que se quisiera presentar un listado construido a partir de elementos gramáticos ARTICLE en donde, cada uno de ellos tuviese definido una imagen, un título, un texto introductorio y un enlace.

La forma de utilizar la función COUNTER es la siguiente:

```
ul.falso-ol li::before { content: counter(indice); }
```

4.7.2 Funciones de cálculo

4.7.2.1 FUNCIÓN CALC

El término CALC es la abreviatura de CALCULATE y tiene como objetivo realizar operaciones matemáticas como sumas, restas, multiplicaciones y divisiones.

Puede resultar muy interesante en aquellas ocasiones en donde el control del espacio disponible es muy complejo o cuando se desea que tenga una proporción determinada. No obstante, el segundo operando siempre debe ser en píxeles, em o rem.

Entre las peculiaridades que presenta esta función, cabe destacar que, todos sus operandos deben llevar asociada una unidad de medida junto al valor y que deben estar separados del operando mediante un espacio.

Ejemplos:

```
div     { width: calc(100% - 20px); }
aside   { right: calc(5% - 0.5em); }
nav     { border-width: calc(100% - 2rem); }
```

4.7.3 Funciones gráficas

4.7.3.1 FUNCIÓN LINEAR-GRADIENT

La función LINEAR-GRADIENT tiene como objetivo crear transiciones suaves y progresivas a lo largo de una línea que viene definida a través de una dirección o ángulo entre dos o más colores separados por coma. Las transiciones lineales, también conocidas como degradados o gradientes lineales, pueden ser utilizadas en las propiedades BACKGROUND, BACKGROUND-IMAGE, BORDER-IMAGE y LIST-STYLE-IMAGE.

Para establecer los posibles valores de ángulo o dirección, CSS dispone de varias posibilidades. Una de ellas es especificar el lado o esquina desde donde empezará la transición. Esto es posible realizarlo a través de la palabra clave TO, seguida de una de las palabras clave LEFT, TOP, RIGHT o BOTTOM.

```
div { background-image: linear-gradient(to right, black, transparent); }
```

Otra de las formas se definir la dirección o ángulo es a través de una de las unidades de medida de ángulos que maneja CSS. Esto es:

- ▼ **DEG**: unidad de medida que representa un valor en grados. Sus posibles valores van de 0 a 360 con cualquier valor decimal.

- ▼ **GRAD**: unidad de medida que representa un valor en grados centesimales. Sus posibles valores van de 0 a 400 con cualquier valor decimal.

- ▼ **RAD**: unidad de medida que representa un valor en radianes. Sus posibles valores van desde 0 a 2π (aproximadamente 6.283184), o múltiplos del mismo.

- ▼ **TURN**: unidad de medida que representa un valor en número de vueltas. Sus posibles valores van de 0 a 1 con cualquier valor decimal.

EQUIVALENCIA	DEG	GRAD	TURN	RAD
	0	0	0	0
	90	100	0.25	1.5708
	180	200	0.50	3.1416
	270	300	0.75	4.7124

Si nos fijamos en la tabla anterior, podremos ver que todas las unidades de medida avanzan en el sentido de las agujas de un reloj. Por tanto, si lo que se desea es avanzar en sentido contrario, los valores deberán ser negativos.

```
div { border-image: linear-gradient(45deg, black, transparent); }
div { border-image: linear-gradient(50grad, black, transparent); }
div { border-image: linear-gradient(0.125turn, black, transparent); }
div { border-image: linear-gradient(0.7854rad, black, transparent); }
```

Por último, sólo destacar que el parámetro de dirección o ángulo es opcional y que, de omitirse, el degradado será vertical de arriba hacia abajo.

4.7.3.2 FUNCIÓN REPEATING-LINEAR-GRADIENT

La función REPEATING-LINEAR-GRADIENT tiene como objetivo crear transiciones repetitivas de tipo lineal entre dos o más colores. Al igual que la función LINEAR-GRADIENT, este tipo de transiciones o degradados es posible utilizarlos en las propiedades BACKGROUND, BACKGROUND-IMAGE, BORDER-IMAGE y LIST-STYLE-IMAGE.

La única diferencia que añade en su sintaxis es que usa un parámetro adicional que indica el espacio o tamaño al que se debe aplicar. Estos valores pueden ser establecidos en cualquiera de las unidades de medida de longitud permitidas por CSS.

```
div {
    background-image: repeating-linear-gradient(
        45deg,
        black 45px, transparent 47px, gray 60px);
}

/* El resultado debería ser algo como: */
```

4.7.3.3 FUNCIÓN RADIAL-GRADIENT

La función RADIAL-GRADIENT tiene como objetivo crear transiciones suaves y progresivas circulares o elípticas, a partir de un centro, una posición y un contorno, entre dos o más colores. Este tipo de transiciones o degradados es posible utilizarlos en las propiedades BACKGROUND, BACKGROUND-IMAGE, BORDER-IMAGE y LIST-STYLE-IMAGE.

Los degradados radiales crean, por tanto, una transición que empieza en un puno central situado en una posición concreta y a lo largo y ancho del elemento contenedor. Al igual que sucede con su variante LINEAR-GRADIENT, los valores se separan a través de comas.

Las transiciones radiales se alimentan de tres parámetros, aunque no dispone de límite. La forma y posición, color y tamaño para el punto de inicio y color y tamaño para el punto de parada. Los siguientes parámetros serán los siguientes puntos de parada.

Si, en el parámetro primer parámetro, se omite la forma y posición, la transición que se asignará al elemento será en base a las proporciones del elemento contenedor, es decir, si el elemento es cuadrado, el degradado será circular, pero si el elemento tiene forma rectangular, el degradado será elíptico.

```
div { background: radial-gradient(
                #FFFFFF 5px, #CCCCCC 50px,
                #AAAAAA 100px, #000000 200px); }

/* El resultado debería ser algo como: */
```

Si, en el parámetro primer parámetro, se omite sólo la posición, la transición que se asignará al elemento será la que se defina por parámetro, es decir, CIRCLE, ELLIPSE, CLOSEST-CORNER, FARTHEST-CORNER, CLOSEST-SIDE o FARTHEST-SIDE, pero la transición o degradado comenzará en el punto central del elemento contenedor.

Si, en el parámetro primer parámetro, se especifican tanto la forma, como la posición, la transición que se asignará al elemento será la que se defina por su parámetro forma, es decir, CIRCLE, ELLIPSE, CLOSEST-CORNER, FARTHEST-CORNER, CLOSEST-SIDE o FARTHEST-SIDE, y empezando en el punto indicado por la palabra clave AT.

```
div { background: radial-gradient(
                ellipse at 0 0,
                #FFFFFF 5px,
```

```
               #CCCCCC 50px,
               #AAAAAA 100px,
               #000000 200px); }

/* El resultado debería ser algo como: */
```

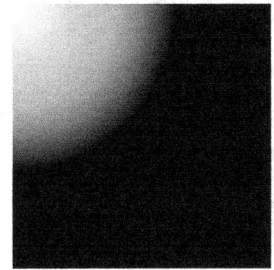

```
div { background: radial-gradient(
               ellipse farthest-corner at 200px 40px,
               #FFFFFF 5px,
               #CCCCCC 50px,
               #AAAAAA 100px,
               #000000 200px); }

/* El resultado debería ser algo como: */
```

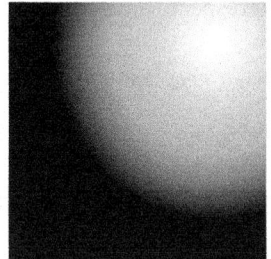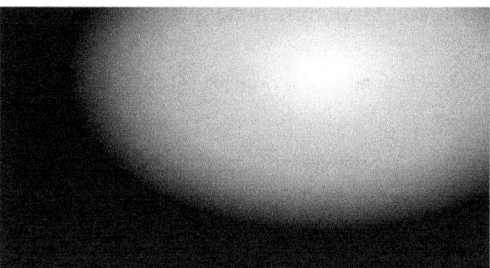

4.7.3.4 FUNCIÓN REPEATING-RADIAL-GRADIENT

La función REPEATING-LINEAR-GRADIENT tiene como objetivo crear transiciones repetitivas de tipo radial entre dos o más colores. Al igual que la función RADIAL-GRADIENT, este tipo de transiciones o degradados es posible utilizarlos en las propiedades BACKGROUND, BACKGROUND-IMAGE, BORDER-IMAGE y LIST-STYLE-IMAGE.

La única diferencia en sus sintaxis es que los degradados se van acumulando unos encima de otros en función de sus valores de tamaño, los cuales pueden ser establecidos en cualquiera de las unidades de medida de longitud permitidas por CSS.

```
div {
    background-image: repeating-radial-gradient(
                  closest-side,
```

```
                    #000000 5px, #888888 15px, #888000 25px);
}

/* El resultado debería ser algo como: */
```

4.7.3.5 FUNCIÓN CONIC-GRADIENT

La función CONIC-GRADIENT tiene como objetivo crear transiciones de tipo cónico entre dos o más colores. Al igual que sus análogas, este tipo de transiciones es posible utilizarla en las propiedades BACKGROUND, BACKGROUND-IMAGE, BORDER-IMAGE y LIST-STYLE-IMAGE.

Su sintaxis es idéntica a LINEAR-GRADIENT y su aplicación idéntica a RADIAL-GRADIENT, con la diferencia de que la transición se aplica con respecto a un cono.

```
div {
    background: conic-gradient(black, darkgray, gray, lightgray, white);
}

/* El resultado debería ser algo como: */
```

```
div { background: conic-gradient( black 0deg, #333 0deg 10deg, #666 10deg 20deg,
#999 40deg 120deg, #ccc 120deg 200deg, white 400deg); }

/* El resultado debería ser algo como: */
```

4.8 VARIABLES

Hasta no hace tanto, la utilización de variables era una de las limitaciones que presentaba CSS. Sin embargo, en el año 2015, eso empezó a cambiar.

La necesidad de poder definir variables viene ya desde las primeras incorporaciones web a nivel profesional. Si se piensa un poco, es muy frecuente encontrarse con valores repetidos en las hojas de estilo, pero no sólo a nivel de colores, también a otros niveles como puedan ser los márgenes, animaciones o transiciones.

Las variables CSS, más correctamente denominadas **propiedades personalizadas**, pueden ser establecidas o manipuladas por varios métodos, pero su alcance lo decide la característica de herencia.

Para definir una propiedad personalizada se debe utilizar el prefijo -- (doble guion), que le indica al agente de usuario que es una variable. La forma más frecuente de declarar ésta y otras variables es recurriendo a la pseudo-clase :ROOT:

```
:root { --background: whitesmoke; }
```

Si se define una propiedad personalizada dentro de la pseudo-clase :ROOT, podrá ser utilizado por todas las reglas CSS declaradas en el documento. Sin embargo, si se define una propiedad personalizada dentro de, por ejemplo, un selector DIV, podrá ser utilizado tanto por él y todos sus pseudo-elementos, pero no podrá ser utilizado por cualquier otro elemento.

```
div {
    background: var(--backcolor);
    --forecolor: yellow;
    --backcolor: black;
}

div::before{
    content:"Texto en amarillo";
    color: var(--backcolor);
}
```

Como se puede apreciar en la ilustración anterior, para utilizar dichas variables o propiedades personalizadas, se debe utilizar la función VAR().

Sin embargo, como hemos dicho anteriormente, no sólo es posible realizar la declaración de variables CSS a través de CSS. Esto se debe a que, esencialmente, las variables CSS se introducen el DOM del documento pudiendo ser accedidas y manipuladas a través de JavaScript. Esto es posible hacerlo mediante el uso del método setProperty perteneciente a la interfaz STYLE, que veremos en otro capítulo.

```
document.documentElement.style.setProperty('--background', 'whitesmoke');
```

Esto puede ser útil cuando se requiere manipular en tiempo real las variables para realizar, por ejemplo, estilos personalizados para cada usuario. Sólo por entender mejor esta casuística, imaginemos que tenemos una aplicación web en la que se desea que cada usuario pueda definir su tamaño de letra, colores y tipo de fuente, entre otros valores.

En un principio, declararíamos unos estilos por defecto, por si el usuario no tiene definida ninguna personalización. En concreto algo como:

```
:root {
    --backcolor: #f0f0f0;
    --forecolor: #003366;
    --fontFamily: Arial, sans-serif;
    --fontSize: 15px;
}
```

Luego, podríamos realizar un pequeño programa en JavaScript que nos permitiese recuperar la configuración personalizada del usuario y sobrescribirla si fuese necesario.

```
var http = new XMLHttpRequest()

http.open("GET", './getCustomPersonalization.php')
http.onreadystatechange = function(){
    if(this.readyState == 4 && this.status == 200){
        var resultado = JSON.parse(this.responseText)
        override(resultado);
    }
}

http.send();

function override(customJSON){
    var style = document.documentElement.style;
    for(key in customJSON){
        style.setProperty('--' + key, customJSON[key]);
    }
}
```

4.9 PRACTICA Y JUEGA

Juego: Hex Invaders	
	Este es una versión de un viejo juego clásico de arcade que ha sido reconvertido a un software de aprendizaje y tiene como objetivo destruir al alienígena que posee el color mostrado. Se puede acceder desde la dirección *http://www.hexinvaders.com/*.

Juego: CSS Dinner	
	Aunque no usa HTML como tal, este juego puede ser de gran utilidad para aprender el uso de selectores CSS a través de elementos de marcado. El juego dispone de 32 niveles explicados detalladamente en inglés con una dificultad creciente. Se puede acceder desde la dirección *https://flukeout.github.io/*.

Juego: CSS Speedrun	
	Se trata de escribir, lo más rápido posible, los selectores CSS específicos que se solicitan en pantalla para los elementos resaltados. El juego dispone de 10 niveles a contrarreloj y, únicamente se encuentra disponible en inglés. Se puede acceder desde la dirección *https://css-speedrun.netlify.app/*.

Maquetación CSS – Parte 1	Código QR
Corrige el CSS solicitado y juega a cambiar el HTML para realizar tu propia personalización. **https://codepen.io/pefc/pen/LYJxrwN**	

5

IMÁGENES Y MULTIMEDIA

Una imagen se podría definir como una representación gráfica que muestra cómo es una entidad, figura o cosa. El problema de las imágenes viene, como casi siempre, cuando se deben presentar en resoluciones diferentes y hay que buscar soluciones adaptativas que no provoquen pérdida de información ni relación de aspecto.

En este capítulo vamos a ver cómo definir contenidos multimedia de forma adecuada, cómo hacer las imágenes adaptativas y receptivas y cómo hacer que cualquier contenido multimedia sea usable y accesible.

5.1 TIPOS DE IMÁGENES

Existen múltiples tipos de imágenes, pero los más extendidos son las imágenes de mapas de bits o rasterizadas y las imágenes vectoriales.

Las **imágenes rasterizadas** están formadas por píxeles y son, básicamente, la mayoría de las imágenes que se pueden encontrar en Internet. En general, ocupan más espacio en disco que las vectoriales y, dependiendo del formato de compresión que se utilice, pueden variar su tamaño, sin embargo, su gran inconveniente es que, cuando se amplían o reducen, se produce una pérdida de calidad debido, fundamentalmente a los procesos extrapolación o interpolación que intervienen en dichas ampliaciones y/o reducciones.

Mientras que la interpolación puede provocar un efecto de imagen borrosa y algo desenfocada, la extrapolación puede, y de hecho lo hace la mayoría de las veces, provocar un efecto de pixelado que, básicamente, se produce por mostrarlas a un tamaño en el que los píxeles individuales se vuelven visibles a simple vista.

Entre los diferentes formatos de compresión que existen o se aplican para las imágenes rasterizadas se encuentran el formato WEBP, PNG, JPEG o GIF y entre los diferentes recursos que se pueden utilizar para manipularlas se encuentran Adobe Photoshop y GIMP.

Las **imágenes vectoriales** no están formadas por píxeles, sino que están compuestas por unas líneas (rectas o curvas) que se generan entre dos puntos de control y que se calculan a partir de una fórmula matemática. Esta es la principal razón por la que las imágenes vectoriales suelen ocupar mucho menos espacio, en comparación con las rasterizadas, y de por qué al ampliarlas o reducirlas no se produce pérdida de calidad ni efecto de pixelado.

Entre los diferentes formatos de compresión que existen o se aplican para las imágenes vectoriales se encuentran el formato SVG, EPS o AI y, entre los diferentes recursos que se pueden utilizar para manipularlas se encuentran Adobe Illustrator y CorelDraw.

5.2 ELEMENTOS DISPONIBLES EN HTML5

HTML5 es un lenguaje versátil que permite manejar audio, video e imágenes adaptativas de múltiples formas, no obstante, los elementos más recurrentes siguen siendo AUDIO, VIDEO e IMG.

5.2.1 Elemento audio

El elemento AUDIO especifica que el contenido que se va a representar es un sonido o música. Aunque actualmente existen varios formatos de sonido, entre los que podemos encontrar el MP3, WAV o OGG, el único compatible con todos los navegadores es el MP3.

```
<audio controls>
    <source src="colibri.mp3" type="audio/mpeg">

    El navegador no soporta la etiqueta audio.
</audio>
```

Entre los atributos que admite en su configuración, hay que destacar la propiedad **AUTOPLAY**, para indicar si se debe poner automática en modo reproducción, **CONTROLS**, para especificar si se deben mostrar o no los controles de parar, reanudar, siguiente, etcétera, **LOOP**, para indicar si el audio se debe repetir de manera continuada cuando termine su reproducción, **MUTED**, para indicar si el volumen o salida de audio debe estar silenciada y **SRC**, que especifica la URL del archivo de audio a cargar.

5.2.2 Elementos figure y figcaption

El elemento FIGURE especifica que el contenido que se va a representar es una ilustración, diagrama, fotografía, listado de códigos o algo similar. Para describir el contenido del FIGURE puede ser descrito a través del elemento FIGCAPTION.

```
<figure>
    <img src="./images/gantt.jpg" alt="diagrama-de-gantt" />
```

```
    <figcaption>Ejemplo de diagrama de Gantt</figcaption>
</figure>
```

Cabe destacar que el elemento FIGURE es un elemento de sección que está excluido del esquema principal del documento por considerarse que su propósito es introducir contenidos externos y que no tiene por qué estar formado por un único elemento de contenido. De hecho, es frecuente verlo para definir un conjunto de elementos multimedia que representan una única entidad que se desea, se interprete, como una única figura.

5.2.3 Elemento img

El elemento IMG especifica que el contenido que se va a representar es una imagen. Este elemento imagen no es incrustado en el documento, aunque sí que se reserva un espacio de retención para la imagen.

```
<img src="./images/gantt.jpg" alt="diagrama-de-gantt" />
```

El elemento IMG no se debería utilizar si el contenido que muestra no está relacionado directamente con el contenido del documento, es decir, sólo se debe utilizar cuando su representación sea significativa para el contenido del documento.

También es importante saber que la inserción de imágenes en un documento puede afectar al rendimiento global y a la accesibilidad, por lo que se deben definir de forma precisa utilizando todos los atributos necesarios.

Entre los atributos que admite en su configuración, se deben destacar **ALT**, que especifica el texto descriptivo que se debe mostrar cuando la imagen no esté disponible, **HEIGHT** y **WIDTH**, que especifican la altura y anchura en píxeles de la imagen dentro del documento y **SRC** y que especifica la URL del archivo a cargar.

5.2.4 Elemento picture

El elemento PICTURE fue diseñado con la idea de proporcionar soporte nativo a imágenes responsive o adaptativas. En general, se utiliza de forma conjunta con el elemento SOURCE y IMG para ofrecer las diferentes alternativas de la imagen en distintos escenarios o resoluciones.

```
<picture>
    <source srcset="./img/land-desktop.png" media="(min-width: 1680px)" />
    <source srcset="./img/land-laptop.png" media="(min-width: 1366px)" />
    <source srcset="./img/land-tablet.png" media="(min-width: 640px)" />
    <source srcset="./img/land-mobile.png" media="(min-width: 360px)" />

    <img src="./img/land-laptop.png" />
</picture>
```

Cuando se definen todos los elementos, el agente de usuario seleccionará, entre todos los elementos secundarios SOURCE, el que mejor coincida con el escenario actual. Si no encuentra una coincidencia que se ajuste lo suficientemente, o no soporta el elemento PICTURE, lo que se representará será la imagen asociada al elemento IMG.

5.2.5 Elemento source

El elemento SOURCE permite especificar los recursos alternativos de medios que están disponibles para ser gestionados por los elementos AUDIO, PICTURE y VIDEO.

Estos recursos serán seleccionados de forma automática por el agente de usuario en función del tipo de medio, códec o consulta de medios.

```
<picture>
    <source srcset="./img/land-laptop.png" media="(min-width: 1366px)" />
    <source srcset="./img/land-tablet.png" media="(min-width: 900px)" />
    <source srcset="./img/land-mobile.png" media="(min-width: 768px)" />
</picture>
```

Entre los atributos que admite en su configuración, se deben destacar los siguientes:

5.2.5.1 SRCSET

Especifica una lista de imágenes, separadas por coma, a seleccionar según sea el medio, resolución, ... Cada elemento de esta lista se compone de una URL, un descriptor de ancho seguido de la letra W minúscula (por ejemplo, 360w o 480w) y un descriptor de densidad seguido de la letra X minúscula (por ejemplo, 2x).

Aunque las opciones de descriptor de ancho y descriptor de densidad son opcionales, al menos, una de ellas siempre debe estar presente. Es un elemento obligatorio cuando está definido dentro de una estructura **PICTURE**.

5.2.5.2 MEDIA

Especifica la consulta de medios que se debería cumplir para poder ser aplicado el recurso. Sigue las mismas normas y validaciones que las consultas de medios definidas por la regla **@MEDIA**.

5.2.5.3 TYPE

Especifica el tipo MIME del recurso. Todos los posibles valores que puede tomar este atributo están disponibles en la dirección *http://www.iana.org/assignments/media-types/*.

5.2.6 Elemento video

El elemento VIDEO especifica que el contenido que se va a representar es una película, cortometraje o cualquier otro contenido de vídeo. Aunque actualmente existen varios formatos de video, entre los que podemos encontrar el MP4, AVI, WEBM o OGG, el más compatible es el formato en MP4.

```
<video controls>
    <source src=" el-quinto-elemento.mp4" type="audio/mp4">

    El navegador no soporta la etiqueta video.
</video>
```

Entre los atributos que admite en su configuración, hay que destacar la propiedad **AUTOPLAY**, para indicar si se debe poner automática en modo reproducción, **CONTROLS**, para especificar si se deben mostrar o no los controles de parar, reanudar, siguiente, etcétera, **LOOP**, para indicar si el audio se debe repetir de manera continuada cuando termine su reproducción, **MUTED**, para indicar si el volumen o salida de audio debe estar silenciada, **HEIGHT** y **WIDTH**, que especifican la altura y anchura en píxeles de la imagen dentro del documento y **SRC**, que especifica la URL del archivo de audio a cargar.

Si el elemento VIDEO no puede reproducir ninguno de los vídeos propuestos con sonido o el agente de usuario indica que no es posible la reproducción de sonido, el elemento TRACK podrá adquirir un papel importante. Esto es así porque, el elemento TRACK especifica una pista adicional que servirá como descripción textual para el elemento VIDEO.

5.3 PROPIEDADES DISPONIBLES EN CSS

CSS es un lenguaje que posee una gran variedad de propiedades para el manejo y manipulación de imágenes. A continuación, se muestran la mayor parte de ellas, si no todas.

5.3.1 Propiedad background-attachment

Especifica si la imagen establecida por BACKGROUND-IMAGE debe desplazarse con el resto del documento o debe quedarse fija. Entre sus posibles valores podemos encontrar **SCROLL**, que indica cómo se desplazará la imagen con el documento y es el valor por defecto, **FIXED**, que especifica que la imagen debe mantenerse fija, es decir, sin responder al desplazamiento de la página o documento y **LOCAL**, que indica que la imagen debe desplazarse con el contenido del elemento al que está asociada.

5.3.2 Propiedad background-clip

Especifica cómo debe extenderse el fondo, gradiente o imagen dentro del elemento actual.

Entre sus posibles valores podemos encontrar **BORDER-BOX**, que indica que el fondo debe extenderse incluyendo el borde del elemento y es el valor por defecto, **PADDING-BOX**, que indica que el fondo debe extenderse sin incluir el borde del elemento y **CONTENT-BOX**, que indica que el fondo debe extenderse hasta dónde empieza el espacio útil para el contenido del elemento sin incluir el margen interno.

5.3.3 Propiedad background-image

Especifica una o varias imágenes o gradientes para un elemento. Entre sus posibles valores podemos encontrar [URL], que indica la dirección de la imagen que se establecerá como fondo, NONE, que es el valor por defecto e indica que no se aplique fondo alguno y los posibles valores de LINEAR-GRADIENT, RADIAL-GRADIENT, REPEATING-LINEAR-GRADIENT y REPEATING-RADIAL-GRADIENT, comentados anteriormente en el apartado de funciones gráficas del capítulo de Introducción al CSS.

5.3.4 Propiedad background-origin

La propiedad BACKGROUND-ORIGIN funciona de forma similar a la propiedad BACKGROUND-CLIP y especifica la posición de origen de una imagen de fondo.

Entre sus posibles valores podemos encontrar BORDER-BOX, que indica que la imagen empezará en la esquina superior izquierda del borde, PADDING-BOX, que es el valor por defecto e indica que la imagen empezará en la esquina superior izquierda del límite del margen interno y CONTENT-BOX, que indica que la imagen empezará en la esquina superior izquierda del límite del contenido.

5.3.5 Propiedad background-position

Especifica la posición inicial del fondo. Entre sus posibles valores podemos encontrar [POSICIÓN], que indica un valor de posicionamiento. Puede ser una combinación de palabras clave como son LEFT TOP, LEFT CENTER, LEFT BOTTOM, CENTER TOP, CENTER CENTER, CENTER BOTTOM, RIGHT TOP, RIGHT CENTER, RIGHT BOTTOM, o un valor establecido en una de las medidas permitidas de CSS.

A continuación, se muestra una ilustración con cada uno de los significados:

LEFT TOP	CENTER TOP	RIGHT TOP
LEFT CENTER	CENTER CENTER	RIGHT CENTER
LEFT BOTTOM	CENTER BOTTOM	RIGHT BOTTOM

5.3.6 Propiedad background-repeat

Especifica si la imagen establecida como fondo debe repetirse y cómo debe hacerlo. Entre sus posibles valores podemos encontrar REPEAT, que es el valor por defecto e indica que la imagen debe repetirse tanto horizontal, como verticalmente, REPEAT-X, que indica que la imagen debe repetirse sólo horizontalmente, REPEAT-Y, que indica que la imagen debe repetirse sólo verticalmente, NO-REPEAT, que indica que la imagen NO debe repetirse, SPACE, que indica que la imagen debe repetirse tanto como sea posible, siempre y cuando, no se deforme ni se corte y ROUND, que indica que la imagen debe repetirse para llenar el espacio del elemento, aunque eso implique que sea deformada.

5.3.7 Propiedad background-size

Especifica el tamaño del fondo.

Entre sus posibles valores podemos encontrar AUTO, que es el valor por defecto e indica que el tamaño de la imagen debe ser igual al tamaño original, COVER, que indica que el tamaño de la imagen debe ajustarse para cubrir todo el contenedor o elemento, aunque eso implique que la imagen se corte por los extremos, CONTAIN, que indica que el tamaño de la imagen debe ajustarse para asegurarse de que sea totalmente visible. Cuando este valor se utiliza, lo normal es que se generen espacios en blanco en alguno de los extremos del elemento y [VALOR], que indica un valor establecido en una de las medidas permitidas de CSS.

5.3.8 Propiedad object-position

Especifica dónde se debe colocar el elemento con respecto a su elemento padre o contenedor. Entre sus posibles valores podemos encontrar:

▸ **FILL**: indica que el elemento será ajustado al tamaño del contenedor, aunque este deba ser deformado, si así se requiere. Es el valor por defecto

▸ **CONTAIN**: indica que el elemento será ajustado con respecto al tamaño del contenedor, pero guardando la relación de aspecto para que entre todo su contenido en el espacio disponible.

▸ **COVER**: indica que el elemento será ajustado con respecto al tamaño del contenedor, pero guardando la relación de aspecto para llenar el espacio disponible. Este valor puede hacer que se corte información por los extremos.

▸ **NONE**: indica que el elemento NO será ajustado ni deformado.

▸ **[POSICIÓN]**: indica un valor de posicionamiento. Puede ser una combinación de palabras clave como son LEFT TOP, LEFT CENTER, LEFT BOTTOM, CENTER TOP, CENTER CENTER, CENTER BOTTOM, RIGHT TOP, RIGHT CENTER, RIGHT BOTTOM, o un valor establecido en una de las medidas permitidas de CSS.

ⓘ **NOTA**

Esta propiedad sólo es aplicable a los elementos IMG y VIDEO.

5.4 IMÁGENES RECEPTIVAS Y ADAPTATIVAS

Cada vez más, accedemos a los contenidos web desde muy diferentes dispositivos con distintos tamaños y resoluciones. Esto provoca que los diseñadores y desarrolladores tengan que ingeniárselas para mostrar los contenidos de forma que no pierdan información, calidad o relación de aspecto.

Hasta no hace tanto, era habitual ver las imágenes deformadas o con espacios en "blanco" alrededor, lo que provocaba sensación de mala calidad, mal gusto o una imagen corporativa descuidada. Pero entonces, apareció el concepto de diseño receptivo o adaptativo y, con él, varias técnicas de adaptación de contenidos que trataban de conseguir que las imágenes se viesen de forma adecuada.

Aunque, a primera vista, no es la misma la información dependiendo del dispositivo en el que se muestra la imagen, toda la información está disponible. Esto es posible gracias a la implementación de funcionalidades adicionales que permiten, entre otras cosas, agrandar o empequeñecer la imagen o captar cualquier punto de esta a través de un desplazamiento.

Dicho esto, las imágenes receptivas o adaptativas pueden conseguirse, fundamentalmente, a través de varios métodos o técnicas, que suelen implementarse de forma combinada.

5.4.1 Adaptación de imágenes mediante propiedades CSS

Si lo que se desea es hacer que un elemento IMG se muestre de forma adaptable, la manera más sencilla de conseguir esto es utilizar las propiedades WIDTH, HEIGHT y OBJECT-FIT de forma combinada.

En general, podríamos decir que todas las imágenes deben estar establecidas al cien por cien del ancho del contenedor y con asignación de altura automática. Esto provocará que las imágenes se muestren correctamente, independientemente de su relación de aspecto y tamaño. Sin embargo, si el contenedor no se corresponde, en proporción, con el tamaño de la imagen, lo más probable es que la imagen se corte o se salga fuera de los límites marcados por el contendor.

Supongamos una situación en la que se desea presentar la imagen de la derecha en un contenedor de 1920x250 píxeles únicamente utilizando un elemento IMG y CSS. Una posibilidad podría ser escribir este código:

```
<style>
    div { display: block; height: 250px; position: relative; width: 100%; }
    img { height: auto; object-fit: none; width: 100%; }
</style>

<div>
    <img src="nebulosa-aguila.jpg" alt="M-16 - Nebulosa del águila" />
<div>
```

El resultado de este código sería algo como:

Si ahora, en el elemento IMG, en vez de establecer la propiedad HEIGHT a AUTO, la establecemos al 100%, el resultado sería:

Como se puede observar, la imagen se ha deformado para ajustarse a las proporciones del contenedor donde se encuentra incrustado. Sin embargo, si ahora, en el elemento IMG, establecemos la propiedad OBJECT-FIT a CONTAIN, el resultado será:

Si con la propiedad OBJECT-FIT establecida a CONTAIN, aumentamos el alto del contendor, la imagen se irá agrandando a la nueva altura. No obstante, si la altura fuese mayor que la requerida por la imagen, lo que se producirá es un espacio en blanco entre la imagen y el siguiente elemento.

Ahora, si en el elemento IMG, establecemos la propiedad OBJECT-FIT a COVER, el resultado será muy diferente:

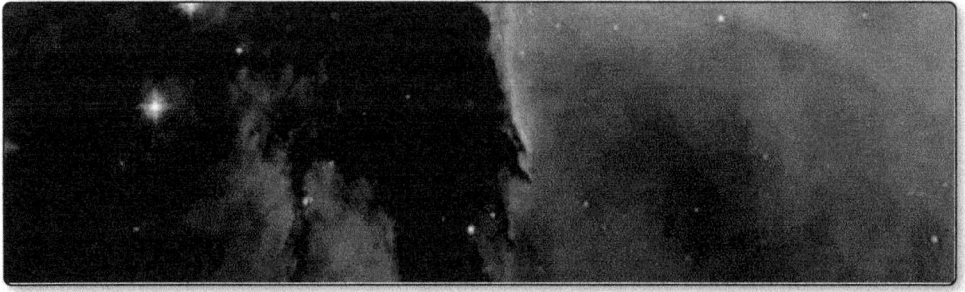

Si observamos la imagen anterior con detenimiento, lo que veremos es que la imagen se ha ajustado al 100% del ancho disponible y se ha centrado con respecto al alto del contenedor mostrándonos sólo 250 píxeles desde el punto central de la imagen.

Al final, todo esto se podría reducir en que los contenedores deben estar ajustados, en proporción, a las imágenes que se van a mostrar y bajo la orientación del dispositivo donde se vayan a reproducir.

5.4.2 Adaptación de imágenes mediante consultas de medios

Si lo que se desea es hacer que se cargue una u otra imagen a través de CSS y en función de la resolución, la manera más sencilla de conseguir esto es utilizar las variaciones de la propiedad BACKGROUND, en combinación con la regla @MEDIA.

Supongamos una situación en la que tenemos cuatro versiones de una misma imagen y, lo que se desea hacer es presentar la imagen como fondo de un elemento DIV, pero con la condición de que se cargue una u otra versión en función de la resolución.

Una posibilidad podría ser el siguiente código:

```
<style>
    .banner {
        background-image: url(imagen-640x360.jpg);
        border-bottom: 1px solid rgba(0,0,0,0.1);
        color: #fff;
        display: block;
        height: 100vh;
        position: relative;
        text-align: center;
        width: 100%;
    }

    @media (min-width: 800px) {
        .banner { background-image: url(imagen-1280x720.jpg); }
    }

    @media (min-width: 1400px) {
        .banner { background-image: url(imagen-1920x1080.jpg); }
    }

    @media (min-width: 2000px) {
        .banner { background-image: url(imagen-2560x1440.jpg); }
    }
</style>

<div class="banner"><div>
```

Basándonos en disciplina de Mobile First, lo que se conseguirá con esta solución es definir la imagen de menor resolución que se desea cargar y, según se vaya detectando que el dispositivo admite una mayor resolución, se irá sobrescribiendo la propiedad BACKGROUND-IMAGE para seleccionar la imagen que más se ajusta al escenario actual.

5.4.3 Selección de imágenes mediante IMG y SRCSET

El elemento IMG, como hemos visto anteriormente, dispone de un atributo denominado SRCSET que permite seleccionar el origen a presentar, mediante una sintaxis similar a las consultas de medios.

Supongamos, como antes, una imagen de la que disponíamos hasta cuatro versiones. Lo primero que nos podría venir a la cabeza es definir un elemento IMG que fuese actualizando el atributo SRC a través de un lenguaje como JavaScript. Como solución podría estar bien, no obstante, definir un elemento IMG con varios atributos SRCSET es una solución mucho más simple y de menor coste en rendimiento.

```
<img src="imagen-640x360.jpg" alt="texto-alternativo-para-imagen"
    srcset="imagen-1280x720.jpg 800w"
    srcset="imagen-1920x1080.jpg 1400w"
    srcset="imagen-2560x1440.jpg 2000w"
 />
```

En el código anterior seleccionamos diferentes imágenes en función del ancho disponible, sin embargo, si, por la razón que fuese, necesitásemos también mostrar la imagen en función de su densidad, lo único que haría falta es añadir el indicador de densidad seguido de la letra X.

```
<img src="imagen-640x360.jpg" alt="texto-alternativo-para-imagen"
    srcset="imagen-1280x720.jpg 800w"
    srcset="imagen-1280x720-2.jpg 800w 2x"
    srcset="imagen-1920x1080.jpg 1400w"
    srcset="imagen-2560x1440.jpg 2000w"
 />
```

Pero, ¿qué pasa si lo que se desea es también manipular el tamaño de la imagen? Pues para ello, disponemos del atributo SIZES.

```
<img sizes="(max-width: 800px) 100vw,
           (min-width: 1280px) 50vw,
           100vw"
    srcset="imagen-640x360.jpg 800w,
            imagen-1280x720.jpg 1280w,
            imagen-1920x1080.jpg 1360w,
            imagen-2560x1440.jpg 2000w"
    src="imagen-2560x1440.jpg"
    alt="texto-alternativo-imagen" />
```

Al insertar en un documento HTML esta declaración, lo que se está indicando al sistema es que se dispone de una imagen con tres posibles tamaños, los cuales, serán seleccionados si se cumplen las condiciones marcadas por SRCSET. En otras palabras, si el tamaño de la ventana gráfica (el VIEWPORT) tiene, cómo máximo el tamaño establecido por el parámetro W, su imagen se seleccionará.

Otra cosa es el parámetro SIZES, el cual, indica exactamente qué tamaño se desea que tenga la imagen en relación con el tamaño de la ventana gráfica expuesta en la condición de medios. En nuestro ejemplo, la expresión entre paréntesis es la condición de medios y, el valor a su derecha, el tamaño que se desea que tenga la imagen en esas circunstancias. Por ejemplo, si el tamaño de la ventana es menor de 800 píxeles, la imagen deberá tener un ancho de 100% del tamaño de la ventana.

En lo referente al atributo SRC, debe establecerse siempre porque, aunque las imágenes se seleccionen por SRCSET, puede que el agente de usuario no soporte esta característica y, si no está definido, no se mostrará imagen alguna.

> **ⓘ NOTA**
>
> El atributo SIZES, no funcionará si el elemento IMG tiene asignada una anchura o altura, independientemente de si se establece por estilos en línea o por reglas CSS. Es decir, si se desea utilizar esta técnica, las propiedades HEIGHT y WIDTH del elemento IMG deben estar establecidas a INITIAL o INHERIT.

5.4.4 Selección de imágenes mediante PICTURE y SOURCE

Como comentamos anteriormente, el elemento PICTURE fue diseñado con la idea de proporcionar soporte nativo a imágenes responsive o adaptativas. Para conseguir este objetivo, lo habitual es recurrir al elemento SOURCE, el cual permite las mismas capacidades que el atributo SRCSET del elemento IMG.

Supongamos, como antes, una imagen de la que disponíamos hasta cuatro versiones. Para conseguir nuestro objetivo mediante el uso de PICTURE y SOURCE, lo que podría hacer es algo como lo siguiente:

```
<picture>
    <source srcset="imagen-2560x1440.jpg" media="(min-width: 2000px" />
    <source srcset="imagen-1920x1080.jpg" media="(min-width: 1360px" />
    <source srcset="imagen-1280x720.jpg" media="(min-width: 768px" />

    <img src="imagen-640x360.jpg" alt="texto-alternativo-imagen" />
</picture>
```

Al insertar en un documento HTML esta declaración, lo que se está indicando al sistema es que se dispone de una imagen con cuatro posibles tamaños, los cuales, serán seleccionados si se cumplen las condiciones marcadas por el atributo MEDIA. En otras palabras, si el tamaño de la ventana gráfica (el VIEWPORT) tiene, cómo máximo el tamaño establecido por el atributo MEDIA, la imagen definida en el atributo SRCSET se seleccionará.

Es importante destacar que, las declaraciones del elemento SOURCE deben estar en un orden determinado en función de su condición de medios. Si la condición de medios, el atributo MEDIA, está aplicando a través de MIN-WIDTH, como es este último ejemplo, deben declararse de mayor a menor resolución. Pero, si la condición de medios que se está aplicando va definida a través de MAX-WIDTH, deben declararse de menor a mayor.

Para poder comparar y verlo mejor, vamos a ver cómo sería la declaración del elemento PICTURE anterior, pero utilizando la condición de MAX-WIDTH, en vez de MAX-WIDTH.

```
<picture>
    <source srcset="imagen-640x360.jpg" media="(max-width: 768px" />
    <source srcset="imagen-1280x720.jpg" media="(max-width: 1360px" />
    <source srcset="imagen-1920x1080.jpg" media="(max-width: 2000px" />

    <img src="imagen-2560x1440.jpg" alt="texto-alternativo-imagen" />
</picture>
```

Aunque, el elemento SOURCE admite el atributo SIZES, éste, no se aplicará porque el elemento PICTURE lo ignora cuando SOURCE es un descendiente directo. Sin embargo, si, por la razón que fuese, necesitásemos también mostrar la imagen en función de su densidad, lo único que haría falta es añadir el indicador de densidad seguido de la letra X.

```
<img src="imagen-640x360.jpg" alt="texto-alternativo-para-imagen"
    srcset="imagen-1280x720.jpg 800w"
    srcset="imagen-1280x720-2.jpg 800w 2x"
    srcset="imagen-1920x1080.jpg 1400w"
    srcset="imagen-2560x1440.jpg 2000w"
 />
```

En lo referente al atributo SRC, debe establecerse siempre porque, aunque las imágenes se seleccionen por SRCSET, puede que el agente de usuario no soporte esta característica y, si no está definido, no se mostrará ninguna imagen.

5.5 VIDEOS RECEPTIVOS

Aunque es posible hacer una manipulación de igual forma que el elemento PICTURE, es decir, estableciendo varios elementos SOURCE con sus respectivas resoluciones dentro de una estructura VIDEO, lo habitual es que sólo se establezcan unos pocos estilos y sea el usuario el que escoja la resolución del video que desea ver.

De hecho, muchos sistemas multimedia suelen precargar el vídeo de menor tamaño y añadir un desplegable con las diferentes resoluciones disponibles. Con esta posibilidad, el usuario puede escoger la resolución que más se ajusta a sus deseos y se cubren algo más los requerimientos de usabilidad y accesibilidad web.

Dicho esto, una posible forma de hacer que este tipo de recursos se vuelvan adaptables a cualquier dispositivo es hacer lo siguiente:

```
video {
    width: 100%;
    display: block;
    object-fit: cover;
    height: 100vh;
}

<video src="./4703.mp4"
        type="video/mp4"
        loop=""
        muted=""
        controls=""
        autoplay="">
    Tu navegador no admite el elemento <code>video</code>. Puedes descargar el
video desde la URLhttps://www.pexels.com/video/beautiful-timelapse-of-the-night-
sky-with-reflections-in-a-lake-857251/
</video>
```

Si nos fijamos en el código anterior, sólo hace falta manejar las propiedades del objeto, como si de una imagen se tratase, es decir, establecer el objeto al tamaño máximo deseado (en este caso al 100% del ancho y alto de la ventana gráfica) y habilitar el ajuste del elemento con respecto a su contendor con la propiedad OBJECT-FIT.

Por desgracia, no siempre es posible agregar contenidos multimedia a través de esta estructura y debemos recurrir a otros métodos.

Este es el caso de YouTube o Vimeo, los cuales requieren de un elemento OBJECT o IFRAME para poder incrustarse en nuestra página. Ambos casos, se verán con detalle, cuando lleguemos al capítulo de iframes y objetos.

5.6 PRACTICA Y JUEGA

Maquetación CSS – Parte 2	Código QR
Corrige el CSS solicitado y juega a cambiar el HTML para realizar tu propia personalización. **https://codepen.io/pefc/pen/abaJdqq**	

Maquetación CSS – Parte 3	Código QR
Corrige el CSS solicitado y juega a cambiar el HTML para realizar tu propia personalización. **https://codepen.io/pefc/pen/bGxqqEP**	

6

DISEÑOS BASADOS EN DIMENSIONES

JavaScript es un lenguaje de programación interpretado, basado en el estándar ECMAScript (European Computer Manufacturer's Association Script). Se caracteriza por ser un lenguaje de programación orientado a eventos y basado en prototipos, dinámico y no demasiado tipado.

6.1 TABLAS

Las tablas no son nada más que una forma de organizar la información a través de filas y columnas. El problema reside cuando estas estructuras contienen mucha información y no pueden representarse de manera correcta en dispositivos con poca resolución o de pequeño tamaño.

En este capítulo vamos a ver cómo definir tablas, cómo hacerlas decorativas, cómo hacerlas adaptativas o Responsive y cómo hacerlas usables y accesibles.

6.1.1 Elementos disponibles en HTML5

6.1.1.1 ELEMENTO CAPTION

El elemento CAPTION especifica que el contenido que se va a representar es el título de una tabla. Sólo puede definirse un elemento CAPTION por tabla y es importante que el elemento CAPTION sea el primer hijo directo del elemento TABLE.

6.1.1.2 ELEMENTO TABLE

El elemento TABLE especifica que el contenido que se va a representar es una estructura de datos tabulados en forma de filas y columnas, es decir, una tabla.

Entre los atributos que admite en su configuración, se deben destacar **BORDER**, **CELLPADDING**, **CELLSPACING** y **WIDTH**, pero todos ellos es mejor declararlos a través de sus homólogos de CSS.

Las tablas es uno de los elementos de HTML menos accesibles que, a menudo, encontramos en las páginas. Primero porque los desarrolladores no conocen todas las posibilidades de configuración y, segundo, porque si no se ve toda ella en su conjunto puede ser algo muy difícil de entender o contextualizar. Como ejemplo extremo, piénsese que, si un usuario sólo puede ver un dato en una tabla que, además, no presenta una cabecera por la circunstancia que sea, puede no saber a qué se refiere dicho dato.

Por tanto, si se han de utilizar, se deben especificar las dimensiones en términos de porcentaje y establecer todas sus propiedades para que no se pierda semántica y/o accesibilidad.

La declaración de los elementos de cabecera y pie de tabla (THEAD y TFOOT) deben establecerse antes que el elemento del contenido de la tabla TBODY para que el agente de usuario pueda renderizar la información de contexto antes de recibir el detalle con todas las filas de datos, que pueden ser muchas.

Cabe destacar que, los atributos ID, HEADERS y SCOPE, no tienen ningún efecto visual, sin embargo, junto con el elemento CAPTION, son muy útiles para las tecnologías asistidas como los lectores de pantalla puesto que aclaran y fortalecen su significado.

6.1.1.3 ELEMENTO COLGROUP

El elemento COLGROUP especifica que el contenido que se va a representar es un grupo de una o más columnas de una tabla. Suele ser útil para aplicar estilos de forma agrupada en vez de tener que repetirlos de uno en uno.

Es importante que el elemento COLGROUP sea hijo directo del elemento TABLE, que esté declarado justo después del elemento CAPTION y justo antes de los elementos THEAD, TBODY o TFOOT porque, de no ser así, puede afectar a la usabilidad web y a la accesibilidad web.

Para especificar o definir las propiedades de cada columna dentro de cada elemento COLGROUP se debe utilizar el elemento COL. Este elemento sólo permite el atributo SPAN para definir el número de columnas que debe abarcar.

```
<colgroup>
    <col style="background: whitesmoke;"></col>
    <col span="2" style="background: lavender;"></col>
</colgroup>
```

6.1.1.4 ELEMENTOS THEAD Y TFOOT

El elemento THEAD especifica que el contenido que se va a representar es el encabezado de una tabla. El elemento TFOOT es idéntico al elemento THEAD, con la diferencia de que el contenido que se va a representar es el pie de página de una tabla.

Cabe destacar que los elementos THEAD y TFOOT deben declararse justo después del elemento CAPTION y COLGROUP y justo antes del elemento TBODY. También es importante constatar que el elemento THEAD no se debe omitir puesto que su omisión puede perjudicar de forma notable a la usabilidad web y a la accesibilidad web de la página.

6.1.1.5 ELEMENTO TBODY

El elemento TBODY especifica que el contenido que se va a representar es el cuerpo de una tabla.

Cabe destacar que elemento TBODY debe declararse justo después de los elementos THEAD y TFOOT. Además, no se debe omitir puesto que su omisión puede perjudicar de forma notable a la usabilidad web y a la accesibilidad web de la página.

6.1.1.6 ELEMENTO TR

El elemento TR especifica que el contenido que se va a representar es una fila perteneciente a un encabezado, cuerpo o pie de página una tabla.

6.1.1.7 ELEMENTO TH

El elemento TH especifica que el contenido que se va a representar es una celda de encabezado.

Entre los atributos que admite en su configuración, se deben destacar **COLSPAN**, que especifica el número de columnas que se deben unificar, **ROWSPAN**, que especifica el número de filas que se deben unificar, **ID**, que especifica el identificador de la columna y que es necesario para utilizarlo con el atributo HEADERS del elemento TD, **HEADERS**, que especifica la lista de identificadores únicos (separados por espacios en blanco) que se corresponden con los atributos ID pertenecientes a los elementos TH y **SCOPE**, que especifica un único valor que vincula la información entre las celdas de la cabecera y las celdas de datos para indicar si una celda de encabezado es un encabezado para una columna, una fila o un grupo de columnas o un grupo de filas.

6.1.1.8 ELEMENTO TD

El elemento TD especifica que el contenido que se va a representar es una celda de datos.

Entre los atributos que admite en su configuración, se deben destacar **COLSPAN**, que especifica el número de columnas que se deben unificar, **ROWSPAN**, que especifica el número de filas que se deben unificar y **HEADERS**, que especifica la lista de identificadores únicos (separados por espacios en blanco) que se corresponden con los atributos ID pertenecientes a los elementos TH.

6.1.2 Elementos disponibles en CSS

A continuación, se muestran las propiedades de CSS que están expresamente dedicadas a tablas.

6.1.2.1 PROPIEDADES BORDER-COLLAPSE

Especifica si se deben fusionar o separar los bordes del elemento. Entre sus posibles valores podemos encontrar **COLLAPSE**, que indica que los bordes deben fusionarse cuando sea posible y no es efectivo cuando se encuentra en conjunción con las propiedades EMPTY-CELLS y BORDER-SPACING y, **SEPARATE**, que es el valor por defecto e indica que los bordes deben mostrarse separados e independientes para cada celda o elemento.

NOTA

La propiedad BORDER-COLLAPSE sólo es válida para los elementos TABLE, TH y TD.

6.1.2.2 PROPIEDAD BORDER-SPACING

Especifica la distancia entre los bordes de las celdas adyacentes, siempre y cuando la propiedad BORDER-COLLAPSE esté establecida a SEPARATE. Sus posibles se deben asignar a través de un valor establecido en una de las medidas permitidas de CSS.

NOTA

La propiedad BORDER-COLLAPSE sólo es válida para los elementos TABLE, TH y TD.

6.1.2.3 PROPIEDAD CAPTION-SIDE

Especifica la posición del título de una tabla. Entre sus posibles valores podemos encontrar **BOTTOM**, que indica que el título debe estar debajo de la tabla y **TOP**, que indica que el título debe estar encima de la tabla. Es el valor por defecto.

6.1.2.4 PROPIEDAD EMPTY-CELLS

Especifica si se deben mostrar o no los bordes de las celdas vacías. Entre sus posibles valores podemos encontrar **HIDE**, que indica que NO se deben mostrar y **SHOW**, que es el valor por defecto e indica que se deben mostrar.

6.1.2.5 PROPIEDAD TABLE-LAYOUT

Especifica el modo en el que se tienen que diseñar celdas, filas y columnas de la tabla. Entre sus posibles valores podemos encontrar **AUTO**, que indica que el ancho de la columna debe establecerse sin romper el texto o contenido de las celdas y **FIXED**, que indica que el ancho de la tabla será gestionado por el usuario y que, las columnas, deberán ser gestionadas por el ancho de las celdas de la primera fila. Si no se estableciesen anchos en la primera fila, los anchos de las columnas se dividirán por partes iguales, independientemente de su contenido.

6.1.3 Creación de tablas responsive

Las tablas son, quizás, el componente menos flexible que ofrece HTML. Sin embargo, gracias a CSS y JavaScript es posible hacer que esta característica se vuelva algo menos rígida. Por ejemplo, supongamos una tabla de datos como la siguiente:

EJEMPLO DE TABLA ADAPTATIVA						
ID	Empresa	F. Movimiento	Tipo	Concepto	Importe	Estado
1	Consultores SA	30-12-2019	Ingreso	Nómina	+1268.00 €	Efectuado
2	Carrefour	01-01-2020	Recibo	Supermercado	-128.56 €	Efectuado
3	El Corte Inglés	03-01-2020	Recibo	Chaqueta hombre L-XL	-99.99 €	Pendiente
4	El Corte Inglés	03-01-2020	Recibo	Pantalón hombre M-L	-48.50 €	Pendiente

Si probásemos esta tabla en un dispositivo móvil, lo más probable es que viésemos una barra de desplazamiento horizontal y, dependiendo de la resolución del dispositivo, de los tamaños de fuente y de los estilos agregados, puede que hasta prácticamente nada de información útil.

Para solucionar este supuesto, a continuación, se muestran algunas de las técnicas para hacer que las tablas de HTML puedan verse en cualquier dispositivo sin perder legibilidad e independientemente de sus dimensiones o densidad.

6.1.3.1 MEDIANTE BARRAS DE DESPLAZAMIENTO

Esta técnica consiste en definir normalmente la tabla y aplicarle unas consultas de medios cuando se produce una condición determinada, como pueda ser el ancho del dispositivo.

Es la técnica más sencilla de todas, pero no la que mejor se adapta a las condiciones del dispositivo ya que, si los datos son muy largos, puede no verse casi nada de información.

La técnica consiste en ajustar el tamaño de la tabla al 100% del ancho del dispositivo, cambiar el modo de representación de la tabla a BLOCK, en vez de TABLE, y habilitar el desplazamiento horizontal en la misma.

Código CSS

```
@media screen and (max-width: 620px) {
    table { display: block; overflow-x: auto; width: 100%; }
}
```

Posible resultado

EJEMPLO DE TABLA ADAPTATIVA						
ID	Empresa	F. Movimiento	Tipo	Concepto	Importe	Estad
1	Consultores SA	30-12-2019	Ingreso	Nómina	+1268.00 €	Efectu
2	Carrefour	01-01-2020	Recibo	Supermercado	-128.56 €	Efectu
3	El Corte Inglés	03-01-2020	Recibo	Chaqueta hombre L-XL	-99.99 €	Pendi
4	El Corte Inglés	03-01-2020	Recibo	Pantalón hombre M-L	-48.50 €	Pendi

6.1.3.2 MEDIANTE CONSULTAS DE MEDIOS

Al igual que sucede con la técnica de la barra de desplazamiento horizontal, esta técnica consiste en definir normalmente la tabla y aplicarle unas consultas de medios cuando se produce una condición determinada, como pueda ser el ancho del dispositivo.

Aunque esta técnica resulta ser algo más tediosa y laboriosa, es la que mejor se adapta a las condiciones del dispositivo si no se desea recurrir a JavaScript. Por ello, es una de las más utilizadas en situaciones reales.

La técnica consiste en ajustar el tamaño de la tabla al 100% del ancho del dispositivo, ocultar los campos de cabecera, cambiar el modo de representación de las celdas y, agregar unos atributos personalizados con los nombres de las columnas para utilizarlos como identificadores de campo.

Estos identificadores de campo serán mostrados a través de pseudo-elemento BEFORE en la parte izquierda de cada celda cuando las condiciones de la consulta de medios se cumplan y, para que los valores de estos campos no pierdan legibilidad, el valor de las celdas se alineará a la derecha, todo ello, además, con la intención de aprovechar, al máximo, el espacio disponible.

Código CSS

```
html,
body { margin: 0; padding: 0; font-family: 'Roboto', sans-serif;
       display: block; font-size: 14px;
}

table        { border: 1px solid rgba(0,0,0,0.2); border-spacing: 2px;
               margin: 10px 0; }

table caption { background: #000000; color: #fff; font-size: 1.0rem;
               font-weight: bold; line-height: 1.5; padding: 0;
               text-transform: uppercase; }
```

```
table td,
table th        { border: 1px solid rgba(0,0,0,0.2); border-spacing: 0;
                  font-size: 1rem; padding: 5px; text-align: left;
                  margin: 2px 0; white-space: nowrap; }

table thead th:nth-child(6),
table tbody td:nth-child(6){ text-align: right; }

@media screen and (max-width: 620px) {
    table { width: 100%; }

    thead { display: none; }

    tr td:first-child { background: #f0f0f0; font-weight: bold; }

    tbody td { display: block; text-align: right; }

    tbody td:before { content: attr(data-field); display: block;
                      float: left; font-weight: bold; padding: 0 10px 0 0;
                      text-align: left; width: auto; }
}
```

Cabe destacar que este código CSS se alimenta de un atributo personalizado DATA-FIELD que debe estar definido en cada elemento TD de la tabla y que debe ser idéntico al texto contenido dentro del elemento TH.

En lo referente a este último código de CSS, y al igual que pasaba con la técnica anterior, el cambio de comportamiento se realiza cuando la resolución llega al valor de 620 píxeles.

Posible resultado

EJEMPLO DE TABLA ADAPTATIVA	
ID	1
Empresa	Consultores SA
F. Movimiento	30-12-2019
Tipo	Ingreso
Concepto	Nómina
Importe	+1268.00 €
Pago	Efectuado
ID	2

6.2 DISEÑO BASADO EN CAJAS FLEXIBLES (FLEXBOX)

Las cajas flexibles no son nada más que otra de las formas de organizar la información a través de filas y columnas, pero, al contrario que las tablas, sus elementos pueden manipularse, ensancharse o encogerse para rellenar el espacio adicional y, con ello, representarse de manera correcta en dispositivos con poca resolución o de pequeño tamaño.

6.2.1 Principales elementos disponibles en CSS

6.2.1.1 PROPIEDAD ALIGN-CONTENT

Especifica cómo se deben distribuir los elementos verticalmente. Es una propiedad similar a ALIGN-ITEMS, pero en lugar de alinear elementos flexibles, alinea líneas flexibles. Entre sus posibles valores podemos encontrar:

CENTER: indica que las líneas de elementos deben distribuirse verticalmente por la zona media del contenedor flexible.	
FLEX-END: indica que las líneas de elementos deben distribuirse verticalmente por la zona final del contenedor flexible.	
FLEX-START: indica que las líneas de elementos deben distribuirse verticalmente por la zona inicial del contenedor flexible.	
SPACE-AROUND: indica que las líneas de elementos deben distribuirse verticalmente de forma uniforme por el contenedor flexible con espacios perceptibles en cada extremo.	
SPACE-BETWEEN: indica que las líneas de elementos deben distribuirse verticalmente de forma uniforme por los extremos del contenedor flexible.	
STRECTCH: indica que las líneas de elementos deben ajustarse verticalmente para ocupar o rellenar el espacio restante. Es el valor por defecto.	

> **ⓘ NOTA**
>
> La propiedad `ALIGN-CONTENT` sólo tendrá algún efecto cuando el modo de visualización (`DISPLAY`) sea `FLEX` y la propiedad `FLEX-WRAP` esté establecida a `WRAP` o a `WRAP-REVERSE`.

6.2.1.2 PROPIEDAD ALIGN-ITEMS

Especifica la alineación predeterminada para los elementos que están dentro de un contenedor flexible. Entre sus posibles valores podemos encontrar:

BASELINE: indica que los elementos deben estar posicionados en la línea base del contenedor flexible.	1 2 3
CENTER: indica que los elementos deben estar posicionados en la parte central del contenedor flexible.	1 2 3
FLEX-END: indica que los elementos deben estar posicionados al final del contenedor flexible.	1 2 3
FLEX-START: indica que los elementos deben estar posicionados al principio del contenedor flexible.	1 2 3
STRECTCH: indica que los elementos deben ajustarse al alto del contenedor para rellenarlo. Es el valor por defecto.	1 2 3

> **ⓘ NOTA**
>
> La propiedad `ALIGN- ITEMS` sólo tendrá algún efecto cuando el modo de visualización (`DISPLAY`) sea `FLEX` y puede anularse a través de la propiedad `ALIGN-SELF`.

6.2.1.3 PROPIEDAD ALLIGN-SELF

Especifica la alineación determinada para un elemento que está dentro de un contenedor flexible. Entre sus posibles valores podemos encontrar:

AUTO: indica que la alineación es inherente y que debe heredarse de la propiedad ALIGN-ITEMS definida en su contenedor. Es el valor por defecto.	1 **2** 3
BASELINE: indica que el elemento debe estar posicionado en la línea base del contenedor flexible.	**2** 1 3
CENTER: indica que el elemento debe estar posicionado en la parte central del contenedor flexible.	1 **2** 3
FLEX-END: indica que el elemento debe estar posicionado al final del contenedor flexible.	1 3 **2**
FLEX-START: indica que el elemento debe estar posicionado al principio del contenedor flexible.	**2** 1 3
STRECTCH: indica que el elemento se debe ajustar al alto del contenedor para rellenarlo.	1 **2** 3

> **ⓘ NOTA**
>
> La propiedad ALIGN- ITEMS sólo tendrá algún efecto cuando el modo de visualización (DISPLAY) sea FLEX.

6.2.1.4 PROPIEDAD FLEX

Es una propiedad compuesta que especifica, de forma conjunta, las propiedades de crecimiento flexible, decrecimiento flexible y el ancho del elemento.

El crecimiento viene determinado por la propiedad FLEX-GROW y se establece a través de un número que indica cómo irá creciendo el elemento con respecto al resto de elementos flexibles.

El decrecimiento viene determinado por la propiedad FLEX-SHRINK y se establece a través de un número que indica cómo irá decreciendo el elemento con respecto al resto de elementos flexibles.

El ancho viene determinado por la propiedad FLEX-BASIS y se establece a través de alguna de las unidades de medida estándar de CSS.

Si se asignan los tres valores, se aplicarán en el orden anteriormente indicado, es decir, es como si se estableciese de forma independiente las variables FLEX-GROW, FLEX-SHRINK y FLEX-BASIS, en este orden.

```
li   { flex: 1 1 auto; } /* FLEX-GROW FLEX-SHRINK FLEX BASIS */
```

Si se asignan dos valores, se podrán establecer o el crecimiento y el ancho, o el crecimiento y el decrecimiento. Es decir, es como si se estableciese de forma independiente las variables FLEX-GROW y FLEX-BASIS o FLEX-GROW y FLEX-SHRINK, en este orden.

```
p    { flex: 1 100%; }   /* FLEX-GROW FLEX-BASIS */
p    { flex: 1 1; }      /* FLEX-GROW FLEX-SHRINK */
```

Si se asigna un único valor, podrá aplicarse o un crecimiento o un ancho, es decir, es como si se estableciese de forma independiente la variable FLEX-GROW o la variable FLEX-BASIS.

```
p    { flex: 1; }        /* FLEX-GROW */
p    { flex: 100%; }     /* FLEX-BASIS */
```

6.2.1.5 PROPIEDAD FLEX-BASIS

Especifica el ancho inicial de un elemento flexible. Entre sus posibles valores podemos encontrar **AUTO**, que indica que el ancho es igual a la anchura predefinida del elemento flexible o, en ausencia de valor, en función de su contenido y, **[VALOR]**, que indica un valor establecido en una de las medidas permitidas de CSS.

Por ejemplo, imaginemos que tenemos un contenedor flexible con un ancho de 100 píxeles con tres elementos, en donde cada uno de ellos, tiene establecidas las propiedades FLEX-GROW y FLEX-SHRINK a 0 y la propiedad FLEX-BASIS a 33px. Esto debería producir un resultado similar al siguiente:

Ahora, si establecemos la propiedad FLEX-BASIS a 0 al segundo elemento, el resultado debería ser similar al siguiente:

Pero, si estableciésemos la propiedad FLEX-BASIS a 50px para el segundo elemento el resultado debería ser similar al siguiente:

Como se puede apreciar en la ilustración, el elemento 3 no entra en el contenedor de forma completa y se ve desbordado.

6.2.1.6 PROPIEDAD FLEX-DIRECTION

Especifica la dirección de los elementos flexibles. Entre sus posibles valores podemos encontrar:

▸ **COLUMN**: indica que los elementos deben mostrarse verticalmente empezando por arriba. Un ejemplo podría ser que todos los elementos se sitúen, unos debajo de otros, desde arriba del contenedor en formación de A-B-C-D.

▸ **COLUMN-REVERSE**: indica que los elementos deben mostrarse verticalmente, empezando por abajo y con los elementos invertidos de orden. Un ejemplo podría ser que todos los elementos se sitúen, unos encima de otros, desde abajo del contenedor en formación de D-C-B-A.

▸ **ROW**: indica que los elementos deben mostrarse horizontalmente, empezando por la izquierda. Un ejemplo podría ser que los elementos se situasen todos seguidos y alineados a la izquierda en la parte superior del contenedor en formación de A-B-C-D. Es el valor por defecto.

▸ **ROW-REVERSE**: indica que los elementos deben mostrarse horizontalmente, empezando por la derecha y con los elementos invertidos de orden. Un ejemplo podría ser que los elementos se situasen todos seguidos y alineados a la derecha en la parte superior del contenedor en formación de D-C-B-A.

6.2.1.7 PROPIEDAD FLEX-FLOW

Es una propiedad compuesta que especifica la dirección de los elementos flexibles y si deben ajustarse o no al ancho del contenedor.

El ajuste de los elementos viene determinado por la propiedad FLEX-WRAP, mientras que la dirección viene determinada por la propiedad FLEX-DIRECTION. El orden de asignación es arbitrario, es decir, se puede realizar la asignación de la propiedad a través de la dirección y el ajuste, o a la inversa.

En general, se recomienda utilizar esta, y las demás formas abreviadas, debido a que su interpretación y renderizado se realiza algo más rápido.

6.2.1.8 PROPIEDAD FLEX-GROW

Especifica la relación de crecimiento del elemento con respecto a los demás. Entre sus posibles valores podemos encontrar un valor [NÚMERO] y que es un valor entero que indica, por decirlo así, el factor de multiplicación con respecto a los demás. Esto es, si todos los elementos de un contenedor flexible tienen un valor asignado de 1, menos uno que tiene un valor de 3, eso querrá decir que ese elemento será tres veces mayor que el resto.

6.2.1.9 PROPIEDAD FLEX-SHRINK

Especifica la relación de decrecimiento del elemento con respecto a los demás. Entre sus posibles valores podemos encontrar un valor [NÚMERO] y que es un valor entero que indica, por decirlo así, el factor de división con respecto a los demás. Esto es, si todos los elementos de un contenedor flexible tienen un valor asignado de 1, menos uno que tiene un valor de 3, eso querrá decir que ese elemento será tres veces menor que el resto.

6.2.1.10 PROPIEDAD FLEX-WRAP

Especifica si el elemento debe ajustarse o no al ancho del contenedor. Entre sus posibles valores podemos encontrar:

- ▶ **NOWRAP**: indica que el elemento no debe ajustarse. Es el valor por defecto.

- ▶ **WRAP**: indica que el elemento debe ajustarse si fuese necesario.

- ▶ **WRAP-REVERSE**: indica que el elemento debe ajustarse si fuese necesario, pero en orden inverso.

Por ejemplo, imaginemos que tenemos un contenedor flexible que tiene un ancho de 150 píxeles y, dentro, tiene definidos cuatro elementos de 40 por 40 píxeles cada uno. Dependiendo de cómo se establezca la propiedad FLEX-WRAP, debería producirse algo similar a uno de los siguientes resultados:

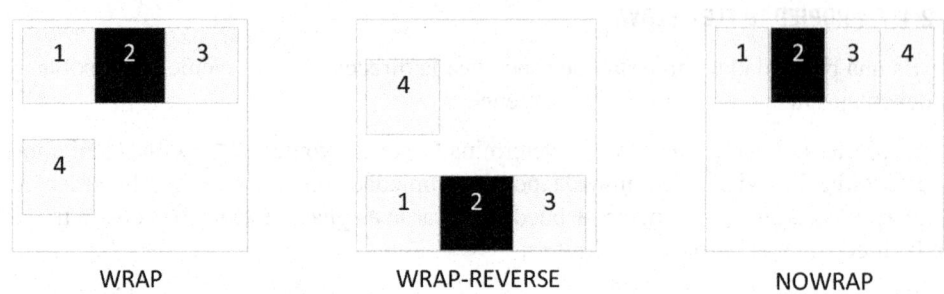

WRAP   WRAP-REVERSE   NOWRAP

6.2.1.11 PROPIEDAD JUSTIFY-CONTENT

Especifica la alineación horizontal para los elementos flexibles cuándo éstos no utilizan, o no cubren, todo el espacio disponible. Entre sus posibles valores podemos encontrar:

CENTER: indica que los elementos deben estar posicionados en la parte central del contenedor flexible.	1 **2** 3
FLEX-END: indica que los elementos deben estar posicionados a la derecha del contenedor flexible.	1 **2** 3
FLEX-START: indica que los elementos deben estar posicionados a la izquierda del contenedor flexible.	1 **2** 3
SPACE-BETWEEN: indica que los elementos deben ajustarse de forma que los espacios adyacentes sean iguales.	1 **2** 3
SPACE-AROUND: indica que los elementos deben ajustarse de forma que los espacios entre ellos sean iguales, a excepción del primer y último elemento, en donde los espacios, anterior al primer elemento, y posterior al último elemento, deben ser la mitad que el espacio que hay entre el resto de los elementos.	1 **2** 3

6.2.1.12 PROPIEDAD ORDER

Especifica el orden de un elemento flexible con respecto al resto de elementos que tiene a su mismo nivel. Entre sus posibles valores podemos encontrar un valor **[NÚMERO]** que es un valor entero el cual indica el orden de aparición en la horizontal de izquierda a derecha. Por defecto, su valor es 0.

Para verlo claro, si, por ejemplo, tuviésemos un contenedor flexible con tres elementos y no estableciésemos la propiedad ORDER, los elementos aparecerían colocados según orden de aparición, es decir, **1, 2, 3**. Sin embargo, si estableciésemos al primer elemento un ORDER: 2 y al segundo un ORDER: 1, lo que veríamos es que el orden de aparición en pantalla sería **2, 1, 3**.

6.2.2 Creación de flexbox responsive

La creación de una estructura tipo tabla a través de cajas flexibles puede llegar a ser una tarea bastante tediosa y con comportamientos algo indeseables, como que el ancho de las celdas no se suele ajustar al ancho del contenido. Sin embargo, responden muy bien a todo tipo de resoluciones.

Dicho esto, y para ayudar a comprender mejor todo esto de las cajas flexibles, vamos a intentar implementar el mismo conjunto de datos que usamos con las tablas.

Si nos fijamos en el resultado podremos ver que, siendo los mismos datos, el modo de presentarlos en pantalla es muy diferente. Esto es, básicamente, porque las cajas flexibles están pensadas para establecer contenidos adaptables en función del ancho y no para presentar datos como si fuesen tablas.

EJEMEPLO DE TABLA CON FLEXBOX CSS						
ID	Empresa	F. Movimiento	Tipo	Concepto	Importe	Estado
1	Consultores SA	30-12-2019	Ingreso	Nómina	+1268.00 €	Efectuado
2	Carrefour	01-01-2020	Recibo	Supermercado	-128.56 €	Efectuado
3	El Corte Inglés	03-01-2020	Recibo	Chaqueta hombre L-XL	-99.99 €	Efectuado
4	El Corte Inglés	03-01-2020	Recibo	Pantalón hombre M-L	-48.50 €	Efectuado

Para hacer esto basta con crear una estructura de datos a modo de un DIV contenedor que posea tantos DIV como filas tenga (incluyendo la cabecera y el título de la tabla) y, dentro de cada uno de estos, tantos DIV como columnas tenga cada fila. Algo como:

```
<div class="flexbox">
    <div class="caption">EJEMEPLO DE TABLA CON FLEXBOX CSS</div>

    <div class="row header">
        <div class="col">ID</div>
        <div class="col">Empresa</div>
        <div class="col">F. Movimiento</div>
        <div class="col">Tipo</div>
        <div class="col">Concepto</div>
        <div class="col">Importe</div>
        <div class="col">Estado</div>
```

```
    </div>

    <div class="row">
        <div class="col">1</div>
        <div class="col">Consultores SA</div>
        <div class="col">30-12-2019</div>
        <div class="col">Ingreso</div>
        <div class="col">Nómina</div>
        <div class="col">+1268.00 €</div>
        <div class="col">Efectuado</div>
    </div>

    <div class="row">...</div>
    ...
</div>
```

Después, sólo necesitaremos definir el sistema de cajas flexibles a las clases .ROW y .COL, y unos cuantos estilos adicionales:

Código CSS

```
.flexbox .caption { display: block; text-align: center; font-weight: 600;
                    background: #000; color: #fff; }
.flexbox          { border: 1px solid #ccc; }
.flexbox .row     { display: flex; width: 100%; max-width: 100%;margin: 0;}
.flexbox .col     { border: 1px solid #ccc; display: flex;
                    flex-flow: column nowrap; justify-content: flex-start;
                    align-items: flex-start; flex: 1 1 100%; margin: 1px;
                    padding: 0 5px; max-width: calc(100% / 7); }
.flexbox .header .col { font-weight: 600; }
```

6.3 DISEÑO BASADO EN CUADRÍCULAS (GRID LAYOUT)

El diseño basado en cuadrículas no es más que un sistema más actual para realizar diseños de estructuras bidimensionales. Sin embargo, tiene una gran diferencia y es que no requiere de contenedores diferenciables para filas y columnas ya que nos permite alinear los elementos a través de CSS, lo que ahorra en HTML y disminuye la carga del DOM (Document Object Model y representa la interfaz de programación para documentos HTML y XML), el cual se verá más adelante.

El diseño en Grid Layout se puede utilizar para obtener muy diversos resultados, pero desde una perspectiva diferente a las vistas hasta ahora. Dado que puede ser algo muy complicado y largo de explicar, aquí presentaremos lo más básico para empezar a trabajar. Si se desea más información se recomienda visitar la página de MDN Web Docs en *https://developer.mozilla.org/es/docs/Web/CSS/CSS_Grid_Layout* o la página de CSS Tricks *https://css-tricks.com/snippets/css/complete-guide-grid/*, la cual está en inglés.

6.3.1 Principales elementos disponibles en CSS

6.3.1.1 PROPIEDAD DISPLAY

Especifica que vamos a definir un contenedor de cuadrículas. Entre sus posibles valores podemos encontrar **GRID**, que indica que se va a definir un grid a nivel de bloque y **INLINE-GRID**, que indica que se va a definir un grid a nivel de línea.

6.3.1.2 PROPIEDADES GRID-TEMPLATE-ROWS Y GRID-TEMPLATE-COLUMNS

Especifican las filas y columnas de la cuadrícula mediante una lista de valores que definen el tamaño y espacio entre sus elementos separados por espacios. El tamaño puede ser descrito a través de una de las unidades de media de CSS o por la palabra clave **FR**, que es lo más frecuente y representa una fracción del espacio libre en la cuadrícula.

El siguiente ejemplo describiría un grid de 4 filas por 7 columnas:

```
.grid {
    display: grid;
    grid-template-columns: 1fr 1fr 1fr 1fr 1fr 1fr 1fr;
    grid-template-rows: 1fr 1fr 1fr 1fr;
    gap: 5px;
}
```

Suponiendo que tengamos un contenedor grid con 28 elementos de caja (p.e. DIV) como hijos directos. El resultado debería ser similar a:

6.3.1.3 PROPIEDADES GRID-ROW-START Y GRID-ROW-END, GRID-COLUMN-START, GRID-COLUMN-END

Especifican la ubicación de los elementos dentro de la cuadrícula haciendo referencia a posiciones específicas.

Mientras que las propiedades **GRID-COLUMN-START** y **GRID-ROW-START** son para asignar la posición donde comienzan, **GRID-COLUMN-END** y **GRID-ROW-END** son para posición donde terminan. Para que lo veamos un poco más claro, veamos el siguiente ejemplo:

```
.large-item {
  grid-column-start: 2;
  grid-column-end: five;
  grid-row-start: row1-start;
  grid-row-end: 3;
}
```

Suponiendo que tengamos un contenedor grid con 19 elementos de caja (p.e. DIV) como hijos directos. Si a uno de estos DIV le asignamos esta clase, el resultado debería ser similar a:

6.3.1.4 PROPIEDAD ALIGN-ITEMS Y JUSTIFY-ITEMS

Especifican cómo se deben distribuir los elementos horizontal y/o verticalmente. Estas propiedades son similares a sus homólogas de Flexbox ALIGN-ITEMS y JUSTIFY-CONTENT, pero en lugar de alinear elementos flexibles, alinea cuadrículas.

Entre sus posibles valores podemos encontrar STRETCH, que es el valor por defecto e indica que las cuadrículas se ajusten al alto disponible de la celda, START, que indica que los elementos se coloquen en la parte inicial de su celda, END, que indica que los elementos se coloquen en la parte final de su celda, CENTER, que indica que los elementos se coloquen en la parte central de su celda y BASELINE, que indica que los elementos se alineen a lo largo de la línea de base del texto.

Para que veamos un poco el comportamiento de estas propiedades lo mejor es que lo pongamos en práctica, sin embargo, a continuación, mostraremos un caso de uso particular que es cuando, ambas propiedades, están declaradas como CENTER.

```
.grid {
    display: grid;
    grid-template-columns: 1fr 1fr 1fr 1fr 1fr 1fr 1fr;
    grid-template-rows: 1fr 1fr 1fr 1fr;
    gap: 5px;
    align-items: center;
    justify-items: center;
}
```

El resultado debería ser similar a:

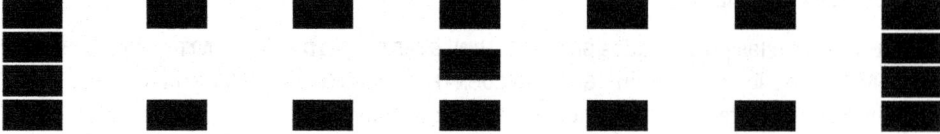

6.3.1.5 FUNCIÓN REPEAT Y LAS PALABRAS CLAVE

La función **REPEAT** es un método elegante que nos permite ahorrar tiempo a la hora de definir el tamaño de las cuadrículas o celdas. Por ejemplo, en vez de usar la definición anterior que se mostró en las propiedades **GRID-TEMPLATE-ROWS** y **GRID-TEMPLATE-COLUMNS**, podemos escribir:

```
.grid {
    display: grid;
    grid-template-columns: repeat(7, 1fr);
    grid-template-rows: repeat(4, 1fr);
    gap: 5px;
}
```

No obstante, la potencia de esta función reside en las palabras clave que puede utilizar. Entre sus posibles palabras clave hay que destacar **AUTO-FILL**, que indica que se ajusten tantas columnas como sea posible en una fila, incluso si, éstas, están vacías, **AUTO-FIT**, que indica que las columnas se coloquen según el espacio disponible y **MINMAX**, que indica o establece el ancho mínimo y máximo para cada cuadrícula o celda.

Por ejemplo, en el caso anterior que teníamos un grid con 28 celdas, y que respondería perfectamente con el código mostrado en la parte superior de este mismo apartado, podríamos haber definido un ajuste automático con unos valores de máximo y mínimo predefinidos:

```
.grid {
    display: grid;
    grid-template-columns: repeat(auto-fill, minmax(150px, 1fr));
    grid-template-rows: minmax(max-content, 1fr);
    gap: 5px;
}
```

Sin embargo, esta regla CSS tiene un gran problema y es que sólo nos resultará válida cuando el ancho del contenedor o elemento padre sea múltiplo entero del número de columnas, en este caso 7. La razón de por qué no sería válido es porque, en cuanto el ancho del contenedor o padre sea 8 o más, las celdas que deberían formar una columna se mostrarán en diagonal.

En realidad, este es un problema que hemos causado a propósito para ver una casuística específica, pero, al definir **GRID-TEMPLATE-COLUMNS** como un **REPEAT** sencillo y poner el **GRID-TEMPLATE-ROWS** como se indica en este último ejemplo, se consigue un comportamiento bastante similar al de las tablas de HTML, todo ello, con considerable menos código CSS.

6.3.2 Creación de grid responsive

La creación de una estructura tipo tabla a través de grids puede llegar a ser una tarea algo confusa si no se sabe muy bien lo que hacer, pero, al final resulta un método más que sencillo para formatear datos en dos dimensiones y responden muy bien a todo tipo de resoluciones.

Dicho esto, si nos fijamos en el resultado podremos ver que, siendo los mismos datos que hemos ido mostrando a lo largo de este capítulo, el modo de presentarlos en pantalla puede llegar a ser muy diferente a uno u otro modelo. Esto es, básicamente, porque las cuadrículas están pensadas para establecer contenidos adaptables en función del ancho y presentarlos como si fuesen tablas.

EJEMEPLO DE TABLA CON GRID CSS						
ID	Empresa	F. Movimiento	Tipo	Concepto	Importe	Estado
1	Consultores SA	30-12-2019	Ingreso	Nómina	+1268.00 €	Efectuado
2	Carrefour	01-01-2020	Recibo	Supermercado	-128.56 €	Efectuado
3	El Corte Inglés	03-01-2020	Recibo	Chaqueta hombre L-XL	-99.99 €	Efectuado
4	El Corte Inglés	03-01-2020	Recibo	Pantalón hombre M-L	-48.50 €	Efectuado

Para hacer esto basta con crear una estructura de datos a modo de un DIV contenedor que dentro posea dos DIV, uno para el título y otro para los datos. Dentro de este último DIV , deberemos establecer tantos DIV como filas y columnas se dispongan, es decir, deberemos establecer tantos DIV como celdas tenga el grid. Algo como:

```
<div class="grid">
    <div class="caption">EJEMEPLO DE TABLA CON FLEXBOX CSS</div>

    <div class="row">
        <div class="col">ID</div>
        <div class="col">Empresa</div>
        <div class="col">F. Movimiento</div>
        <div class="col">Tipo</div>
        <div class="col">Concepto</div>
        <div class="col">Importe</div>
        <div class="col">Estado</div>

        <div class="col">1</div>
        <div class="col">Consultores SA</div>
        <div class="col">30-12-2019</div>
        <div class="col">Ingreso</div>
        <div class="col">Nómina</div>
        <div class="col">+1268.00 €</div>
        <div class="col">Efectuado</div>

        <div class="col">2</div>
        ...
    </div>
</div>
```

Después, sólo necesitaremos definir el sistema de grid a la clase `.ROW` y unos cuantos estilos adicionales:

Código CSS

```css
.grid .row     { display: grid; grid-template-columns: repeat(7, 1fr);
                 grid-template-rows: minmax(max-content, 1fr);
                 padding: 1px 1px; border: 1px solid #ccc; }
.grid .caption { display: block; text-align: center; font-weight: 600;
                 background: #000; color: #fff; }
.grid .col     { border: 1px solid #ccc; margin: 1px; padding: 0 5px; }
.grid .row .col:nth-child(-n+7) { font-weight: 600; }
```

6.4 PRACTICA Y JUEGA

Juego: Flexbox Froggy	
	Se trata de aprender a manejar diseños basados en cajas flexibles mediante el uso de sus propiedades y dispone de 24 niveles explicados detalladamente en español. Se puede acceder desde la dirección *https://flexboxfroggy.com/#es*.

Juego: CSS Grid Garden	
	Se trata de aprender a manejar diseños basados en cuadrículas mediante el uso de sus propiedades y dispone de 28 niveles explicados detalladamente en español. Se puede acceder desde la dirección *https://cssgridgarden.com/#es*.

Maquetación CSS – Parte 4	Código QR
Corrige el CSS solicitado y juega a cambiar el HTML para realizar tu propia personalización. **https://codepen.io/pefc/pen/XWPMQPa**	

7

FORMULARIOS

Un formulario es un conjunto de controles que permiten al usuario interactuar con el documento o página. El objetivo de esta interacción suele ser, a menudo, la solicitud de información adicional o un mero intercambio de datos a petición del usuario.

Entre los diferentes controles que se pueden insertar o agregar a los formularios podemos encontrar acciones directas vinculadas a botones, solicitud de entradas de texto de una única línea, solicitud de entradas de texto multilínea, casillas de verificación, botones de única elección o tipo radio, selección de objetos y/o ficheros, entre otros.

En este capítulo vamos a ver los tipos básicos de formulario, cómo definirlos, cómo enviarlos, cómo hacerlos receptivos y, gran medida, cómo hacerlos usables y accesibles.

7.1 TIPOS DE FORMULARIO

Existen, fundamentalmente, cinco tipos de formulario que están definidos en función de su objetivo. Formularios de contacto, acceso, registro, suscripción y de entrada general.

No obstante, sea cual sea el tipo de formulario y su objetivo, para que cumpla con las expectativas de los clientes y con los requisitos establecidos por el RGPD (Reglamento General de Protección de Datos), deben incluir:

▶ Una casilla de verificación explícita con la que, los usuarios, puedan aceptar la política de privacidad del sitio. Por defecto, no puede estar seleccionada.

▶ Los enlaces pertinentes con la política de privacidad, el aviso legal, política de cookies, límite y responsabilidad, etcétera.

▶ Un texto, no demasiado largo, ni demasiado escueto, sobre qué datos se van a almacenar, quién será el responsable y cuál es el objetivo de dicho almacenamiento.

▶ Algún método para que el usuario ejerza su derecho a la eliminación de datos.

▶ Algún algoritmo de cifrado para que la información se gestione y manipule de forma encriptada. Esto es, que los datos que se envíen y/o almacenen estén codificados para evitar usos fraudulentos.

Únicamente se deben solicitar los campos que sean necesarios y estén bien justificados, es decir, no se debe solicitar una información concreta, como pueda ser tus hobbies, a no ser que se tenga una buena razón y esté justificada. Además, se debe tratar de conseguir que el medio sea lo suficientemente seguro y confiable, como para que invite a introducir los datos solicitados.

7.1.1 Formularios de contacto

Los formularios de contacto pueden llegar a ser un elemento clave en un sitio web porque permiten, o hacen posible, que la comunicación entre los usuarios y los proveedores sea directa y privada.

En general, un formulario de contacto debe solicitar sólo la información esencial para el proceso de comunicación. Esto es, no se deben pedir datos como la razón social, sitio web o teléfono sólo por fines comerciales o estadísticos.

Por ejemplo, el siguiente formulario podría ser considerado no fiable, además de ser ilegal.

CONTACTAR CON NOSOTROS

NOMBRE   **EMAIL**

Introduzca su nombre   Introduzca su correo electrónico

TELÉFONO   **SITIO WEB**

Opcional   Opcional

MENSAJE

ENVIAR MENSAJE

Como se puede apreciar en la ilustración anterior, el sitio web no es un dato necesario y, aunque sea un dato opcional, puede suscitar desconfianza e impedir que el usuario haga uso de él. Además, como se ha mencionado anteriormente, es ilegal puesto que no presenta el checkbox de Política de Privacidad, entre otras cosas.

A continuación, se muestra el mismo ejemplo, pero corregido.

CONTACTAR CON NOSOTROS

NOMBRE   Introduzca su nombre

EMAIL   Introduzca su correo electrónico

MENSAJE

☐ **Sí, acepto la política de privacidad**   ENVIAR MENSAJE

Texto explicativo sobre qué datos se almacenan, quién es el responsable, cuál es su objetivo y legitimación y, cómo se pueden eliminar los datos.

7.1.2 Formularios de suscripción

Los formularios de suscripción son, esencialmente, lo mismo que los formularios de contacto, pero más sencillos. Su objetivo es recuperar correos electrónicos para luego utilizarlos con fines comerciales o informativos.

En general, un formulario de suscripción sólo requiere de una caja de texto para recuperar el email, no obstante, es habitual pedir también el nombre para dirigirse a él. Por ejemplo, la siguiente ilustración podría una buena opción como formulario de suscripción.

7.1.3 Formularios de acceso

Los formularios de acceso son, junto con los formularios de contacto, los más recurrentes y utilizados en el mundo web. Su objetivo, como su propio nombre indica, es proporcionar acceso a información, productos o servicios que no están disponibles por vía pública o sin proporcionar una identidad.

En general, un formulario de acceso se caracteriza por tener dos cajas de texto para el nombre de usuario y contraseña, una casilla de verificación o botón de tipo interruptor para mantener la sesión iniciada, un enlace para recuperar la contraseña en supuesto caso de olvido y, evidentemente, un botón para acceder.

Los nombres de usuario se presentan con el texto visible y, a menudo, son el correo electrónico de los usuarios, aunque puede valer cualquier tipo de identificador único como un DNI, código de cliente, nombre de usuario, etcétera.

Las contraseñas suelen presentarse con el texto oculto, con asteriscos o puntos y, a menudo, suelen proporcionar un modo de cambiar a modo visible para ver el texto escrito.

A continuación, se muestra un ejemplo:

FORMULARIO DE ACCESO

Email o NIF

Contraseña

Mantener la sesión iniciada   NO

RECORDAR CONTRASEÑA   REGISTRARSE

ACCEDER

Si observamos la ilustración anterior, veremos que el campo contraseña tiene un icono de ojo que funciona como botón para cambiar el modo de presentación de ese campo. Si pulsamos una vez se pondrá en modo visible y seremos capaces de leer lo escrito, pero si pulsamos otra vez, volverá a ocultarse, mostrándose como la vemos ahora mismo.

Además, se ha puesto un botón de acceso al formulario de registro. Esta funcionalidad también es habitual, sobre todo, porque un registro también suele ser un acceso, una vez que ha finalizado el proceso.

7.1.4 Formularios de registro

Los formularios de registro suelen ir de la mano con los de acceso. Si bien, no siempre se ofrece la posibilidad de registrarse online, sí es lo más habitual.

En general, un formulario de registro se caracteriza por la presencia de campos propietarios como el nombre o email del usuario, pero también pueden contener elementos considerados información sensible como son la edad, género o país de nacimiento. La decisión de qué campos se deben solicitar al usuario debe estar regida por la lógica de negocio y el RGPD (Reglamento General de Protección de Datos). No obstante, recordemos que, cuantos menos campos se solicite, más cómodo y confiable podrá sentirse el usuario.

Los nombres de usuario para dicho registro son, a menudo, el correo electrónico de los usuarios, aunque puede valer cualquier tipo de identificador único como un DNI o código de cliente.

Las contraseñas suelen seguir un patrón estricto de definición para evitar la fácil recuperación a través de métodos como la fuerza bruta y uso fraudulento.

En general, podríamos decir que un buen patrón de contraseña es aquel que tiene, al menos, un carácter en mayúsculas, un carácter en minúsculas, un dígito o número, un carácter especial como pueda ser el símbolo de almohadilla o interrogación y con una longitud mínima de ocho caracteres.

Sobra decir que no se deben utilizar sustituciones de carácter a número como pueda ser sustituir la letra A por el número cuatro, ni fechas especiales como cumpleaños o aniversarios y, por supuesto, nada de nombres propios. Eso sí, hay que tratar de que sea fácil de recordar y difícil de adivinar.

A continuación, se muestra un ejemplo:

Cabe destacar que, es bueno que los campos de un formulario de registro se soliciten de forma que el usuario vaya tomando confianza de menos a más. Es decir, se debe tratar de conseguir que los usuarios confíen un poco más cada vez que se avanza en el proceso de registro. Esto es así porque puede pasar que un usuario no se sienta del todo cómodo si se le solicita primero la edad antes que el nombre de usuario y contraseña.

Por último, sólo destacar una cosa más. Si el formulario de registro requiere de muchos campos, es mejor que sean agrupados por contexto y solicitados en varios pasos o pantallas.

7.1.5 Formularios de entrada general

Los formularios de entrada general son aquellos formularios que tienen el propósito de recuperar una información concreta y que, por lo general, están pensados para cubrir las necesidades que no están cubiertas en las casuísticas anteriores.

Por ser algo más explícito, un formulario de propósito general podría ser un formulario de inserción de comentarios, de eventos o de inscripción a sorteos, concursos o juegos.

7.2 ELEMENTOS DISPONIBLES EN HTML5

Los elementos disponibles son bastantes y todos pueden manejar diferentes atributos, sin embargo, podemos destacar algunos por gran presencia en la definición y creación de formularios:

Atributo	Descripción
disabled	Especifica si el elemento está deshabilitado o no. Esta propiedad tendrá efecto con sólo declararla, es decir, en cuanto esté presente e independientemente de su valor, el elemento aparecerá deshabilitado, no obstante, suele declararse sin valor asignado. Es válido para todos los elementos, a excepción de form, datalist, label, legend, meter, output y progress.
id, autofocus	Estos atributos son globales y son válidos para cualquier elemento. Sin embargo, con respecto a los formularios el atributo id resulta fundamental para vincular los elementos label con los elementos de entrada como input, select o textarea.
form	Especifica el formulario al que pertenece el elemento cuando se declaran sus elementos fuera del ámbito del formulario. Por ello, el valor de este atributo debe ser el mismo que el indicado por el atributo id del elemento form, o de lo contrario, no se hará efectivo. Es válido para todos los elementos, a excepción de datalist, form, optgroup, option y progress.
sname	Especifica o asigna el nombre del elemento y se utiliza para recuperar el valor de los campos del formulario desde el lado del servidor. Si el valor de este atributo lleva asignado como sufijo [] (corchetes), el nombre actuará como si de un array numérico se tratase, en donde los distintos elementos a través de un índice, siendo, el índice CERO el primero y, N-1, el último. Es válido para todos los elementos a excepción de label, fieldset, legend, meter, optgroup, option, output.
value	Especifica el valor textual del elemento, por lo que no puede contener nada que no sea texto. Este atributo está en la definición de todos los elementos de formulario a excepción de los elementos form, label, fieldset, legend, output y textarea.

7.2.1 Elemento form

El elemento FORM especifica que el contenido que se va a representar es un formulario, es decir, una estructura de interacción, formada por uno o varios elementos, que permiten introducir datos y enviarlos al servidor para su procesamiento.

Los formularios pueden albergar muy diversos elementos con diferentes formatos y estructuras, pero los más comunes quizás sean INPUT, TEXTAREA, BUTTON, SELECT, OPTION, OPTGROUP, FIELDSET, LABEL y OUTPUT, los cuales se pasarán a ver a continuación.

Además de los comentados al comienzo de este apartado, entre los atributos que admite en su configuración, se deben destacar los siguientes:

Atributo	Descripción
`accept-charset`	Especifica la codificación de caracteres que se debe usar cuando se realice el envío del formulario. Su valor predeterminado es `UNKNOWN`, que indica que la codificación de caracteres a utilizar debe ser la misma que la del documento actual. Entre sus valores más frecuentes podemos encontrar la codificación `ISO-8859-1` y la codificación `UTF-8`.
`action`	Especifica el destino dónde enviar los datos, es decir, la dirección a la que se redirigirá cuando se vaya a realizar la acción de enviar los datos de formulario.
`autocomplete`	Especifica si el contenido que se va a representar debe ser manipulado por el navegador y herramientas de asistencia de manera automática. Sus posibles valores son **off**, que le indica al navegador que no se deben sugerir opciones automáticamente, **on**, que le indica al navegador que se deberían sugerir opciones automáticamente, pero sin indicar el tipo de dato que se espera recibir y **[valor]**, que le indica al navegador que se deberían sugerir opciones automáticamente y especificando el tipo de dato que se espera recibir, todas ellas descritas en la web de MDN Web Docs.
`enctype`	Especifica cómo se deben codificar los datos a enviar. Sus posibles valores son **application/x-www-form-urlencoded**, que es la opción por defecto e indica que se codifiquen todos los caracteres antes de enviarlos, **multipart/form-data**, que indica que no se codifiquen los caracteres y **text-plain**, que indica que sólo los espacios sean codificados como símbolos de suma.
`method`	Especifica el método de envío por el que se deben enviar los datos. Sus posibles son **GET**, que envía los datos del formulario como parámetros de la propia dirección o URL y **POST**, que los agrega como parte del cuerpo de la solicitud HTTP.
`novalidate`	Especifica si se deben validar los elementos del formulario o no y tendrá efecto con sólo declararlo, es decir, en cuanto esté presente, e independientemente de su valor, desactivará la validación de todos los elementos del formulario.
target	Especifica a qué contexto o ventana se enviará la información. Entre sus posibles valores los más frecuentes son **_blank**, que indica que se abra en una nueva pestaña o contexto, **_self**, que indica que se abra en la misma pestaña o contexto, **_parent**, que indica que se abra en la pestaña o contexto padre, **_top**, que indica que se abra en el primer elemento BODY de la ventana y **[nombre]**, que indica que se abra en el marco con ese nombre.

```
<form action="/action_page.php" method="get" name="frm">
    <!-- ... -->
</form>
```

7.2.2 Elemento button

El elemento BUTTON especifica que el contenido que se va a representar es una acción. Como veremos, a diferencia del elemento INPUT, el elemento BUTTON puede albergar una gran variedad de contenidos como, por ejemplo, una imagen, un texto o, incluso, otros elementos HTML.

Además de los comentados al comienzo de este apartado, entre los atributos que admite en su configuración, se deben destacar los siguientes:

Atributo	Descripción
formaction	Especifica el destino dónde enviar los datos, es decir, la dirección a la que se redirigirá cuando se vaya a realizar la acción de enviar los datos de formulario. Si cuando este atributo está presente, el atributo **action** del elemento **form** será anulado, pero puede ser una buena idea cuando se desea que el formulario que se está definiendo pueda ejecutar varias acciones que llevan a objetivos distintos.
formenctype	Especifica cómo se deben codificar los datos a enviar. Sus posibles valores son los mismos que los definidos en el atributo **enctype** del elemento **form**. Si cuando este atributo está presente, el atributo **enctype** del elemento **form** será anulado, pero puede ser una buena idea cuando se desea enviar un mismo formulario con diferentes tipos de codificación.
formmethod	Especifica el método de envío por el que se deben enviar los datos. Sus posibles valores son los mismos que los definidos en el atributo **method** del elemento **form**. Si este atributo está presente, el atributo **method** del elemento **form** será anulado, pero puede ser una buena idea cuando se desea enviar un mismo formulario con diferentes métodos.
formnovalidate	Especifica, con sólo declararlo, si se deben validar los elementos del formulario o no, por lo que, en cuanto esté presente, e independientemente de su valor, desactivará la validación del elemento de formulario. Si este atributo está presente, el atributo **novalidate** del elemento **form** será anulado, pero puede ser una buena idea cuando se desea validar el formulario en función de si se ejecuta una u otra acción.
formtarget	Específica a qué contexto o ventana se enviará la información. Si este atributo está presente, el atributo **target** del elemento **form** será anulado, pero puede ser una buena idea cuando se desea enviar un mismo formulario a diferentes ventanas o contextos. Sus posibles valores son los mismos que los definidos en el atributo **target** del elemento **form**.
type	Especifica el tipo de botón. Sus posibles valores son **submit**, que sirve para indicar que se proceda al envío de los datos del formulario, **button**, para que permita hacer clic sin enviar los datos del formulario y, **reset**, para indicar que se restablezcan todos los elementos del formulario a sus valores por defecto o preestablecidos.

```
<button type="submit"
        formaction="./pages/login-test-2.php"
        formmethod="POST"
        formenctype="multipart/form-data"
        formtarget="_blank">
        value="Probar test 2"
</button>
```

7.2.3 Elemento datalist

El elemento DATALIST especifica que el contenido que se va a representar es una lista de opciones predefinidas para un elemento INPUT.

La razón para utilizar este elemento es para proveer de una funcionalidad de autocompletado a los elementos INPUT. Los usuarios podrán ver las diferentes opciones como si de un desplegable se tratase, pero con la opción de ir buscando a través de coincidencias parciales proporcionadas mediante teclado.

Cabe destacar que el único atributo que necesita para funcionar es el atributo ID. El valor de este atributo debe coincidir exactamente con el valor del atributo LIST declarado en el elemento INPUT al que está asociado.

```
<input list="technologies">

<datalist id="technologies">
   <option value="HTML5">
   <option value="JavaScript">
   <option value="CSS3">
   <option value="SVG">
</datalist>
```

7.2.4 Elemento fieldset

El elemento FIELDSET especifica que el contenido que se va a representar es una agrupación de elementos relacionados. En general, y salvo excepciones, todos los agentes de usuario dibujan un cuadro alrededor de este elemento, equivalente a un estilo de borde.

```
<form action="./login.php">
    <fieldset>
        <legend>Acceso Privado</legend>

        <!-- ... -->
    </fieldset>
</form>
```

7.2.5 Elemento input

El elemento INPUT especifica que el contenido que se va a representar es una entrada de datos.

Una de las cualidades más importantes que tiene el elemento INPUT es que tiene una gran variedad de validaciones nativas. Por ejemplo, es posible definir un elemento de entrada que sólo admita números, que sólo admita fechas en un formato específico o que valide las reglas de nombres de los correos electrónicos.

Además de los comentados al comienzo de este apartado, entre los atributos que admite en su configuración, se deben destacar los siguientes:

Atributo	Descripción
accept	Especifica los tipos de archivo válidos cuando se utiliza un elemento **input** de tipo **file**. Todos los posibles valores que puede tomar este atributo están disponibles en la página web de en IANA Media Types (*http://www. iana.org/assignments/media-types/*), aunque, lo frecuente, es que tome un valor comodín como pueda ser **audio/***, **video/*** o **image/***, los cuales indican la aceptación de todas las extensiones de archivo para cada tipo.
alt	Permite especificar un texto alternativo para las imágenes que son definidas a través de un **input** tipo **image**.
autocomplete	Especifica si el contenido que se va a representar debe ser manipulado por el navegador y herramientas de asistencia de manera automática. Sus posibles valores son **off**, que le indica al navegador que no se deben sugerir opciones automáticamente, **on**, que le indica al navegador que se deberían sugerir opciones automáticamente, pero sin indicar el tipo de dato que se espera recibir y **[valor]**, que le indica al navegador que se deberían sugerir opciones automáticamente y especificando el tipo de dato que se espera recibir, todas ellas descritas en la web de MDN Web Docs.
checked	Especifica si el elemento está chequeado o no y sólo es válido para los elementos **input** de tipo **radio** o **checkbox**. Tendrá efecto con sólo declararlo, es decir, en cuanto esté presente e independientemente de su valor, el elemento se marcará como chequeado o seleccionado.
formaction	Especifica el destino dónde enviar los datos, es decir, la dirección a la que se redirigirá cuando se vaya a realizar la acción de enviar los datos de formulario. Si cuando este atributo está presente, el atributo **action** del elemento **form** será anulado, pero puede ser una buena idea cuando se desea que el formulario que se está definiendo pueda ejecutar varias acciones que llevan a objetivos distintos.
formenctype	Especifica cómo se deben codificar los datos a enviar. Sus posibles valores son los mismos que los definidos en el atributo **enctype** del elemento **form**. Si cuando este atributo está presente, el atributo **enctype** del elemento **form** será anulado, pero puede ser una buena idea cuando se desea enviar un mismo formulario con diferentes tipos de codificación.

`formmethod`	Especifica el método de envío por el que se deben enviar los datos. Sus posibles valores son los mismos que los definidos en el atributo `method` del elemento `form`. Si este atributo está presente, el atributo `method` del elemento `form` será anulado, pero puede ser una buena idea cuando se desea enviar un mismo formulario con diferentes métodos.
`formnovalidate`	Especifica, con sólo declararlo, si se deben validar los elementos del formulario o no, por lo que, en cuanto esté presente, e independientemente de su valor, desactivará la validación del elemento de formulario. Si este atributo está presente, el atributo `novalidate` del elemento `form` será anulado, pero puede ser una buena idea cuando se desea validar el formulario en función de si se ejecuta una u otra acción.
`formtarget`	Específica a qué contexto o ventana se enviará la información. Si este atributo está presente, el atributo `target` del elemento `form` será anulado, pero puede ser una buena idea cuando se desea enviar un mismo formulario a diferentes ventanas o contextos. Sus posibles valores son los mismos que los definidos en el atributo `target` del elemento `form`.
`height`	Especifica el alto del elemento en píxeles.
`list`	Especifica la lista de opciones predefinidas que se debe asociar a un elemento `input`. Este atributo sólo tiene sentido en combinación con el elemento `datalist` y su uso requiere que el valor del atributo `id` del `datalist` sea el mismo que el valor del atributo `list` del elemento `input`.
`max`	Especifica el valor máximo que puede aceptar o se puede introducir en el elemento.
`maxlength`	Especifica la longitud máxima, en caracteres, del valor que puede ser ingresado en el elemento.
`min`	Especifica el valor mínimo que puede aceptar o se puede introducir en el elemento.
`multiple`	Especifica que el elemento admite la selección o inserción de más de un valor. Sólo es válido para los elementos `input` de tipo `file`. Además, tendrá efecto con sólo declararlo, es decir, en cuanto esté presente e independientemente de su valor, el elemento permitirá la selección de múltiples valores.
`pattern`	Especifica la expresión regular con la que se validará la entrada de datos en el elemento. La expresión regular que utiliza es similar a la de JavaScript, no obstante, en la dirección *http://html5pattern.com/*, se pueden encontrar multitud de ejemplos aptos para ser utilizados. Sólo será válido para los elementos `input` de tipo `text`, `date`, `search`, `url`, `tel`, `email` y `password`.

placeholder	Especifica el texto que se debe mostrar cómo pista de datos válidos cuando el elemento no contenga un valor. En general es una buena idea usarlo para ayudar a la usabilidad y accesibilidad web y, si va asociado con otro atributo como **pattern**, la pista a proporcionar debe estar en concordancia con la validez de la entrada.
readonly	Especifica que el elemento no permitirá la inserción de nuevos valores ni la modificación de su valor actual. En cuanto esté presente, e independientemente de su valor, provocará que se ponga en modo de sólo lectura, no obstante, permitirá las acciones de seleccionar, resaltar o copiar.
required	Especifica que el elemento debe contener valor, aunque este sea un espacio en blanco, es decir, que no puede ser nulo ni vacío.
size	Especifica la ubicación del recurso externo que se desea cargar o mostrar y sólo será válido para los elementos **input** de tipo **image**.
src	Especifica la ubicación del recurso externo que se desea cargar o mostrar. Este atributo sólo es válido para los elementos **input** de tipo **image**.
step	Especifica el intervalo de incremento o decremento sobre el valor actual del elemento, es decir, el número de pasos que se deben sumar o restar al valor actual del elemento. Sólo será válido para los elementos **input** de tipo **datetime**, **datetime-local**, **date**, **month**, **number**, **range**, **time** y **week**.
type	Especifica el tipo de elemento **input**. Sus posibles valores son: • **button**: para indicar que es un botón. • **checkbox**: para indicar que es una casilla de verificación. • **date**: para indicar que es una fecha. • **datetime**: para indicar que es una fecha con hora. Sólo está soportado por Safari y Opera. • **Datetime-local**: para indicar que es una fecha con hora sin zona horaria. Sólo está soportado por Chrome, Microsoft Edge y Opera. • **email**: para indicar que es un correo electrónico. • **file**: para indicar que es un control para subir archivos al servidor. • **hidden**: para indicar que es un campo oculto. • **image**: para indicar que es una imagen. • **month**: para indicar que es un mes. Sólo está soportado por Chrome, Microsoft Edge y Opera. • **number**: para indicar que es un número real. • **password**: para indicar que es una contraseña. • **radio**: para indicar que es un botón de radio. • **reset**: para indicar que es un botón de restauración que reestablece los valores por defecto o preestablecidos. • **search**: para indicar que es un campo de búsqueda. • **tel**: para indicar que es un teléfono Actualmente sólo soportado por Safari. • **text**: para indicar que es una caja o campo de texto. • **time**: para indicar que es una hora. Actualmente no soportado por Safari. • **url**: para indicar que es una dirección web o URL. • **week**: para indicar que es un valor de semana. Sólo está soportado por Chrome, Microsoft Edge y Opera.
width	Especifica el ancho del elemento en píxeles.

```
<form action="/action_page.php" method="get" name="frm">
    <label for="field1">Campo de texto:</label>
    <input type="text" id="field1" name="field1">

    <label for="field2">Campo sólo números:</label>
    <input type="number" id="field2" name="field2">

    <label for="field3">Campo fecha:</label>
    <input type="date" id="field3" name="field3">

    <label for="field4">Campo URL:</label>
    <input type="url" id="field4" name="field4">

    <label for="field5">Campo para emails:</label>
    <input type="email" id="field5" name="field5">

    <label for="field6">Campo para teléfonos:</label>
    <input type="tel" id="field6" name="field6">

    <label for="field7">Campo para imágenes:</label>
    <input type="image" id="field7" name="field7">

    <label for="field8">Elemento para adjuntar archivos:</label>
    <input type="file" id="field8" name="field8">

    <label for="field9">Casilla de verificación:</label>
    <input type="checkbox" id="field9" name="field9">

    <label for="field10">Campo tipo radio:</label>
    <input type="radio" id="field10" name="field10">

    <label for="field11">Campo oculto:</label>
    <input type="hidden" id="field11" name="field11">

    <label for="submit">Botón enviar:</label>
    <input type="submit" id="submit" name="submit">

    <button type="submit">
        Guardar datos
    </button>
</form>
```

7.2.6 Elemento label

El elemento LABEL especifica que el contenido que se va a representar es una etiqueta para un elemento de formulario INPUT, METER, PROGRESS, SELECT o TEXTAREA.

Cuando se utiliza elemento LABEL, la estructura del documento se vuelve más legible y consistente. Además, beneficia tanto a la usabilidad web, como a la accesibilidad web porque los elementos pequeños como son las casillas de verificación pueden manipularse a través del elemento LABEL.

Además, al tener el control de formulario una etiqueta asociada, las herramientas de asistencia, como los lectores de pantalla, pueden leerla y comunicárselo a los usuarios con discapacidad visual total o parcial.

Además de los comentados al comienzo de este apartado, hay que destacar:

Atributo	Descripción
for	Especifica el **id** del elemento de formulario con el que está vinculada la etiqueta y funcionará como texto descriptivo de la entrada de datos.

```
<label for="name">Nombre:</label>
<input type="text" id="name" name="name">
```

7.2.7 Elemento legend

El elemento LEGEND especifica que el contenido que se va a representar es un título para un elemento FIELDSET.

```
<form action="./login.php">
    <fieldset>
        <legend>Acceso a ejemplo.com</legend>

        <!-- ... -->
    </fieldset>
</form>
```

Su uso es necesario para la semántica web y la accesibilidad web, por lo que siempre debería estar presente, aunque no esté visible.

7.2.8 Elemento meter

El elemento METER especifica que el contenido que se va a representar es una medición escalar, es decir, como una barra de progreso con rango conocido o valor fraccional.

Además de los comentados al comienzo de este apartado, entre los atributos que admite en su configuración, se deben destacar los siguientes:

Atributo	Descripción
high	Especifica el valor a partir del cual se considera que es un valor alto, siendo este, igual o menor que el valor del atributo **max**.
low	Especifica el valor a partir del cual se considera que es un valor bajo, siendo este, igual o menor que el valor del atributo **min**.
max	Especifica el valor máximo que puede aceptar o se puede introducir en el elemento.
min	Especifica el valor mínimo que puede aceptar o se puede introducir en el elemento.
optimum	Especifica el valor a partir del cual se considera que es un valor optimo, siendo este, mayor que el valor del atributo **min** y menor que el atributo **max**.

```
<meter id="available-space" value="324" min="0" max="1024">
    324MB libres de 1024 MB
</meter>
```

Cabe destacar que, aunque pueden parecerse, una medición escalar no es una barra de progreso. Por esta razón, el elemento METER no debe utilizarse para mostrar valores de progreso. El correcto uso de este elemento es para uso o capacidad de disco, para indicar el valor de tareas que tuvieron éxito en un conjunto definido o situaciones similares.

7.2.9 Elemento optgroup

El elemento OPTGROUP especifica que el contenido que se va a representar es un grupo de opciones relacionadas de un elemento SELECT.

Además de los comentados al comienzo de este apartado, hay que destacar:

Atributo	Descripción
label	Especifica la etiqueta que se mostrará para diferenciar el grupo de opciones relacionadas y sólo será aplicable para los elementos **optgroup** que sean descendientes directos de un elemento **select**.

```
<select id="motorcycles">
    <optgroup label="Harley Davidson">
        <option value="01">Sportster</option>
        <option value="02">Softail</option>
        <option value="03">Touring</option>
    </optgroup>
    <optgroup label="Indian">
        <option value="04">Chief</option>
        <option value="05">Springfield</option>
        <option value="06">Scout Sixty</option>
    </optgroup>
</select>
```

7.2.10 Elemento option

El elemento OPTION especifica que el contenido que se va a representar es una opción para elemento SELECT.

Además de los comentados al comienzo de este apartado, entre los atributos que admite en su configuración, se deben destacar los siguientes:

Atributo	Descripción
label	Especifica la etiqueta que se mostrará para diferenciar el grupo de opciones relacionadas y sólo será aplicable para los elementos **optgroup** que sean descendientes directos de un elemento **select**.
selected	Especifica si la opción debe marcarse como seleccionada.

```
<select id="rate">
    <option value="01">Mala</option>
    <option value="02">Media</option>
    <option value="03">Buena</option>
</select>
```

7.2.11 Elemento output

El elemento OUTPUT especifica que el contenido que se va a representar es el resultado de una operación. Esto puede ser una buena opción a implementar cuando se trata de mostrar el resultado de una operación en dónde el usuario introduce varios valores a través de elementos INPUT.

Además de los comentados al comienzo de este apartado, hay que destacar:

Atributo	Descripción
for	Especifica los id de los elementos de formulario con los que se operará para mostrar el resultado en el elemento **output**.

```
<form oninput="res.value=parseInt(op1.value) + parseInt(op2.value)">
    <label>Suma de dos operandos</label>

    <input type="range" id="op1" value="50">100
    +
    <input type="range" id="op2" value="50">
    =
    <output name="res" for="op1 op2">100</output>
</form>
```

7.2.12 Elemento progress

El elemento PROGRESS especifica que el contenido que se va a representar es una barra de progreso.

Además de los comentados al comienzo de este apartado, hay que destacar:

Atributo	Descripción
max	Especifica el valor máximo que puede aceptar o se puede introducir en el elemento.

```
<form oninput="res.value=parseInt(op1.value) + parseInt(op2.value)">0
    <label>Progreso de instalación</label>
    <progress id="progress" value="54" max="100"> 54% </progress>
</form>
```

Cabe destacar que, aunque puedan parecerse, una barra de progreso no es una medición escalar. Por esta razón, el elemento PROGRESS no debe utilizarse para mostrar valores indicadores. El correcto uso de este elemento es únicamente para mostrar cómo progresa, o ha progresado, una tarea o proceso.

7.2.13 Elemento select

El elemento SELECT especifica que el contenido que se va a representar es un desplegable con una lista de opciones predefinida.

Además de los comentados al comienzo de este apartado, entre los atributos que admite en su configuración, se deben destacar los siguientes:

Atributo	Descripción
multiple	Especifica que el elemento admite la selección o inserción de más de un valor.
required	Especifica que el elemento debe contener valor, aunque este sea un espacio en blanco, es decir, que no puede ser nulo ni vacío.
size	Especifica el ancho en caracteres que debe tener el elemento.

```
<select id="rate">
    <option value="01">Mala</option>
    <option value="02">Media</option>
    <option value="03">Buena</option>
</select>
```

7.2.14 Elemento textarea

El elemento TEXTAREA especifica que el contenido que se va a representar es una caja de texto con la opción de multilínea, es decir, un control de entrada de datos de múltiples líneas.

Además de los comentados al comienzo de este apartado, entre los atributos que admite en su configuración, se deben destacar los siguientes:

Atributo	Descripción
cols	Especifica la anchura, en caracteres, del elemento.
maxlength	Especifica la longitud máxima, en caracteres, del valor que puede ser ingresado en el elemento.
placeholder	Especifica el texto que se debe mostrar como pista de datos válidos cuando el elemento no contenga un valor. En general es una buena idea usarlo para ayudar a la usabilidad y accesibilidad web y, si va asociado con otro atributo como **pattern**, la pista a proporcionar debe estar en concordancia con la validez de la entrada.
readonly	Especifica que el elemento no permitirá la inserción de nuevos valores ni la modificación de su valor actual. En cuanto esté presente, e independientemente de su valor, provocará que se ponga en modo de sólo lectura, no obstante, permitirá las acciones de seleccionar, resaltar o copiar.

required	Especifica que el elemento debe contener valor, aunque este sea un espacio en blanco, es decir, que no puede ser nulo ni vacío.
rows	Especifica la altura del elemento en líneas de caracteres.
wrap	Especifica si el texto debe incluir o no la definición de nuevas líneas cuando se realiza el envío del formulario para que se ajuste al ancho del elemento establecido. Sus posibles valores son **hard** y **soft**, los cuales indican que se agreguen nuevas líneas al texto enviado o no, respectivamente. El carácter de nueva línea añadido al texto será en base al valor del atributo **cols**, es decir, cuando el texto llegue a la longitud establecida por **cols**, agregará o no un nuevo salto de línea en función de si el atributo **wrap** está o no establecido a **hard**. El uso de este atributo no se recomienda si se desea mantener un buen nivel de usabilidad y accesibilidad web puesto que puede provocar pérdidas en la legibilidad de los datos si no se utiliza adecuadamente.

```
<textarea id="desc" rows="24" cols="80"></textarea>
```

7.3 ELEMENTOS DISPONIBLES EN CSS

CSS no presenta ninguna propiedad específica para elementos de formulario, sin embargo, cabe destacar que estos elementos pueden aprovecharse de las mismas ventajas que cualquier otro elemento de bloque o caja. Es decir, pueden ser personalizados con propiedades de todo tipo, como son FONT-FAMILY, TEXT-ALIGN, POSITION, DISPLAY, WIDTH, HEIGHT, PADDING, MARGIN, BORDER, BACKGROUND, ...

No obstante, entre todas ellas, cabe destacar dos:

7.3.1 Propiedad box-sizing

Especifica cómo deben asignarse y calcularse el alto y ancho de los elementos. Esto es, si deben incluir los márgenes internos (padding) y/o los bordes, o no. Entre sus posibles valores podemos encontrar CONTENT-BOX, que es el valor por defecto e indica que se debe incluir sólo el contenido, e ignorar los márgenes internos y bordes y, BORDER-BOX, que indica que se deben incluir el contenido, padding y bordes.

ⓘ **NOTA**

En general, se puede afirmar que, trabajar con cajas o capas incluyendo los márgenes internos y los bordes es más fácil de manejar y facilita el diseño adaptativo, aunque no siempre.

7.3.2 Propiedad resize

Especifica si los elemento TEXTAREA deben permitir la manipulación del tamaño del elemento desde la interfaz que presenta el agente de usuario. Sus posibles valores son NONE, que indica que el usuario no puede cambiar el tamaño del elemento, HORIZONTAL, que indica que el usuario puede cambiar, únicamente, el tamaño del elemento horizontalmente, VERTICAL, que indica que el usuario puede cambiar, únicamente, el tamaño del elemento verticalmente y BOTH, que indica que el usuario puede cambiar el tamaño del elemento en ambas direcciones.

> (i) **NOTA**
>
> Aunque esta propiedad puede resultar muy útil, su soporte está bastante limitado. De hecho, no está soportado por Microsoft Edge 78 o inferior, ni Opera 14 o inferior.

```
textarea { resize: none; }
```

7.4 PRACTICA Y JUEGA

Prueba de formulario	Código QR
Averigua qué elementos de formulario no se deberían solicitar en la página registro del siguiente ejemplo. **https://codepen.io/pefc/full/PodjamM**	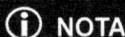

8

INTRODUCCIÓN A JAVASCRIPT

JavaScript es un lenguaje de programación interpretado, basado en el estándar ECMAScript (European Computer Manufacturer's Association Script). Se caracteriza por ser un lenguaje de programación orientado a eventos y basado en prototipos, dinámico y no demasiado tipado.

Sus orígenes se sitúan en 1995 y su nombre original era Mocha. Sin embargo, no tardó mucho en ser renombrado a LiveScript hasta que, finalmente, fue bautizado como JavaScript. La razón de este último cambio fue porque Sun Microsystems (propietaria de Java) compró Netscape y, como estrategia de marketing, decidió llamarlo como su "perla" más preciada. En resumen, que JavaScript no es el lenguaje script de Java.

Cabe destacar que ya, en el año 2012, todos los navegadores soportaban el estándar ECMAScript 5.1, con alguna excepción. No obstante, fue en el año 2015 cuando JavaScript alcanzó casi todo su potencial, con la llegada de ECMAScript 6.

El uso que se le da a JavaScript está, básicamente, en el lado del cliente y son los navegadores quienes lo implementan como parte de su potencial. Es por esta razón que muchas sentencias, métodos y eventos no funcionan igual, dependiendo de en qué navegador estemos trabajando y puede que, incluso, algunas funcionalidades ni siquiera, funcionen. Por suerte parece que, no tardando mucho, esto va a cambiar.

También existe, como muchos sabrán, un JavaScript que trabaja en el lado del servidor, aunque su uso está más encaminado a la programación orientada a objetos, desarrollo de microservicios y diseño de aplicaciones con alta carga de computación.

En lo referente a su sintaxis, JavaScript resulta tener un cierto parecido con Java, sin embargo, fue construido basándose en la sintaxis de C.

8.1 VARIABLES Y ÁMBITOS

Cuando se trabaja con JavaScript pueden surgir muchas dudas y, por ello, hay que tener claro lo que es una variable y cuál es su ámbito.

8.1.1 Declaración de variables

Como en casi todos los lenguajes de programación, los identificadores de variables sólo pueden empezar por una letra mayúscula, minúscula, guion bajo o símbolo dólar. No se permiten nombres de variables que empiecen por otros símbolos o dígitos y no admiten ningún tipo de operador lógico o matemático.

Para declarar una variable podemos recurrir a tres palabras reservadas, dependiendo de la versión de ECMAScript que tengamos disponible en el navegador.

Hasta no hace tanto, la más frecuentemente utilizada es la palabra reservada VAR, ya que era la más compatible con todas las versiones de ECMAScript y la menos restrictiva y más compatible entre navegadores, incluyendo Internet Explorer 11.

```
var fechaActual = new Date();
```

Sin embargo, hoy en día, la forma más extendida para realizar la declaración de variables es a través de la palabra reservada LET.

```
let fechaActual = new Date();
```

Mientras que el uso de VAR permite la redefinición o sobreescritura de variables, este tipo de declaración no. Una vez que se haya realizado la primera definición, no se permitirá que el nombre de la variable pueda volver a ser definida dentro del mismo contexto o bloque, no obstante, esta limitación puede ayudar a evitar errores debidos a la sobreescritura accidental.

Existe forma disponible para realizar la declaración de variables y es a través de la palabra reservada CONST.

```
const fechaActual = new Date();
```

En este caso, la principal diferencia es que, mientras que VAR y LET permiten la reasignación de valores, CONST define el identificador como una declaración de constante y prohíbe su reasignación.

8.1.2 Ámbito de las variables

El ámbito de las variables es un tema, a veces, complicado. Sea cual sea el lenguaje de programación siempre se producen confusiones sobre su origen y cómo afectan las variables, por ello, empezaremos por lo básico.

El ámbito de una variable, también conocido como scope, es el bloque o parte del código donde, esa variable, se define y está accesible. En JavaScript, los ámbitos sólo pueden ser dos: global y local.

Aunque es un poco más complejo, podríamos decir que, cuando se accede o utiliza una variable, primeramente, se busca en la parte del código o bloque que está delimitado por las llaves (el ámbito local). Más tarde, si no encuentra la declaración de esa variable en ese ámbito, se busca en los ámbitos locales de sus bloques padre hasta llegar al ámbito global, que, como ya veremos, es el objeto global (`WINDOW`).

Imaginemos una situación sencilla en la que tenemos unas funciones que operan con una variable externa a las funciones.

```
let total = 0;

function suma(a, b) {
    let aux = a + b;
    total = aux;
}

function resta(a, b) {
    let aux = a - b;
    total = aux;
}
```

Si observamos el código anterior, podremos ver que, la variable AUX, se ha definido dentro de los ámbitos locales (los delimitados por las llaves de las funciones) y que, la variable TOTAL se ha definido en el ámbito global, lo que permite que pueda ser accedida y actualizada desde las funciones SUMA y RESTA (las cuales generan un ámbito local dependiente del ámbito global, que es el ámbito padre).

Gráficamente, podríamos decir que es como una pila que va añadiendo elementos y que se caracteriza porque los elementos, que están definidos dentro de un cuadro o bloque, pueden acceder a los elementos que los engloban. Es decir, algo como:

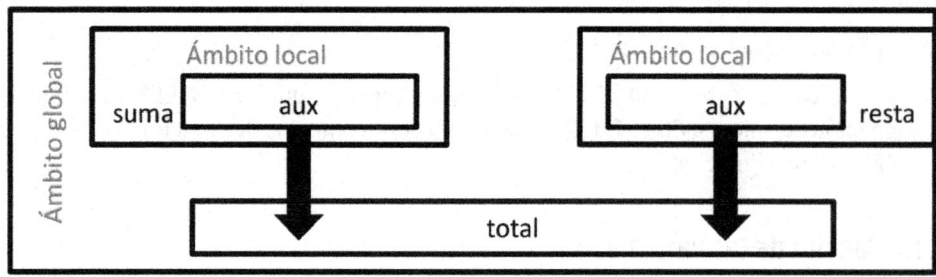

Como la variable TOTAL ha sido definida en el ámbito global, las funciones SUMA y RESTA pueden acceder a la variable y actualizarla. Por tanto, una forma simple de definir el ámbito global es "aquel que puede ser accedido desde cualquier punto del script o programa".

Como las variables definidas como AUX están declaradas en los bloques delimitados por llaves, su ámbito será local y no podrán ser accedidas o utilizadas desde fuera de su propio ámbito.

En resumen, la declaración y uso de variables se establece de forma jerarquizada en dirección ascendente, es decir, lo que no esté en el nivel actual, será buscado en los niveles superiores y, si no lo encuentra, es cuando se producirá un error de referenciación.

8.2 TIPOS DE DATOS

JavaScript dispone de dos tipos de datos que son identificados como primitivos y objetos. Sin embargo, en JavaScript, como se verá más adelante, todo puede ser considerado como un objeto, incluyendo los valores primitivos.

Los **tipos de datos primitivos** son los que representan un único dato, son inmutables y no tienen métodos. Los **tipos de datos objeto** son los que representan una o varias colecciones de datos primitivos y permiten su manipulación a través de propiedades y/o métodos.

Como norma se puede afirmar que todo tipo de datos tiene, entre sus propiedades, la propiedad **CONSTRUCTOR** que devuelve la función constructora nativa y, dependiendo de cada caso, la propiedad **LENGTH**, que devuelve la longitud de la cadena o el objeto y la propiedad **PROTOTYPE**, que permite u ofrece la posibilidad de añadir nuevas propiedades y métodos a los objetos.

A su vez, también es importante destacar que JavaScript presenta una característica denominada autoconversión de tipos que hace que, si los operandos no son del mismo tipo (esto es, no son todos numéricos, booleanos, de cadena, ...), el sistema realizará una conversión de tipos automática antes de realizar la operación.

Como ejemplo de autoconversión de tipos, si se suma un número con una cadena, el resultado será una cadena. Si se suma un booleano con una cadena, el resultado será numérico, pero, si se suma un booleano con un valor numérico, el resultado será de tipo numérico (esto es porque, en JavaScript, **true** equivale a 1 y **false** equivale a 0).

8.2.1 Tipo String

El objeto STRING se utiliza para el tratamiento de cadenas de texto. Este tipo, además, provee de un constructor asociado que permite realizar conversiones explícitas.

```
String(4);              // Devuelve "4"
String(true);           // Devuelve "true"
String(String(5));      // Devuelve "5"
String(var);            // Devuelve error de sintaxis
```

8.2.1.1 PROPIEDADES

Además de las propiedades **CONSTRUCTOR** y **PROTOTYPE**, el objeto STRING presenta, esencialmente, las siguientes propiedades:

Propiedad	Descripción y ejemplo
length	Devuelve la longitud de la cadena, en unidades de código UTF-16. `"Hola".length;` `// devuelve 4`

8.2.1.2 MÉTODOS

El número de métodos disponibles para este objeto es elevado, por lo que, a continuación, se muestran los más utilizados:

Método	Descripción y ejemplo
charAt	Devuelve el carácter correspondiente a la posición proporcionada por parámetro. Por defecto, la posición es 0. `"Hola".charAt(0);` `// devuelve "H"`
charCodeAt	Devuelve el código Unicode del carácter que corresponda a la posición proporcionada por parámetro. Por defecto, la posición es 0. `"Hola".charCodeAt(0);` `// devuelve 72`
endsWith	Devuelve un booleano que indica si la cadena termina con la subcadena proporcionada por parámetro. `"Hola".endsWith("do");` `// devuelve false`
indexOf	Devuelve la primera posición en la que aparezca la subcadena proporcionada por parámetro. Si el resultado de la búsqueda fue infructuoso, el resultado será -1. Tiene un segundo parámetro opcional que indica desde qué posición se debe empezar a buscar y que, por defecto, es 0. Es sensible a mayúsculas y minúsculas. `"aa".indexOf("A",0);` `// devuelve -1`
lastIndexOf	Este método presenta los mismos argumentos al anterior, con la salvedad de que busca desde el final hasta el principio. `"aa".lastIndexOf("a");` `// devuelve 1`

match	Permite encontrar coincidencias en una cadena mediante expresiones regulares, las cuales se verán más adelante.
	
	`"Hola m".match(/m/i);`
	`// devuelve un objeto array con:`
	`['m', index: 5, input: 'Hola m', groups: undefined]`

replace	Permite realizar reemplazos en una cadena a través de otra cadena o una expresión regular, las cuales se verán más adelante.
	
	`"Palabra".replace("a", "");` `// devuelve "Plabra"`
	`"Palabra".replace(/a/ig, "4");` `// devuelve "P4l4br4"`

search	Devuelve la posición de la primera aparición de la cadena proporcionada por parámetro. Aunque este método acepta cadenas como parámetro, si esto se produce, será transformado de forma automática a una expresión regular, las cuales se verán más adelante. `"Hola mundo".search("mundo");` `// devuelve 5`
slice	Devuelve el fragmento de la cadena que esté comprendido entre las posiciones proporcionadas por parámetro. Aunque puede resultar similar al método SUBSTRING, sus resultados pueden ser muy diferentes. `"Hola mundo".slice(0, 4);` `// devuelve "Hola"`
split	Devuelve un array con todos los fragmentos de cadena que resulten de dividir la cadena origen a través otra cadena o expresión regular proporcionada por parámetro. `"Hola mundo".split(" ");` `// devuelve ["Hola", "mundo"]`
starsWith	Devuelve un booleano que indica si la cadena empieza por el valor proporcionado por parámetro. Acepta un segundo parámetro que indica dónde se debe empezar a realizar la búsqueda. Por defecto es 0. `"Hola mundo".startsWith("mundo", 5);` `// devuelve true`
substr	Devuelve el fragmento de cadena que empieza por la posición indicada en el primer parámetro y cuya longitud es el valor proporcionado por el segundo. `"Hola mundo".substr(1,6);` `// devuelve "ola mu"`
substring	Devuelve el fragmento de cadena que se encuentre entre las posiciones proporcionadas por los parámetros. Aunque puede resultar similar al método SLICE, sus resultados pueden ser muy diferentes. `"Hola mundo".substring(1,6);` `// devuelve "ola m"`
toLowerCase	Devuelve la cadena convertida a minúsculas. `"hOla".toLowerCase("");` `// devuelve "hola"`

`toUpperCase`	Devuelve la cadena convertida a mayúsculas.
	`"mUndo".toUpperCase("");` `// devuelve "MUNDO"`
`trim`	Devuelve la cadena sin los espacios en blanco que puedan existir en los extremos.
	`"Hola    ".trim();` `// devuelve "Hola"` `"    mundo    ".trim();` `// devuelve "mundo"`

8.2.1.3 CONVERSIÓN DE STRINGS

Además de poder realizar conversiones a través de su constructor, el tipo **String** también permite hacer conversiones mediante otras funciones como, por ejemplo, **parseInt** y **parseFloat**, las cuales permiten hacer transformaciones de tipo Strings a tipo número.

```
parseInt("4")                  // Devuelve 4
parseInt("hola")               // Devuelve NaN (no es un número)
parseInt("21 calles")          // Devuelve 21
parseInt("1e3")                // Devuelve 1
parseFloat("1.5")              // Devuelve 1.5
parseFloat("1,5")              // Devuelve 1
String(new Date()              // Devuelve la fecha actual en formato GMT
```

8.2.1.4 FORMATEADO DE STRINGS

JavaScript dispone de varias opciones para formatear texto, desde construcciones a través de literales de cadena, hasta secuencias escapadas en hexadecimal o Unicode.

```
/* Literales de cadena */
'Esto es un literal de cadena'
"Esto es otro literal de cadena"

/* Secuencia escapada en hexadecimal */
"\x41"      // Devuelve "A"

/* Secuencia escapada en Unicode */
"\u0041"      // Devuelve "A"
```

Como se puede apreciar, los literales de cadena no tienen nada de especial, no obstante, el escapado puede ser interesante en varios ámbitos como, por ejemplo, en situaciones dónde se necesita mostrar símbolos especiales o iconos.

En ECMAScript 6 existe una forma adicional de escapar texto, mediante el uso de puntos de escape. Esta anotación permite que, cualquier carácter, pueda ser escapado utilizando valores hexadecimales comprendidos entre 0x000000 y 0x10FFFF, o lo que es lo mismo, entre 0 y 1048576. Además, resulta interesante porque evita tener que escribir códigos Unicode dobles.

```
console.log('\u{1F440}', "\uD83D\uDC40");
```

La línea de código anterior muestra el icono de ojos Emoji de Unicode (👀). La anotación de la izquierda está representada con codificación HTML Entity hexadecimal. La anotación de la derecha está representada con codificación C/C++/Java.

Todos los ejemplos anteriores representan valores en una única línea, no obstante, también existe la posibilidad de trabajar en modo multilínea. El modo multilínea se puede realizar de dos formas, con ayuda del símbolo de barra invertida, o a través de literales de plantilla.

```
/* Literales de cadena multilínea */
console.log('Nombre: Pablo\n\
Apellidos: Fernández');

/* Literales de plantilla (sólo con ES6 y superiores) */
console.log(`Nombre: Pablo
Apellidos: Fernández`);
```

Si ejecutásemos estos fragmentos de código, comprobaremos que imprimen exactamente lo mismo, sin embargo, si ahora quisiéramos insertar una variable como parte de la expresión de cadena, en la primera forma tendríamos que "cortar" por el medio y establecer el nombre de la variable.

```
let nombre = 'Pablo';

console.log('Nombre:\t\t' + nombre + '\n\
Apellidos\t: Fernández');
```

Pero, en la segunda forma, es posible hacerlo sin tener que "cortar" por medio. Esto es gracias a lo que denominan la anotación "Syntactic Sugar", la cual se caracteriza porque el nombre de la variable va asignado entre llaves dentro del mismo literal, lo que facilita su lectura o proporciona algo más de limpieza.

```
let nombre = 'Pablo';

console.log(`Nombre:\t\t${nombre}
Apellidos:\tFernández`);

// Ambos fragmentos de código deberían mostrar algo como:
Nombre:     Pablo
Apellidos:  Fernández
```

8.2.2 Tipo Number

El tipo **Number** se utiliza para el tratamiento de números enteros, decimales o exponenciales. Este tipo, además, provee de un constructor asociado que puede ser utilizado para realizar una conversión explícita.

```
Number("4");          // Devolverá 4
Number("Hola")        // Devolverá NaN porque no es un número
Number("21 calles")   // Devolverá NaN porque no es un número
Number(1e3)           // Devolverá 1000
```

```
Number(true);              // Devolverá 1
Number(false);             // Devolverá 0
```

8.2.2.1 PROPIEDADES

Además de las propiedades **CONSTRUCTOR** y **PROTOTYPE**, el objeto NUMBER presenta, esencialmente, las siguientes propiedades:

Propiedad	Descripción y ejemplo
EPSILON	Devuelve la diferencia entre el valor 1 y el número de punto flotante más pequeño mayor que 1. `0.2 > Number.EPSILON;                // devuelve true`

MAX_SAFE_INTEGER	Devuelve el entero seguro máximo en JavaScript, que en este caso es $(2^{53} - 1)$.
	
	`Number.MAX_SAFE_INTEGER`
	`// Devuelve 9007199254740991`

MAX_VALUE	Devuelve el mayor valor numérico representable en JavaScript.
	
	`Number.MAX_VALUE`
	`// Devuelve 1.7976931348623157e+308`

MIN_SAFE_INTEGER	Devuelve el entero seguro máximo en JavaScript, que en este caso es $-(2^{53} - 1)$.
	
	`Number.MAX_SAFE_INTEGER`
	`// Devuelve -9007199254740991`

MIN_VALUE	Devuelve el menor valor numérico representable en JavaScript. `Number.MAX_VALUE                         // Devuelve 5e-324`
NaN	Devuelve una representación comparable de un valor que se identifica como Not-A-Number. `"a+2" == Number.NaN                 // Devuelve false`
POSITIVE_INFINITY	Devuelve una representación comparable del valor infinito positivo. `Number.NEGATIVE_INFINITY         // Devuelve Infinity`
NEGATIVE_INFINITY	Devuelve una representación comparable del valor infinito positivo. `Number.NEGATIVE_INFINITY          // Devuelve -Infinity`

8.2.2.2 MÉTODOS

El número de métodos disponibles para este objeto es elevado, por lo que, a continuación, se muestran los más utilizados:

Propiedad	Descripción y ejemplo

`isFinite`	Devuelve un booleano que indica si el valor proporcionado por parámetro es o no un valor finito. Sólo es efectivo cuando se utiliza en conversiones.
	
	`isFinite(200);` `// devuelve true`
	`isFinite("Hola");` `// devuelve false`

`isNaN`	Devuelve un booleano que indica si el valor proporcionado por parámetro es o no un valor numérico. Sólo es efectivo cuando se utiliza en conversiones.
	
	`isNaN("200");` `// devuelve false`
	`isNaN("hola");` `// devuelve true`

`toExponential`	Devuelve el número proporcionado por parámetro en notación exponencial. `(2.1).toExponential(3);` `// devuelve "2.100e+0"`
`toFixed`	Devuelve el número en notación decimal con el número de decimales indicado por el parámetro. `(2.1).toFixed(3);` `// devuelve "2.100"`

`toPrecision`	Devuelve el número en notación decimal para que coincida con la longitud proporcionada por el parámetro. Si la parte entera del número es cero, será redondeado con el número de decimales que indica el parámetro. De lo contrario, será redondeado al número de decimales que resulten de restar el valor pasado y el número de dígitos de la parte entera.
	
	`(2.1).toPrecision(4);` `// devuelve "2.100"`
	`(21.1).toPrecision(4);` `// devuelve "21.10"`
	`(0.21).toPrecision(4);` `// devuelve "0.2100"`

`toString`	Devuelve el número en formato String. `(2.1).toString();` `// devuelve "2.1"`

8.2.2.2.1 Conversión de números

Además de poder realizar conversiones a través de su constructor, el tipo **Number** permite hacer conversiones a través de métodos como **toString** para hacer, por ejemplo, transformaciones de notación numérica a Strings.

```
(2.0).toString();        // Devuelve "2"
(2).toString();          // Devuelve "2"
2.toString();            // Error de sintaxis
Number(new Date())       // Devuelve un timestamp como 1567845361045
```

8.2.2.3 FORMATEADO DE NÚMEROS

JavaScript dispone de varias opciones para formatear números, sin embargo, lo más frecuente es encontrar desarrollos a medida en vez de utilizar la potencia del lenguaje. De hecho, gracias al método toLocaleString, podemos formatear números y monedas de forma sencilla. Por ejemplo, para formatear un número es posible hacer:

```
(123456.123).toLocaleString();          // Devuelve "123.456,123"
```

Como se puede apreciar, para mostrar el valor en notación decimal no se ha proporcionado ningún parámetro, sin embargo, si queremos establecer una notación distinta, debemos configurar algunas propiedades separadas en dos argumentos.

El primer argumento del objeto toLocaleString es el código de idioma que define el idioma según el estándar BCP 47 y que, actualmente, están contemplados por la normativa RFC 5646. El segundo argumento es un JSON de opciones que especifica las diferentes propiedades que definen el formato, desde su tipo (número o moneda), hasta el número mínimo de dígitos significativos.

Propiedad	Descripción y ejemplo
`style`	Es un String que indica el formato a presentar los datos. Sus posibles valores son **decimal**, que es el valor por defecto e indica que se debe tratar como un número decimal, **currency**, que indica que se debe tratar como una divisa y **percent**, que indica que se debe tratar como un valor porcentual, establecido en tanto por uno. ```let options = { style: "percent",` ` minimumFractionDigits: 2 };` `(0.52).toLocaleString("es-ES", options);` `// Devuelve "52,00 %"```
`currency`	Esta propiedad nos permitirá configurar qué tipo de moneda deseamos utilizar en modo abreviado de texto. Esto es, **EUR**, **USD**,... Todos sus posibles valores están disponibles en dirección *https://es.iban.com/ currency-codes*.
`currencyDisplay`	Si se establece el formato "currency", esta propiedad nos permitirá configurar cómo se desea presentar la notación. Sus posibles valores son **symbol**, para indicar que se muestre el símbolo asociado a la moneda **code**, para indicar que se muestre la abreviatura asociada a la moneda y **name**, para indicar que se muestre el texto asociado y traducido. ```let options = { style: "currency", currency: "USD",` ` currencyDisplay: "symbol",` ` minimumFractionDigits: 2 };` `(123.12).toLocaleString("es-ES", options);` `// Devuelve "123,12 US$"```

`useGrouping`	Esta propiedad es un booleano que indica si se desea utilizar el separador de miles o no. Su valor por defecto es `true`. ```js\nlet options = { style: "decimal",\n useGrouping: true,\n minimumFractionDigits: 2 };\n(12345.52).toLocaleString("es-ES", options);\n// Devuelve "12.345,52"\n```
`minimumInteger Digits`	Esta propiedad es un valor entero que indica el número mínimo de dígitos que debe utilizarse en la parte entera. El rango de valores utilizable es de 1 a 21 y su valor por defecto es 1. ```js\nlet options = { style: "decimal",\n useGrouping: false,\n minimumIntegerDigits: 5,\n minimumFractionDigits: 2 };\n(5.25).toLocaleString("es-ES", options);\n// Devuelve "00005,25\n```
`minimumFraction Digits`	Esta propiedad es un valor entero que indica el número mínimo de dígitos que debe utilizarse en la parte decimal. El rango de valores utilizable es de 0 a 20 siendo, su valor por defecto 0 si el formato utilizado es "decimal" o "porcentual" y 2 si el formato utilizado es "divisa", aunque este último valor puede ser diferente según la lista de códigos de moneda ISO 4217. ```js\nlet options = { style: "decimal",\n useGrouping: false,\n minimumIntegerDigits: 3,\n minimumFractionDigits: 2 };\n(5.0).toLocaleString("es-ES", options);\n// Devuelve "005,00\n```
`maximumFraction Digits`	Esta propiedad es un valor entero que indica el número máximo de dígitos que debe utilizarse en la parte decimal. El rango de valores utilizable es de 0 a 20 y su valor por defecto es 3. ```js\nlet options = { style: "decimal",\n useGrouping: false,\n minimumIntegerDigits: 3,\n minimumFractionDigits: 2,\n maximumFractionDigits: 2 };\n\n(5.009).toLocaleString("es-ES", options);\n// Devuelve "005,01"\n```

8.2.2.4 OPERACIONES CON NÚMEROS

Como se verá pronto, existen ciertas operaciones básicas (suma, resta, multiplicación, división o exponenciación) que se pueden realizar sin tener que recurrir a métodos externos. Sin embargo, hay otras operaciones en las que es mejor tener una ayuda. Esta ayuda es el objeto `Math`.

8.2.2.4.1 El objeto Math

Este objeto proporciona una serie de constantes y métodos para facilitar la realización de operaciones matemáticas.

Como constantes disponemos de:

Constante	Descripción
E	Devuelve un valor aproximado de la constante de Euler. `Math.E` `// Devuelve 2.718281828459045`
LN2	Devuelve un valor aproximado al logaritmo neperiano de 2. `Math.LN2` `// Devuelve 0.6931471805599453`
LN10	Devuelve un valor aproximado del logaritmo neperiano de 10. `Math.LN10` `// Devuelve 2.302585092994046`
LOG2E	Devuelve un valor aproximado del logaritmo en base 2 de la constante de Euler. `Math.LOG2E` `// Devuelve 1.4426950408889634`
LOG10E	Devuelve un valor aproximado del logaritmo en base 10 de la constante de Euler. `Math.LOG10E` `// Devuelve 0.4342944819032518`
PI	Devuelve un valor aproximado de la constante de PI, relación existente entre la circunferencia de un círculo y su diámetro. `Math.PI` `// Devuelve 3.141592653589793`
SQRT1_2	Devuelve un valor aproximado de la raíz cuadrada de um medio, es decir, de 1 sobre la raíz cuadrada de 2. `Math.SQRT1_2` `// Devuelve 0.7071067811865476`
SQRT2	Devuelve un valor aproximado de la raíz cuadrada de 2. `Math.SQRT2` `// Devuelve 1.4142135623730951`

Y como métodos disponemos de:

Método	Descripción
abs	Devuelve el valor absoluto del valor indicado. `Math.abs('-1');` `// Devuelve 1`
acos	Devuelve el arcocoseno del valor indicado. `Math.acos('0.999');` `// Devuelve 0.044725087168733454`

acosh	Devuelve el arcocoseno hiperbólico del valor indicado. `Math.acosh('2');` // Devuelve 1.3169578969248166
asin	Devuelve el arcoseno del valor indicado. `Math.asin('0.999');` // Devuelve 1.526071239626163
asinh	Devuelve el arcoseno hiperbólico del valor indicado. `Math.asinh('2');` // Devuelve 1.4436354751788103
atan	Devuelve la arcotangente del valor indicado. `Math.asin('0.999');` // Devuelve 0.784897913314115
atanh	Devuelve la arcotangente hiperbólica del valor indicado. `Math.asinh('0.999');` // Devuelve 3.8002011672501994
cbrt	Devuelve la raíz cúbica del valor indicado. `Math.cbrt('27');` // Devuelve 3
ceil	Devuelve el valor entero más pequeño redondeando hacia arriba. `Math.ceil('-1.99');` // Devuelve -1`Math.ceil('1.99');` // Devuelve 2
cos	Devuelve el coseno del valor indicado. `Math.cos('0');` // Devuelve 1
cosh	Devuelve el coseno hiperbólico del valor indicado. `Math.cosh('1');` // Devuelve 1
exp	Devuelve la potencia de la constante de Euler elevado al valor indicado. `Math.exp('1');` // Devuelve 2.718281828459045
floor	Devuelve el valor entero más grande redondeando hacia abajo. `Math.floor('-1.99');` // Devuelve -2`Math.floor('1.99');` // Devuelve 1
log	Devuelve el logaritmo neperiano del valor indicado. `Math.log('0');` // Devuelve 1
log10	Devuelve el logaritmo en base 10 del valor indicado. `Math.log10('2');` // Devuelve 0.3010299956639812
log2	Devuelve el logaritmo en base 2 del valor indicado. `Math.log10('2');` // Devuelve 1
max	Devuelve el mayor valor de los valores indicados `Math.max(2, 3, 5, 8, -1, 6);` // Devuelve 8

min	Devuelve el menor valor de los valores indicados
	```Math.min(2, 3, 5, 8, -1, 6); // Devuelve -1```
pow	Devuelve la potencia del primer valor elevado al segundo valor o parámetro.
	```Math.pow(2, 3); // Devuelve 8```
random	Devuelve un valor pseudoaleatorio entre 0 y 1. Para conseguir números entre un máximo y mínimo, se pueden multiplicar este resultado por la diferencia entre ambos valores y sumarle el mínimo.
	``// Devuelve un valor decimal entre 0 y 1
Math.random();
// Devuelve un valor decimal entre max y min
Math.random() * (max - min) + min;
// Devuelve un valor entero entre max y min
Math.trunc(Math.random() * (max - min) + min;```
round	Devuelve el valor redondeado al entero más cercano.
	``Math.round('-1.09'); // Devuelve -1
Math.round('1.09');   // Devuelve 1
Math.round('1.59');   // Devuelve 2```
sign	Devuelve el signo del valor indicado expresado en forma de -1 a 1.
	``Math.sign('-99'); // Devuelve -1
Math.sign('0');   // Devuelve 0
Math.sign('99');   // Devuelve 1```
sin	Devuelve el seno del valor indicado.
	```Math.sin('1'); // Devuelve 0.8414709848078965```
sinh	Devuelve el seno hiperbólico del valor indicado.
	```Math.sinh('1'); // Devuelve 1.1752011936438014```
sqrt	Devuelve la raíz cuadrada del valor indicado.
	```Math.sqrt('2'); // Devuelve 1.4142135623730951```
tan	Devuelve la tangente del valor indicado.
	```Math.tan('1'); // Devuelve 1.5574077246549023```
tanh	Devuelve la tangente hiperbólica del valor indicado.
	```Math.tanh('1'); // Devuelve 0.7615941559557649```
trunc	Devuelve la parte entera eliminando todos los decimales.
	``Math.trunc('-1.09'); // Devuelve -1
Math.trunc('-1.59');   // Devuelve -1
Math.trunc('1.09')   // Devuelve 1
Math.trunc('1.59');   // Devuelve 1```

8.2.3 Tipo BigInt

El tipo **BigInt** se utiliza para el tratamiento de números enteros que no admite decimales. Se caracteriza porque añade "n" al final y porque, mientras que **Number** puede manejar valores de 64 bits, **BigInt** puede manejar enteros de precisión arbitraria en donde la limitación es la memoria disponible del sistema host.

Otras diferencias que podemos encontrar en **Number** y **BigInt** es que, los valores **BigInt** no son estrictamente números, son más precisos ya que no sufren problemas de precisión de coma flotante, no admiten mezclarse con otros tipos (es decir, si se intenta operar un **Number** con un **BigInt** se producirá un error) y no puede utilizar el objeto **Math**.

Los valores BigInt sólo deben usarse se necesiten números mayores que el valor de la propiedad o constante Number.MAX_SAFE_INTEGER.

```
BigInt(9007199254740991);          // Devuelve 9007199254740991n
BigInt("0x1fffffffffffff")         // Devuelve 9007199254740991n
BigInt("21 calles")                // Devuelve Error de sintaxis
BigInt(true);                      // Devuelve 1n
BigInt(false);                     // Devuelve 0n
```

8.2.3.1 PROPIEDADES

El tipo BOOLEAN no presenta propiedades, a excepción de **CONSTRUCTOR** y **PROTOTYPE**.

8.2.3.2 MÉTODOS

El número de métodos disponibles para este objeto son, básicamente, dos:

Método	Descripción y ejemplo

asIntN	Permite truncar un valor BigInt al número dado de bits menos significativos devolviéndolo como un entero con signo.
	
	`BigInt.asIntN(8, 64n);` `// devuelve 64n`
	`BigInt.asIntN(7, 64n);` `// devuelve -64n`

asIntN	Permite truncar un valor BigInt al número dado de bits menos significativos devolviéndolo como un entero sin signo.
	
	`BigInt.asUintN(8, 64n);` `// devuelve 64n`
	`BigInt.asUintN(7, 64n);` `// devuelve 64n`

toString	Permite convertir el valor BigInt a un valor de cadena sin la "n" final. `BigInt.asUintN(8, 64n).toString()` `// devuelve "64"`

8.2.4 Tipo Boolean

El objeto **Boolean** se utiliza para la gestión de valores de tipo verdadero o falso.

En JavaScript, los valores booleanos pueden ser utilizados para realizar determinadas operaciones (como son las aritméticas). Esto es posible porque, la constante o literal **true** equivale al valor numérico 1 y, la constante o literal **false** equivale al valor numérico 0.

Provee de un constructor asociado que puede ser utilizado para realizar una conversión explícita, sin embargo, hay que tener en cuenta que, para el objeto Boolean, todo lo que no sea 0, vacío o null será **true**.

```
Boolean(0);                       // Devuelve false
Boolean("");                      // Devuelve false
Boolean(null);                    // Devuelve false
Boolean(",");                     // Devuelve true
Boolean(4);                       // Devuelve true
Boolean(1) - 1 == false           // Devuelve true
```

8.2.4.1 PROPIEDADES

El tipo BOOLEAN no presenta propiedades, a excepción de **CONSTRUCTOR** y **PROTOTYPE**.

8.2.4.2 MÉTODOS

El tipo BOOLEAN sólo presenta un único método.

Método	Descripción
toString	Devuelve el valor booleano en formato String. `false.toString();          // devuelve "false"`

8.2.5 Tipo Symbol

Existe un tipo primitivo especial de datos denominado **Symbol** que posee la característica de que sus valores son únicos e inmutables. Es un tipo de datos que casi no se utiliza, sin embargo, puede ser útil cuando se desean añadir claves de propiedades únicas a un objeto de forma que no sean iguales a las claves que cualquier otro objeto.

Para crear un símbolo sólo hay que hacer:

```
let s1 = Symbol("Hola Pablo");
let s2 = Symbol("Hola Pablo");
console.log(s1 == s2);            // Devuelve false
```

Como se puede apreciar en el ejemplo anterior, si creamos dos símbolos idénticos en variables diferentes, su comparación dará como resultado falso. Esto es así porque, en realidad, no se está convirtiendo un dato en símbolo, sino que se está creando un símbolo que tiene como descripción ese dato.

8.2.6 Literal null

El tipo **null** es un tipo especial de objeto que indica que no tiene valor, está vacío o no está referenciado. Es realidad, es como si se tratase de una constante pero tratado de otra manera.

Para comprobar si un objeto o elemento es de este tipo se puede recurrir a utilizar la función condicional binaria típica que devolverá si el tipo de dato actual es o no nulo.

```
this == null                    // Devolverá false
```

Si la condición de la izquierda es una variable, en vez de un objeto, y ésta no se encuentra definida, probablemente mostrará un error de tipo "**Uncaught ReferenceError: ___ is not defined**".

Las situaciones más frecuentes en las que podemos utilizar esta metodología son cuando se buscan elementos inexistentes en la página porque su resultado es null.

```
document.getElementById("elementoNoexistente") == null
```

8.2.7 Literales undefined y typeof

El tipo **undefined** es un tipo especial que indica que no tiene valor alguno, pero está referenciado. Por ejemplo, si una variable no tiene un valor asignado, pero está declarada, su "valor" será considerado como **undefined**.

Para comprobar si un objeto o elemento es de este tipo se puede recurrir a la utilización de la función **typeof**, que devolverá el tipo de dato o, en caso contrario, devolverá undefined.

```
typeof x == "undefined"
```

Los métodos o funciones también pueden devolver este tipo valor. De hecho, es muy frecuente encontrarse con una función que devuelva el valor **undefined** y eso, puede ser, o bien porque el valor que se devuelve no tiene nada asignado, o bien porque no se devuelve nada.

8.3 OPERADORES Y EXPRESIONES

El número de operadores que presenta son muchos, aunque, en esencia, son los mismos que cualquier otro lenguaje.

En lo referente al orden de los operadores y sus pesos, en general, se sigue el estándar de todos los lenguajes de programación. Así, los operadores de adición y sustracción tienen menos peso que los de multiplicación, división, resto y exponenciación. Por ello, es necesario tener que recurrir a agrupaciones forzadas a través de paréntesis. Por ejemplo:

```
3 + 5  * 2;           // Devolverá 13
(3 + 5) * 2;          // Devolverá 16
```

En lo referente a la evaluación, ésta, se realiza de izquierda a derecha, es decir, que primero se evaluará la parte izquierda y, si se cumple, se seguirá evaluando hacia la derecha.

8.3.1 Operadores generales

Operador		Descripción y ejemplos
Tipo	ID	

Asignación	=	También conocido como operador de asignación, permite asignar el valor de la expresión declarada en la parte derecha al identificador declarado en la parte izquierda. El operador de asignación puede combinarse con la mayoría de los operadores que se van a ver poniéndolos como prefijo.
		let aux = 0;
		
		``
		aux += 10; // Devuelve 1
		aux *= 2 // Devuelve 20
		``

Concatenación	+	También conocido como operador de concatenación, permite unir los operandos uno detrás de otro.
		
		``
		"2" + 1; // Devuelve "21"
		``

Aritmético	+	También conocido como operador de adición, permite que el operador izquierdo sea sumado al derecho y devuelva su resultado.
		
		``
		2.01 + 1.02; // Devuelve 3.03
		``

Aritmético	-	También conocido como operador de sustracción, permite que el operador derecho sea restado al izquierdo y devuelva su resultado. ``` true - 1 // Devuelve 0 ```
Aritmético	*	También conocido como operador de multiplicación, permite que el operador izquierdo sea multiplicado por el derecho y devuelva su resultado. ``` "4" * "2" // Devuelve 8 ```
Aritmético	/	También conocido como el operador de división, permite que el operador izquierdo sea dividido por el derecho y devuelva su resultado. ``` true / "2" // Devuelve 0.5 ```

Aritmético	%	Permite que el operador izquierdo sea dividido por el derecho y devuelva el resto de su división entera.
		
		``
		"20" % "3"; // Devolverá 2
		``

Aritmético	**	Permite que el operador izquierdo sea elevado al valor indicado por el derecho y devuelva su resultado. ```\n2 ** 3; // Devolverá 8\n```
Aritmético	++	Permite que el valor del operando se vea incrementado en 1 a través de una expresión reducida. Si el operador de incremento está antes del identificador de la variable, se devolverá el valor después de ser incrementado, pero, si el operador de incremento está después del identificador de la variable, se devolverá el valor antes de ser incrementado. ```\nlet a = 0, b = ++a; // Devuelve a = 1, b = 1\nlet a = 0, b = a++; // Devuelve a = 1, b = 0\n```
Aritmético	--	Es el mismo tipo de operación que la anterior, sólo que, en vez de incrementar, decrementa. La casuística es la misma que en el caso anterior, pero con decrementos. ```\nlet a = 0, b = --a; // Devuelve a = 0, b = 0\nlet a = 0, b = a--; // Devuelve a = 0, b = 1\n```
Lógico	&&	Permite realizar una conjunción lógica. Esto significa que, si ambas expresiones son de tipo booleano y ambas son verdaderas, el resultado devuelto será true, en cualquier otro caso, devolverá false. Cabe destacar que, si la expresión declarada en la parte izquierda puede ser convertida a false, devolverá su resultado, de lo contrario, devolverá el resultado de la expresión declarada en la parte derecha del operador ```\nfalse && false; // Devuelve true\nfalse && (3 == 4); // Devuelve false\n“Hola” && “Ana”; // Devuelve “Ana”\n```
Lógico	||	Permite realizar una disyunción lógica. Esto significa que, si ambas expresiones son de tipo booleano y alguna es verdadera, el resultado devuelto será true, en cualquier otro caso, devolverá false. Cabe destacar que, si la expresión declarada en la parte izquierda puede ser convertida a true, devolverá su resultado, de lo contrario, devolverá el resultado de la expresión declarada en la parte derecha del operador. ```\ntrue || false; // Devuelve true\nfalse || (3 == 4); // Devuelve false\n“Hola” || “Ana”; // Devuelve “Hola”\n```
Lógico	!	Permite realizar una negación lógica. Esto significa que, si la expresión declarada puede ser transformada a true devolverá false, de lo contrario, devolverá true. ```\n!true; // Devuelve false\n!(3 == 4); // Devuelve true\n!”Hola”; // Devuelve false\n```

Lógico	??	Permite realizar una disyunción lógica basándose en valores nulos o no definidos. Esto significa que devolverá el primer valor que encuentre no nulo y no indefinido. `0 ?? 5` // Devuelve 0 `0 || 5` // Devuelve 5 `undefined ?? 0` // Devuelve 0
Condicional	==	Permite comparar si dos operandos son iguales en cuanto a su valor. `false == false;` // Devuelve true `1 == "1"` // Devuelve true
Condicional	===	Permite comparar si dos operandos son iguales en cuanto a su tipo y valor. `false === false;` // Devuelve true `1 === "1"` // Devuelve false
Condicional	!=	Permite comparar si dos operandos son distintos en cuanto a su valor. `false != false;` // Devuelve false `1 != "1"` // Devuelve false
Condicional	!==	Permite comparar si dos operandos son distintos en cuanto a su tipo y valor. `false !== false;` // Devuelve false `1 !== "1"` // Devuelve true
Condicional	>	Permite comparar si el valor de la izquierda es mayor que el valor de la derecha. Si se comparan cadenas, los caracteres se transforman a ASCII. `"b" > "a";` // Devuelve true `2 > 3` // Devuelve false
Condicional	>=	Permite comparar si el valor de la izquierda es mayor o igual que el valor de la derecha. Si se comparan cadenas, los caracteres se transforman a ASCII. `"b" >= "a";` // Devuelve true `2 >= 3` // Devuelve false
Condicional	<	Permite comparar si el valor de la izquierda es menor que el valor de la derecha. Si se comparan cadenas, los caracteres se transforman a ASCII. `"b" < "a";` // Devuelve false `2 < 3` // Devuelve true

Condicional	<=	Permite comparar si el valor de la izquierda es menor o igual que el valor de la derecha. Si se comparan cadenas, los caracteres se transforman a ASCII.

		`"b" < "a";                    // Devuelve false`
		`2   < 3                        // Devuelve true`

Condicional	?	También conocido como operador condicional ternario es el único operador condicional que requiere de tres operandos. La parte izquierda de la expresión será evaluada y, en caso de ser verdadero, devolverá el resultado de la expresión detrás del símbolo de interrogación. De lo contrario, devolverá el resultado de la expresión detrás del símbolo de dos puntos.
		`const aux = value == 'on' ? 'class="checked"' : '';`
Miembro	.	Permite asignar o acceder a una propiedad de un objeto, no obstante, esto sólo funcionará si conoce la clave de la propiedad. Si el nombre de esa propiedad está declarado en una variable, deberá usarse la notación de corchetes en su lugar.
		`var aux = {name: "Ana", age: 18}` `aux.name                       // Devuelve "Ana"`
Miembro	?.	Permite asignar o acceder a una propiedad de un objeto si existe. Puede ser útil para comprobar si la propiedad de un objeto existe.
		`var aux = {name: "Ana", age: 18}` `aux?.edad ? aux.edad : aux.age   // Devuelve 18`
Especial	,	El operador coma puede servir para separar expresiones cuando se realizan declaraciones, aunque también se utiliza para evaluar todas las expresiones de izquierda a derecha y devolver la última. Esta casuística es frecuente verla en bucles iterativos de tipo **for** para actualizar varias variables en cada ciclo, pero eso lo veremos en el siguiente capítulo.
		`let i = 0, j = 10;` `i = j + 2;`

8.3.2 Operadores bit a bit

Los operadores bit a bit manejan los operandos como si fuesen un conjunto de 32 bits, es decir, como un número formado por ceros y unos y cuya longitud es igual a 32. Para un operando o numérico como pueda ser 7, primero se transforma a su equivalente en base 2, es decir 00000000000000000000000000000111, y luego se realizan las operaciones bajo esta representación binaria.

8.3.2.1 OPERADOR &

El operador & (AND) binario da como resultado 1 sólo si ambos bits son 1.

```
let b1 = 12;        // Equivale a 1100
let b2 = 4          // Equivale a 0100
_____

let b3 = b1 & b2;   // Resultado: 0100          En decimal: 4
```

8.3.2.2 OPERADOR |

El operador | (OR) binario da como resultado 0 sólo si ambos bits son 0.

```
let b1 = 12;        // Equivale a 1100
let b2 = 4;         // Equivale a 0100
_____

let b3 = b1 | b2;   // Resultado: 1100          En decimal: 12
```

8.3.2.3 OPERADOR ^

El operador ^ (XOR) binario da como resultado 1 si uno de los bits es 1.

```
let b1 = 12;        // Equivale a 1100
let b2 = 4;         // Equivale a 0100
_____

let b3 = b1 ^ b2;   // Resultado: 1000          En decimal: 8
```

8.3.2.4 OPERADOR ~

El operador ~ (de complementación) se representa con el símbolo de la virgulilla y da como resultado la negación de todos y cada uno de los bits que conforman el operando.

```
let b1 = 38;     // Equivale a 00100110
_____

let b2 = ~ b1;   // Resultado: 11011001      En decimal: -39
```

8.3.2.5 OPERADORES DE DESPLAZAMIENTO

Los operadores de desplazamiento sirven para aumentar o disminuir el resultado en forma de potencia las veces que indique el operando de la derecha. Es decir, el operando situado a la izquierda se convertirá a binario y será multiplicado o dividido por 2 tantas veces como indique el operando situado a la derecha.

Para realizar un desplazamiento a la izquierda se debe utilizar el símbolo menor que repetido dos veces. El resultado de realizar este desplazamiento a la izquierda equivaldrá a convertirlo en binario y añadir un cero por la derecha. También equivaldrá a multiplicar por dos.

Para realizar un desplazamiento a la derecha se debe utilizar el símbolo mayor que repetido dos veces. El resultado de realizar este desplazamiento a la derecha equivaldrá a convertirlo en binario y añadir un cero por la izquierda y eliminar el último dígito de la derecha. También equivaldrá a dividir por dos sin resto.

```
4 >> 2              // Devuelve 1
4 << 2              // Devuelve 16
```

8.4 CONTROL DE FLUJO Y GESTIÓN DE ERRORES

8.4.1 Estructura if

La estructura condicional **if** se compone de una expresión que será evaluada y, en función de su respuesta, provocará la ejecución de su contenido o no.

```
if(fecha == '20-02-2002' ){
    console.log('Es 20 de febrero de 2002');
}
```

8.4.2 Estructura if...else

La estructura condicional **if...else** se compone de una expresión que será evaluada y, si la respuesta es afirmativa, provocará que la ejecución se desvíe por el bloque delimitado por la sentencia **if**. En cualquier otro caso, se desviará por el bloque delimitado por la sentencia **else**.

```
if(fecha == '20-02-2002' ){
    console.log('Es 20 de febrero de 2002')
} else {
    console.log('No es 20 de febrero de 2002')
}
```

8.4.3 Estructura switch

Si la condición puede tomar un número elevado de casuísticas, es preferible utilizar una estructura **switch**. Su uso, permite realizar una implementación igual de rápida, pero más clara.

La estructura **switch** se compone de una condición que será evaluada en la cabecera de la estructura y unos posibles valores que se irán contemplando en cada caso a través de la sentencia **case**. Si se cumple alguno de los casos contemplados en las sentencias **case**, se ejecutará el conjunto de instrucciones ubicadas dentro de su bloque, en cualquier otro caso, se ejecutarán las instrucciones contenidas dentro del bloque delimitado por la sentencia **default**.

```
switch(marca) {
    case 'ford':
        console.log('El coche es de la marca Ford');
        break;
    case 'seat':
        console.log('El coche es de la marca Seat');
```

```
        break;
    default:
        console.log('El coche es de otra marca');
}
```

El valor de la sentencia **case** no tiene por qué ser una constante, puede ser una expresión o función que devuelva un valor que sea utilizado para realizar la selección de la secuencia.

Al igual que pasa con la estructura for, switch utiliza la instrucción **break** para romper la secuencia y salir de la estructura, con la diferencia de que, en la estructura switch, el uso de break es obligatorio.

8.4.4 Control de errores por tipo de dato

Existen varias formas de controlar los errores en JavaScript. Algunos, como se ha visto anteriormente pueden realizarse a través de estructuras de control de flujo como es el caso de la sentencia **if...else**, pero hay más posibles casuísticas.

En ocasiones, se requiere del uso de instrucciones específicas que nos permitan predecir su valor para evitar errores de conversión. Este es el caso de **typeof**.

```
let fecha = '';
if(typeof arguments[0] == 'object' ){
    fecha = new Date(aux.anio + "-" + aux.mes + "-" + aux.dia);
} else {
    fecha = new Date(aux);
}
```

En el ejemplo, podemos observar que se utiliza el objeto **arguments**. Este objeto es se corresponde con una especie de array que contiene todos los parámetros que reciben las funciones en JavaScript. El elemento 0 se corresponde con el primer parámetro.

También podemos ver que se utiliza la sentencia typeof que permite averiguar el tipo de dato que viene. Si el parámetro enviado es de tipo Object (suponemos que es un JSON predefinido), la variable fecha se construirá a partir de cada una de las propiedades de ese objeto. Si el parámetro enviado es de tipo String se utilizará como valor textual para definir la fecha.

8.4.5 Control de errores por presencia

Si queremos averiguar si un objeto tiene una propiedad o método en su definición, podemos realizarlo a través del operador **in** de JavaScript.

```
console.log('insertRule' in document.styleSheets[0]);
```

En el ejemplo, comprobamos que el DOM tiene definido el método insertRule y lo mostramos por consola.

Este tipo de comprobaciones se suele hacer para detectar si el navegador tiene disponible una determinada característica y, en función de ello, realizar una operación u otra.

Si lo que queremos saber es si un JSON contiene una propiedad concreta podemos hacerlo a través del método **hasOwnProperty**. Este método nos devolverá **true** o **false** en función de si existe o no su declaración en el JSON.

```
let json = { nombre: 'Pablo', edad: 18 };
console.log(json.hasOwnProperty("apellidos"));        // Devolverá false
console.log(json.hasOwnProperty("nombre"));  // Devolverá true
```

8.4.6 Manejo de excepciones

8.4.6.1 SENTENCIA TRY...CATCH

Las formas anteriormente descritas podrían ser una manera tan buena como cualquier otra para gestionar los errores predecibles, sin embargo, hay casos en los que no podemos tratarlos así y tenemos que recurrir al manejo de excepciones.

En JavaScript, el manejo de excepciones es casi un requerimiento porque su ejecución es secuencial y continua. Si se produce un error en una línea del código, JavaScript ya no ejecutará nada de lo que esté declarado por debajo de ella.

Para evitar esta casuística podemos recurrir a la sentencia **try...catch**. Este tipo de estructura es muy útil para controlar errores de conversión, sintaxis, referencia o, incluso, de ejecuciones internas, entre otros casos.

Imaginemos el siguiente caso:

```
allert("Hola mundo!");
console.log("Todo OK!");
```

Si intentamos ejecutar el código anterior, se producirá una excepción en la aplicación que provocará una interrupción del código y mostrará un mensaje de error que dirá algo como "Uncaught ReferenceError: allert is not defined".

Ahora probemos con el siguiente código:

```
try {
    allert("Hola mundo!");
} catch(err) {
    console.log(err.message);
}

console.log("¡Todo OK!");
```

Si ahora intentamos ejecutar este último código, no se producirá ninguna interrupción. Sólo se nos mostrará por consola un mensaje de error que dice "allert is not defined" y, a continuación, mostrará el mensaje de "¡Todo OK!".

8.4.6.2 SENTENCIA FINALLY

La sentencia **finally** permite ejecutar una secuencia de instrucciones se produzca o no un error en la estructura **try...catch**, sin embargo, no suele ser utilizada porque no es compatible con muchos navegadores, incluyendo Internet Explorer.

El conjunto de instrucciones dentro del bloque de esta sentencia se ejecuta, incluso aunque no exista el bloque catch.

```
try {
    allert("Hola mundo!");
} catch(err) {
    console.log(err.message);
} finally {
    console.log("Todo OK!");
}
```

8.4.6.3 SENTENCIA THROW

Si por alguna razón quisiéramos lanzar una excepción, ya sea predefinida o personalizada, JavaScript nos provee de una sentencia que permite hacerlo en cualquier momento de la ejecución del código.

Lo normal es que esta instrucción se utilice con objetos complejos que manipulan los errores producidos, no obstante, puede usarse, incluso, con tipos de datos primitivos.

```
throw "Error";        // Devuelve "Uncaught Error"
throw 18;             // Devuelve "Uncaught 18"
throw false;          // Devuelve "Uncaught false"
```

Sin embargo, como decía antes, lo normal es utilizar con objetos personalizados en combinación de otras sentencias y objetos.

Uno los recursos más utilizados para esta tarea quizás sea el objeto global **Error**. El objeto Error permite representar un error en tiempo de ejecución que tiene, como único argumento, un String.

```
function excepcionPersonalizada(mensaje) {
    let error = new Error(mensaje);

    error.code = "Error cero";
    return error;
}

excepcionPersonalizada.prototype = Object.create(Error.prototype);

throw excepcionPersonalizada("Error de entrada")
```

La función excepcionPersonalizada define el nuevo tipo de excepción y, más tarde, con prototype, le asignamos el prototipo del objeto Error. De esta manera, cuando se lance la excepción con throw, se mostrará el mensaje requerido indicando en qué objeto se produjo y la línea donde se produjo la excepción.

A continuación, se muestra un ejemplo de lo que se produciría si lanzamos la excepción descrita.

```
Uncaught Error: Error de entrada
    at excepcionPersonalizada (main.js:134)
at main.js:142
```

8.5 BUCLES Y LA ITERACIÓN

Un bucle suele identificarse con una acción que se repite un número finito de veces. Los bucles son un recurso muy útil para eso, sin embargo, si no se establecen bien los límites pueden generar efectos no deseados o incluso bloquear el sistema.

JavaScript, como casi todos los lenguajes de programación, dispone de cuatro estructuras para realizar procesos iterativos, aunque, una de ellas (for), tiene dos variaciones que pueden resultar muy versátiles.

8.5.1 Estructura for

Los bucles formados por esta estructura o sentencia se caracterizan porque todo su contenido se ejecuta un número predefinido de veces hasta que la condición de finalización se cumpla.

Los procesos iterativos definidos a través de la sentencia **for** se componen de tres expresiones y tienen un rango de número de iteraciones de CERO a N, es decir, que puede que no se ejecute ni una sola vez si la condición de entrada no se cumple.

La primera expresión, habitualmente, inicia la variable que será utilizada como contador. Sin embargo, su sintaxis permite establecer varias variables separadas por comas, como se verá un poco más adelante.

La segunda expresión, se utiliza para indicar cuándo o en qué momento debe detenerse el proceso iterativo.

La tercera y última expresión es la que produce una acción de incremento o decremento cada vez que se inicie un nuevo ciclo. No obstante, su sintaxis también permite establecer varios incrementos o decrementos al mismo tiempo.

Un ejemplo de uso básico podría ser:

```
let chars = new Array();
for(let x = 0; x < 100000; x++){
    chars[x] = {code: x, char: String.fromCharCode(x)};
}
```

Si ejecutásemos el código anterior podríamos ver que, en la consola del navegador, se muestra el valor de **x** que, en este caso, irá desde "X: 0" hasta "X: 9".

Un ejemplo de uso un poco más complejo podría ser el siguiente:

```
for (let i = 0, j = 10; i <= j; i++, j--){
    console.log(i, j)
}
```

En este ejemplo, podemos observar que se definen varias variables y que, en la consola del navegador, se muestra el valor de **i** y **j** que, en este caso, irán desde 0 a 5 y desde 10 hasta 5 respectivamente. Por lo tanto, se ejecutará mientras **i** y **j** sean distintos, es decir, se ejecutará 6 veces.

8.5.2 Estructura for...in

Esta variación del bucle **for** estándar permite iterar un objeto a través de sus nombres de propiedades enumerables. Los objetos iterables por esta sentencia pueden ser matrices, mapas, argumentos, conjuntos de datos, ... Por cada propiedad que se captura, JavaScript ejecuta su contenido hasta que ya no haya más propiedades que capturar.

```
let arr = [1, 1, 2, 3, 5, 8];
for (let x in arr){
    console.log("X: ", x);   // Devuelve "X: 0" hasta "X: 9"
}
```

Aunque esta forma de recorrer los objetos pueda resultar muy cómoda, no es recomendable utilizarla cuando el número de elementos es muy elevado o cuando el objeto a recorrer es muy grande en tamaño porque el rendimiento puede bajar exponencialmente.

Para ver mejor hasta qué punto puede afectar el bucle veámoslo con un ejemplo. Vamos a averiguar cuánto tarda un bucle for en copiar el array "chars" utilizado en el primer ejemplo.

```
console.time();
let arrFor = new Array();
for(let x = 0; x < chars.length; x++){
    arrFor[x] = chars[x];
}
console.timeEnd();
```

Si ejecutamos este código varias veces podremos observar que, de media, tarda **unos 11ms**.

Ahora averigüemos lo que tarda la misma operación, pero realizada mediante una estructura for...in:

```
console.time();
let arrForIn = new Array();
for(let key in chars){
    arrForIn[key] = chars[key]
}
console.timeEnd();
```

Si ejecutamos este código varias veces podremos observar que, en general, tarda bastante más del doble, en nuestro test, **una media 23ms**.

8.6 ESTRUCTURA FOR...OF

Esta variación del bucle **for** estándar permite iterar un objeto a través de sus valores enumerables. Los objetos iterables por esta sentencia pueden ser matrices, mapas, argumentos, conjuntos de datos, ... Por cada propiedad que se captura, JavaScript ejecuta su contenido hasta que ya no haya más valores que capturar.

```
let arr = [1, 1, 2, 3, 5, 8];
for (let x of arr){
    console.log("X: ", x);    // Devuelve 1,1,2,3,5,8
}
```

Aunque esta forma de recorrer los objetos pueda resultar muy cómoda, no es recomendable utilizarla cuando el número de elementos es muy elevado o cuando el objeto a recorrer es muy grande en tamaño porque el rendimiento puede bajar de forma abrumadora.

Para ver mejor hasta qué punto puede afectar esta estructura al rendimiento, veámoslo con un ejemplo. Ya sabemos lo que tarda el bucle for en copiar el array "chars" utilizado en el primer ejemplo (unos 11ms) y también, lo que tarda en copiar ese array mediante la estructura for...in (unos 23ms). Por ello, vamos a conocer cuánto tarda en realizar la copia a través del bucle for...of:

```
console.time();
let arrForOf = new Array();
for(let [key, value] of chars.entries()){
    arrForOf[key] = value
}
console.timeEnd();
```

Si ejecutamos este código varias veces podremos observar que, en general, tarda casi cuatro veces más que el bucle for, en nuestro test, **una media 39ms**.

8.7 ESTRUCTURA FOREACH

Los bucles formados por esta estructura se caracterizan porque ejecutan una función de callback en cada iteración.

En JavaScript, este tipo de bucle tiene un rendimiento más alto que la iteración a través del bucle for. De hecho, en situaciones normales, esta estructura **es hasta un 66 por ciento más rápida de media**, sin embargo, si se trabaja con objetos muy grandes la distancia de tiempos entre el forEach y for puede no ser relevante.

Para ver mejor hasta qué punto puede afectar esta estructura al rendimiento, veámoslo con un ejemplo. Si recordamos, la copia del array chars a través de la estructura for tardaba unos 11ms. Vamos a averiguar cuánto tarda un bucle forEach en copiar el array "chars" utilizado en el primer ejemplo.

```
console.time();
let arrForEach = new Array();
source.forEach(function(v, i){
    arrForEach[i] = v
});
console.timeEnd();
```

Si ejecutamos este código varias veces podremos observar que, en general, tarda un 20 por cierto menos, en nuestro test, **una media 9ms**.

Cabe destacar que esto no es una característica general para todos los lenguajes, sino más bien lo contrario. En muchos lenguajes y, sobre todo, en los compilados como Java, el bucle forEach baja el rendimiento porque, por norma general, la evaluación y asignación de variables es un trabajo más costoso para la máquina que acceder a un índice de forma directa.

La función de **callback** puede recibir tres parámetros, aunque lo normal es que reciba sólo dos.

```
["A", "B", "C", "D"].forEach(function(valor, indice){
    console.log("Índice:", indice, "Valor:", valor);
});
// Devuelve Índice: 0 Valor: A
// Devuelve Índice: 1 Valor: B,...
```

El parámetro **valor** es el elemento actual en el momento de la iteración y el parámetro **índice** es la posición actual en el momento de la iteración, que es opcional.

Como decía, hay un tercer parámetro que llamaremos **array** y que es la matriz, mapa o conjunto que está siendo usado. Este parámetro también es opcional.

```
let arr = ["A", "B", "C", "D"];
arr.forEach(function(val, idx, arr){
    arr[idx] = val.charCodeAt();
});

console.log(arr);                    // Devuelve [65, 66, 67, 68]
```

Como se puede apreciar, este tercer parámetro se suele utilizar cuando se desea manipular el origen, como es este caso, que convierte el carácter enviado a su código Unicode.

La estructura forEach no admite más parámetros, no obstante, existe una posibilidad más de configuración, el objeto que actuará como **this**. Veámoslo con un ejemplo:

```
function calculadora() {
    this.suma = 0;
```

```
    this.producto = 1;
}

calculadora.prototype.sumar = function(array) {
  array.forEach(function(valor) {
    this.suma += valor;
  }, this);
};

calculadora.prototype.multiplicar = function(array) {
  array.forEach(function(valor) {
    this.producto *= valor;
  }, this);
};

let arr = [1,1,2,3,5,8];
let s = new calculadora();
s.sumar(arr);
s.multiplicar(arr);

console.log(s.suma, s.producto)              // Devuelve 20 240
```

Si ejecutamos este código podremos ver que, el parámetro this, hace que el objeto this sea reemplazado por el objeto que representa a calculadora. De no haber establecido el objeto this en la función, lo que se recibiría no sería el objeto "calculadora", sino el objeto global (window).

La estructura forEach sólo se puede utilizar en arrays, mapas y conjuntos y siempre devuelve **undefined**.

8.8 ESTRUCTURA DO...WHILE

Los bucles formados por esta estructura o sentencia se caracterizan porque todo su contenido se ejecuta un número impredecible de veces hasta que la condición de finalización se cumpla.

Los procesos iterativos definidos a través de la sentencia **do...while** se componen únicamente de una expresión condicional y tienen un rango de número de iteraciones de UNO a N, es decir, que siempre se ejecutará su contenido, al menos, una vez.

La expresión suministrada en la condición puede ser tan compleja como se desee, sin embargo, si no se define bien puede provocar bucles infinitos y bloquear la aplicación o el sistema.

```
let x = 0;
do {
    x += 1;                         // Forma abreviada de hacer x = x + 1;
    console.log("X: ", x);
} while (x < 10);
```

El ejemplo anterior mostrará en la consola del navegador el valor de x que, en este caso, irá desde 1 hasta 10.

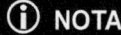 **NOTA**

En lo referente al rendimiento, la estructura while es un poco más rápido y eficiente al realizar la operación de copiado del array chars (del bucle for).

8.9 ESTRUCTURA WHILE

Los bucles formados por esta estructura o sentencia se caracterizan porque todo su contenido se ejecuta un número impredecible de veces hasta que la condición de finalización se cumpla.

A diferencia con la estructura **do...while**, la condición se evalúa antes de entrar y, precisamente por esta razón, el rango de número de iteraciones es de CERO a N, ya que puede que no se ejecute ni una sola vez si la condición de entrada no se cumple.

Los procesos iterativos definidos a través de la sentencia while se componen, únicamente, de una expresión condicional. Dicha expresión puede ser tan compleja como se desee, sin embargo, si no se define bien puede provocar bucles infinitos y bloquear la aplicación o el sistema.

```
let x = 0;
while (x < 10){
    x += 1;                    // Forma abreviada de hacer x = x + 1;
    console.log("X: ", x)
};
```

El ejemplo anterior mostrará en la consola del navegador el valor de x que, en este caso, irá desde 1 hasta 10.

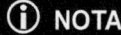 **NOTA**

En lo referente al rendimiento, la estructura while es un poco más rápido y eficiente al realizar la operación de copiado del array chars (del bucle for).

8.10 SENTENCIA BREAK

Los procesos iterativos pueden ser interrumpidos de forma forzada a través de la sentencia **break**. Esta instrucción puede ejecutarse en el momento que se desee, sin embargo, no suele ser considerada como una buena práctica ya que rompe la secuencialidad del código. No obstante, puede ahorrar mucho tiempo de ejecución.

```
for (let x = 0; x < 10; x++){
    if (x == 5) break;
    console.log("X: ", x);
}
```

El ejemplo anterior mostrará en la consola del navegador el valor de x que, en este caso, irá desde 0 hasta 5, ya que los demás valores (del 6 al 9) se ignorarán.

8.11 SENTENCIA CONTINUE

Los procesos iterativos pueden ser alterados de forma forzada a través de la sentencia **continue**. Esta instrucción puede ejecutarse en el momento que se desee, sin embargo, al igual que pasa con la sentencia **break**, no se considera una buena práctica porque se suele pensar que, si el objeto a iterar tiene elementos que hay que omitir, es que no está bien construido dicho objeto, pero hay veces que no hay más remedio y, por eso, tenemos esta instrucción.

```
for (let x = 0; x < 10; x++){
    if (x == 5) continue;
    console.log("X: ", x);
}
```

El ejemplo anterior mostrará en la consola del navegador el valor de **x** que, en este caso, irá desde 0 hasta 4 y desde 6 hasta 9.

8.12 PRACTICA Y JUEGA

Test de JavaScript: Intro	Código QR
Juega a averiguar todas las respuestas correctas con el mínimo número de errores y en el menor tiempo posible. **https://codepen.io/pefc/full/WNgEvBo**	

9

OBJETOS DE JAVASCRIPT

En JavaScript existen varios tipos de objetos, desde objetos de tipo lista de alto nivel hasta objetos complejos formados por propiedades y métodos, pero en general, la inmensa mayoría de los objetos heredan del objeto **Object**.

Una de las peculiaridades que presenta JavaScript es que todos los objetos tienen una propiedad **prototype** que mantiene un vínculo al objeto que le prototipó que, a su vez, tiene su propio prototipo y así sucesivamente. A esta idea o concepto se la suele denominar cadena de prototipos o modelo de prototipos.

Muchos programadores consideran que el modelo de prototipos es una de sus principales debilidades, sin embargo, este modelo es mucho más potente de lo que, a simple vista parece.

9.1 TIPOS DE OBJETO

▸ **Predefinidos**: son los que proporciona el lenguaje. Ejemplos de ello pueden ser el objeto **Date** para la gestión de fechas, **Math** para realizar operaciones matemáticas o **RegExp** para trabajar con expresiones regulares.

▸ **Personalizables**: son aquellos que permiten la declaración de **funciones**, **clases**, **objetos** o, también, la adición de otros objetos para implementar nuevas características.

▸ **Arrays**: son aquellos que permiten crear conjuntos de elementos a modo de matriz o lista de alto nivel.

▸ **JSON:** son aquellos que permiten crear conjuntos de elementos jerarquizables y que, en ocasiones, pueden proveer de métodos para trabajar en diferentes ámbitos o contextos.

▸ **Especiales:** son aquellos que han sido diseñados para tener una funcionalidad específica. Entre los más utilizados están **this** y **prototype**.

9.2 PROPIEDADES

Un objeto tiene, esencialmente, tres propiedades:

Propiedad	Descripción
`constructor`	Devuelve la función constructora nativa.
`length`	Devuelve la longitud del objeto, normalmente 1.
`prototype`	Permite añadir nuevas propiedades y métodos al objeto.

9.3 MÉTODOS

El número de métodos disponibles para los objetos es elevado y cambia en función de quién herede, sin embargo, existen algunos que son comunes a todo objeto. A continuación, se muestran los más frecuentes:

Método	Descripción y ejemplo

`assign`	Copia el objeto referenciado por el segundo parámetro en el objeto referenciado por el primer parámetro y lo devuelve. Si el objeto es un elemento HTML, este método sólo copia el objeto o elemento en sí, no copia sus eventos asociados.
	
	`let b = {};`
	`Object.assign(b, {a:1, b:2});        // Devuelve {a:1, b:2}`

`create`	Este método es otra forma de llamar al constructor de la clase. `Object.create({});                   // Devolverá {}`

`entries`	Devuelve un array multidimensional que contiene los pares de clave valor en cada array subyacente. Esto es útil para poder iterar un objeto que, a primera vista, no parece iterable.
	
	`let json = {"name": "Pablo", "surname": "Fernández", "age": 18};`
	`Object.entries(json);`
	`// Devuelve lo siguiente:`
	`[`
	`    0: ["name", "Pablo"]`
	`    1: ["surname", "Fernández"]`
	`    2: ["age", 18]`
	`    length: 3`
	`    ► __proto__: Array(0)`
	`]`

getOwn Property Descriptor	Devuelve un objeto con toda la descripción de la propiedad que se envía como segundo parámetro. Las propiedades que se muestran son: el valor, si es enumerable, si es escribible y si es configurable.
| | ```
Object.getOwnPropertyDescriptor(json, "surname");
// Devuelve un JSON con lo siguiente:
{
    value: "Fernández",
    writable: true,
    enumerable: true,
    configurable: true,
}
``` |
| getOwn Property Descriptors | Devuelve un objeto con la descripción de todas las propiedades que posee el objeto. Las propiedades que se muestran son las mismas que las devueltas por getOwnPropertyDescriptor. |
| getOwn Property Names | Devuelve un array con los nombres de las claves enumerables y no enumerables del objeto proporcionado por parámetro. |
| | ```
Object.getOwnPropertyNames(json);
// Devuelve un array como ["name", "surname", "age"]
``` |
| hasOwn Property | Devuelve un booleano si el objeto contiene la propiedad proporcionada por parámetro. |
| | ```
console.log(json.hasOwnProperty("name"));
// Devuelve true
``` |
| keys | Devuelve un array con los nombres de las claves enumerables del objeto proporcionado por parámetro. |
| | ```
Object.keys(json);
// Devuelve ["name", "surname", "age"]
``` |
| values | Devuelve un array con los valores de las claves enumerables del objeto proporcionado por parámetro. |
| | ```
Object.values(json);
// Devuelve ["Pablo", "Fernández", 18]
``` |

9.4 ARRAYS

Los arrays, comúnmente, son un conjunto de elementos que se guardan en memoria de forma secuencial y que pueden ser accedidos a través de valores enteros o Strings denominados índices.

En JavaScript, sin embargo, un array no es precisamente esto, sino que, más bien, es un tipo objeto que tiene propiedades que hace que se asemeje a un array, y al que se le ha dotado de algunas características para que se maneje como si lo fuese.
```

A modo de curiosidad, aunque en la consola del navegador veamos índices que parecen números enteros, en realidad, internamente, se están convirtiendo a **String** y utilizados a modo de identificador de propiedad.

9.4.1 Creación de arrays

Una forma de crear o definir una matriz (o array) es, o a través de su constructor, o a través de unos corchetes:

```
let arr = new Array();
let arr = [];
```

9.4.2 Acceso a elementos de un array

Para acceder a sus elementos podemos hacerlo a través del índice entre corchetes:

```
let arr = [1, 1, 2, 3, 5, 8];
console.log(arr[0]);                          // Devuelve 1
```

El objeto **Array** es una estructura que empieza con el índice CERO, por tanto, para acceder a su último elemento deberemos acceder a su longitud menos uno.

El tipo de datos **String**, internamente, también es considerado como un array, por lo que podemos acceder a una posición concreta de una cadena como si fuese un array y recuperar el carácter que se encuentra en esa posición.

9.4.3 Inserción y almacenamiento de elementos en un array

Para almacenar un nuevo elemento podemos hacerlo a través del índice entre corchetes o utilizar el método **push**:

```
let arr = [1, 1, 2, 3, 5, 8];
arr[6] = 13;
arr.push(21);
console.log(arr[7]);                          // Devuelve 21
```

Sin embargo, no es posible realizar inserciones directas en los arrays de un array. Esto es porque no se pueden insertar valores en los objetos que no hayan sido, previamente, definidos. Por ejemplo, si intentásemos insertar un valor en un elemento de un array no definido, pero que se supone que está dentro de otro array ya definido, nos saltaría un error de propiedad no definida. Para solucionarlo se debe definir el array antes de insertar el valor:

```
let arr = new Array();
arr[0][0] = 1;                    // Devuelve un error de tipo

let arr[0] = new Array();
arr[0][0] = 1;                    // Ahora sí lo inserta
```

9.4.4 Eliminación de elementos de un array

Para eliminar un elemento de un objeto array podemos utilizar dos sentencias o instrucciones.

La sentencia **delete** no elimina realmente el dato, sino que establece su valor a vacío, pero conserva el espacio reservado en memoria.

```
let arr = [1, 1, 2, 3, 5, 8];
delete(arr[4]);

console.log(arr);               // Devolverá [1, 1, 2, 3, empty, 8]
```

La sentencia **splice**, sin embargo, sí que elimina y remplaza el elemento del array.

El método splice se alimenta de dos parámetros. El primer parámetro, indica la posición dónde empezar a eliminar. El segundo, indica cuantos elementos se deben eliminar desde la posición indicada por el primer parámetro.

```
let arr = [1, 1, 2, 3, 5, 8];
arr.splice(4, 1);

console.log(arr);               // Devolverá [1, 1, 2, 3, 8]
```

9.4.5 Propiedades

Como buen objeto de JavaScript, el objeto Array tiene las típicas propiedades **CONSTRUCTOR**, **LENGTH** y **PROTOTYPE**, anteriormente comentadas.

9.4.6 Métodos

El número de métodos disponibles para los arrays es elevado. Por ello, a continuación, se muestran los más frecuentes:

Método	Descripción y ejemplo

filter	Devuelve un nuevo array que contiene los resultados que cumplen con la función indicada que se pasa como parámetro.
	
	```let frutas = [Manzana", "Kiwi", "Platano", "Pera"];```
	```frutas.filter(function(x){ return x.length > 4});```
	```// Devuelve el array [Manzana", "Platano"]```

join	Devuelve una cadena que es el resultado de unir todos los elementos por el separador pasado por parámetro. Por defecto, el separador es el símbolo de coma. ```[1, 2, 3, 4, 5].join("|"); // Devuelve "1|2|3|4|5"```

indexOf	Devuelve la primera posición en la que aparezca el valor proporcionado por parámetro teniendo en cuenta que es sensible a mayúsculas y minúsculas. Si el resultado de la búsqueda fue infructuoso, el resultado será -1. Tiene un segundo parámetro opcional que indica desde qué posición empieza a buscar y que, por defecto, es 0.
	
	``js
	["Pablo", "Elena", "Pablo"].indexOf("Pablo");
	// Devuelve 0
	``

lastIndexOf	Devuelve la última posición en la que aparezca el valor proporcionado por parámetro teniendo en cuenta que es sensible a mayúsculas y minúsculas. Si el resultado de la búsqueda fue infructuoso, el resultado será -1. Tiene un segundo parámetro opcional que indica desde qué posición empieza a buscar y que, por defecto, es la longitud del array.
	
	``js
	["Pablo", "Elena", "Pablo"].lastIndexOf("Pablo");
	// Devuelve 2
	``

map	Devuelve un nuevo array que contiene los resultados tras haber sido tratados por la función que se proporciona por parámetro.
	
	``js
	[1, 2, 3, 4, 5].map(function(x){ return x * x });
	// Devuelve el array [1, 4, 9, 16, 25]
	``

pop	Elimina y devuelve el último elemento del array.
	
	``js
	[1, 2, 3, 4, 5].pop();
	// Devuelve 5 y deja el arr con los valores [1, 2, 3, 4]
	``

push	Añade el elemento al final del objeto y devuelve el array resultante.
	
	``js
	[1, 2, 3, 4, 5].push(6);
	// Devuelve el array [1, 2, 3, 4, 5, 6]
	``

reverse	Devuelve el array en orden inverso.
	
	``js
	[1, 2, 3, 4, 5].reverse();
	// Devuelve el array [5, 4, 3, 2, 1]
	``

reduce	Permite realizar operaciones con arrays. Normalmente recibe dos parámetros (acumulador y elemento actual) y opera con el elemento sobre el acumulador. El resultado de la operación se devuelve en el acumulador.
	
	``js
	[1, 2, 3, 4].reduce(function(acumulador, elemento){
	    return acumulador + elemento;
	}); // Devuelve 10
	``

shift	Elimina y devuelve el primer elemento del array.
	
	``js
	let aux = [1, 2, 3];
	aux.shift();
	// Devuelve 1 y deja aux como [2, 3]
	``

sort	Devuelve un array unidimensional ordenado por valor. Antes de hacer la ordenación se hace una conversión a String, por lo que se ordena en formato de códigos Unicode, es decir, que el valor 80 está antes que el 9 y manzana está antes que plátano.
	
	 ```["Pablo", "Elena", "Adrian", "ana"].sort();```
	```// Devuelve el array ['Adrian', 'Elena', 'Pablo', 'ana']```

slice	Devuelve un nuevo array que contiene el número de elementos proporcionado como segundo parámetro, empezando por la posición pasada como primer parámetro.
	
	 ```let aux = [3, 40, 200, 5, 1];```
	```aux.slice(0,3);```
	```// Devuelve [3, 40, 200] y aux mantiene todos sus valores```

splice	Devuelve un nuevo array que contiene el número de elementos proporcionado como segundo parámetro, empezando por la posición pasada como primer parámetro. La diferencia con el método slice es que, splice, elimina del array original los elementos contenidos del array devuelto.
	
	 ```let aux = [3, 40, 200, 5, 1];```
	```aux.slice(0,3);```
	```// Devuelve [3, 40, 200] y aux se queda con [5, 1]```

unshift	Añade, al principio del array, los elementos proporcionados por parámetro.
	
	 ```let aux = [1, 2, 3];```
	```aux.unshift(4, 5);```
	```// Devuelve 5 y aux se queda como [4, 5, 1, 2, 3]```

9.5 JSON

Según Wikipedia, JSON es un acrónimo de **JavaScript Object Notation** y resulta un formato de texto sencillo y ligero para el intercambio de datos. Se trata de un subconjunto de la notación literal de objetos de JavaScript, aunque, debido a su amplio uso como alternativa al XML, se ha considerado un formato independiente del lenguaje.

Una de las supuestas ventajas de JSON sobre XML como formato de intercambio de datos es que resulta mucho más sencillo desarrollar un analizador sintáctico, lo que se suele conocer como **parser**. En JavaScript, un objeto JSON puede ser analizado fácilmente usando la función **eval**, algo que (debido a la ubicuidad de JavaScript en casi cualquier navegador web) ha sido fundamental para que haya sido aceptado por parte de la comunidad de desarrolladores AJAX.

Resulta muy frecuente utilizar JSON en entornos donde el tamaño del flujo de datos entre cliente y servidor es de vital importancia (de aquí que sea utilizado por grandes compañías como Yahoo!, Google o Mozilla cuando la fuente de datos es de confianza y donde no es importante el hecho de no disponer de procesamiento XSLT para manipular los datos en el cliente).

A modo de apunte introductorio final diremos que, si bien se tiende a considerar JSON como una alternativa a XML, lo cierto es que es frecuente el uso combinado de JSON y XML en algunas aplicaciones, como es el caso del servicio de Google Maps.

9.5.1 Sintaxis

Los tipos de datos disponibles en JSON puede ser valores numéricos, con el punto como separador de decimales, cadenas de texto entrecomilladas, valores booleanos true o false, valores nulos o arrays que suelen contener otros JSON.

```
[
    { "abbreviation": "Ene", "name": "Enero", "days": 31 },
    { "abbreviation": "Feb", "name": "Febrero", "days": 28 },
    { "abbreviation": "Mar", "name": "Marzo", "days": 31 },
    { "abbreviation": "Abr", "name": "Abril", "days": 30 },
    { "abbreviation": "May", "name": "Mayo", "days": 31 },
    { "abbreviation": "Jun", "name": "Junio", "days": 30 },
    { "abbreviation": "Jul", "name": "Julio", "days": 31 },
    { "abbreviation": "Ago", "name": "Agosto", "days": 31 },
    { "abbreviation": "Sep", "name": "Septiembre", "days": 30 },
    { "abbreviation": "Oct", "name": "Octubre", "days": 31 },
    { "abbreviation": "Nov", "name": "Noviembre", "days": 30 },
    { "abbreviation": "Dic", "name": "Diciembre", "days": 31 },
]
```

9.5.2 Creación de JSON

La forma más frecuente de crear o definir un objeto JSON es a través de dos llaves:

```
// Declaración de un JSON vacío
let persona = {};

// Declaración de un JSON con datos de una persona
let persona = {
    nombre: 'Pablo',
    apellido: 'Fernández',
    estatura: 1.60,
    edad: 18,
    trabaja: true
}
```

Sin embargo, también es posible crearlo a través de su constructor:

```
let persona = JSON.constructor();
persona.nombre = 'Pablo';
persona.apellido = 'Fernández';
persona.estatura = 1.60;
persona.edad = 18;
```

9.5.3 Acceso a elementos de un JSON

Para acceder a sus elementos podemos hacerlo a través de sus propiedades en formato objeto o en formato array:

```
console.log(persona['nombre']);        // Devuelve 'Pablo'
console.log(persona.edad);             // Devuelve 18
```

Al igual que pasa con el objeto **Array**, si el JSON está formado por un array de JSON su índice inicial será CERO, por tanto, para acceder a su último elemento deberemos acceder a su longitud menos uno.

9.5.4 Inserción y almacenamiento de elementos en un JSON

Para almacenar una nueva propiedad a un JSON, también podemos hacerlo en formato objeto o en formato array:

```
persona.talla = "S";
persona['nombre'] = "Elena";
```

9.5.5 Eliminación de elementos de un JSON

Para eliminar un elemento de un objeto array podemos utilizar la instrucción **delete** que elimina y reemplaza el elemento en el objeto donde se aplica.

```
delete(persona.talla);
console.log(persona);

// Devuelve lo siguiente:
{
    apellido: "Fernández"
    edad: 18
    estatura: 1.6
    nombre: "Elena"
    trabaja: true
    ▶ __proto__: Object
}
```

9.5.6 Envío y recepción de JSON

Los JSON son unos objetos con los que trabajamos de manera muy frecuente. Tanto es así, que incluso se les utiliza para enviar y recibir información al servidor o comunicarse con APIs, entre otras muchas posibilidades.

Dado que un JSON es también un objeto en JavaScript, este, hereda las propiedades y métodos propios del objeto como son el **contructor**, **hasOwnProperty** o **toString**.

Lo más normal es que, cuando se desea enviar información al servidor, el objeto que contiene esa información, sea transformado a un tipo String para que luego, en el servidor, pueda ser reconstruida y manipulada.

En lo referente a la recepción, lo habitual, es que el objeto que contiene esa información, venga en formato String. Sin embargo, puede ser convertido a un tipo concreto de objeto nada más ser recibido y, así, poder manipular dicha información.

Cuando se trata de JSON, en el proceso de envío y recepción, lo que se suele hacer es recurrir a los métodos **stringify** y **parse**.

9.5.6.1 MÉTODO STRINGIFY

La sentencia **stringify** convierte un objeto analizable en una cadena de texto de tipo JSON.

Por ejemplo, uno de los usos más frecuentes de esta instrucción es utilizarla para almacenar datos en la memoria intermedia o para transferir datos entre el cliente y el servidor.

```
let objeto = {
    texto: 'valor',
    digito: 1
}

JSON.stringify(objeto);   // Devolverá '{"texto":"valor","digito":1}'
```

Si el JSON está mal formado, en el método **stringify**, se provocará un error al intentar convertirlo a formato texto de JSON y devolverá un error de "Error de sintaxis".

9.5.6.2 MÉTODO PARSE

La sentencia **parse** convierte una cadena de texto de tipo JSON en un objeto analizable por JavaScript.

Por ejemplo, uno de los usos más frecuentes de esta instrucción es utilizarla para recuperar datos de la memoria intermedia o del servidor y, así, poder validar alguna propiedad.

```
let cadena = '{"texto":"valor","digito":1}';

let objeto = JSON.parse(cadena);
// Devuelve un String como:
{
    texto: "valor"
    digito: 1
    ► __proto__: Object
}

console.log(objeto.texto);   // Devolverá "valor"
```

Si el JSON está mal formado, en el método **parse**, se provocará un error al intentar convertirlo a formato analizable y devolverá un error de "Error de sintaxis".

9.6 ESPECIALES

En JavaScript hay objetos que se consideran especiales, bien porque tienen una funcionalidad muy concreta, bien porque son un enlace o vínculo con otros. Aquí vamos a describir algunos de ellos y que se utilizan durante el recorrido del libro.

9.6.1 El objeto window

El objeto window suele denominársele el objeto global ya que es la forma de referenciar a la ventana del navegador.

Cada vez que se accede a una página, el navegador crea un objeto window que, entre otras propiedades y métodos, contiene un objeto document con la información de la página solicitada.

El objeto window es único para cada pestaña del navegador, es decir, que los cambios que se puedan producir sobre el objeto window no se ven reflejados entre pestañas. En lo referente a marcos o frames el comportamiento del objeto window es idéntico al comportamiento entre pestañas, es decir, que también son independientes.

9.6.1.1 MÉTODOS

Muchos de los métodos que utilizamos normalmente pertenecen al objeto window, sin embargo, aunque pertenecen a este, la mayoría de las veces no requieren que se ejecuten o llamen a través de él. Véase por ejemplo el caso de **console**.

9.6.1.2 PROPIEDADES

Si nos ponemos a hablar sobre sus propiedades, la lista podría ser interminable. Por ello, aquí sólo describiremos las más frecuentes.

Propiedad	Descripción

`console`	Proporciona acceso a la consola del navegador. Este objeto, entre otras cosas, nos permite lanzar mensajes a la consola del navegador como, por ejemplo:
	
	 ```console.log(objeto); // Mensaje sin estado```
	 ```console.warn(objeto); // Mensaje de advertencia```
	 ```console.error(objeto); // Mensaje de error```

`innerHeight`	Devuelve el alto en píxeles de la ventana.
`innerWidth`	Devuelve el ancho en píxeles de la ventana.
`length`	Devuelve el número total de marcos (**frames** o **iframes**) que tiene la ventana.

`localStorage`	Provee acceso para gestionar el almacenamiento de datos permanentes, sin fecha de caducidad, aunque se cierre la pestaña o el navegador.
`opener`	Proporciona acceso a la ventana que fue abierta desde la ventana actual. Sólo es accesible cuando se realiza a través de **window.open**, en caso contrario, devuelve **null**.
`outerHeight`	Devuelve el alto en píxeles de la ventana incluyendo la barra de notificaciones y los bordes, si los hubiese.
`outerWidth`	Devuelve el ancho en píxeles de la ventana incluyendo la barra de notificaciones y los bordes, si los hubiese.
`pageXOffset, scrollX`	Devuelven la posición en píxeles del scroll horizontal, es decir, el valor del desplazamiento en píxeles de la barra de desplazamiento horizontal.
`pageYOffset, scrollY`	Devuelven la posición en píxeles del scroll horizontal, es decir, el valor del desplazamiento en píxeles de la barra de desplazamiento horizontal.
`screen`	Proporciona acceso a la interfaz **Screen** que provee toda la información disponible sobre el dispositivo dónde se muestra el documento. Entre sus propiedades podemos encontrar el alto y ancho en píxeles de la pantalla, la profundidad en bits de color y la orientación.
`screenX`	Devuelve la posición horizontal de la ventana en relación con el ancho de la pantalla.
`screenY`	Devuelve la posición vertical de la ventana en relación con el ancho de la pantalla.
`sessionStorage`	Provee acceso para gestionar el almacenamiento de datos temporales, que serán eliminados cuando se cierre la pestaña o el navegador.
`top`	Proporciona acceso al objeto **window**, marco o iframe superior de la ventana. Si no hay ningún nivel superior devolverá el objeto **window** actual.

9.6.2 El objeto document

El objeto **document** es quién representa a la página actualmente cargada. Dicho de otra manera, es quién proporciona acceso al DOM y describe los métodos y propiedades para poder manejar cualquier tipo de documento, sea del formato que sea (HTML, XHTML, SVG, ...).

Desde aquí, podemos acceder y manipular todo el DOM, como se verá más adelante.

9.6.2.1 MÉTODOS

El objeto document dispone de muchos métodos. Debido a ello, es mejor que se conozcan poco a poco según vayan surgiendo las necesidades. En este libro, veremos varios de ellos, pero si surgen dudas, lo mejor siempre seguirá siendo consultar la documentación oficial desde alguna fuente fidedigna.

9.6.2.2 PROPIEDADES

Al igual que pasa con el objeto window, si nos ponemos a hablar sobre sus propiedades, la lista podría ser interminable. Por ello, aquí sólo describiremos las más frecuentes.

Propiedad	Descripción
all	Devuelve un objeto **HTMLCollection** similar a un array que proporciona acceso a todos los elementos HTML que conforman el documento.
activeElement	Devuelve el elemento que actualmente está activo o tiene el foco.
body	Devuelve el elemento que representa y contiene el cuerpo del documento, en otras palabras, el elemento que se corresponde con la etiqueta **BODY** de la página actual.
characterSet	Devuelve el juego de caracteres que se utiliza en el documento. Lo habitual será que contenga el valor UTF-8.
cookie	Devuelve una lista con los nombres de las cookies que están asignadas o utiliza el documento. Van separadas por el símbolo punto y coma.
contentType	Devuelve el tipo de contenido MIME que se utiliza en el documento. Lo habitual será que contenga el valor **text/html** o **multipart/form-data**.
defaultView	Devuelve el objeto **window** al que pertenece.
designMode	Devuelve o establece la capacidad de editar todo el documento. Lo habitual es que su valor esté establecido a **off**. Si se cambia a **on**, todo lo que en principio era de sólo lectura (como un **LABEL** o un **H1**), ahora será editable.
docType	Devuelve el DTD o Definición del Tipo de Documento del documento actual. Lo habitual será que contenga el valor `<!DOCTYPE html>`.
documentElement	Devuelve el elemento que representa y contiene el documento, en otras palabras, el elemento que se corresponde con la etiqueta **HTML** de la página actual.
documentURI	Devuelve la URL del documento actual.

`forms`	Devuelve un objeto **HTMLCollection** que provee acceso a todos los formularios que están definidos en el documento.
`head`	Devuelve el elemento que representa y contiene la cabecera del documento, en otras palabras, el elemento que se corresponde con la etiqueta **HEAD** de la página actual.
`height`	Devuelve el alto en píxeles del documento.
`images`	Devuelve un objeto **HTMLCollection** que provee acceso a todas las imágenes que están definidas en el documento.
`links`	Devuelve un objeto **HTMLCollection** que provee acceso a todos los hipervínculos que están definidos en el documento.
`onreadystatechange`	Es el evento que nos permite controlar el **readyState**, es decir, los diferentes estados por los que pasa la página durante su carga. Esta parte se verá más adelante en detalle.
`styleSheets`	Devuelve un objeto StyleSheetList que representa y contiene todas las hojas de estilo y bloques **STYLE** incluidos en el documento.
`referrer`	Devuelve la URL de la página desde donde se entró. Si hacemos una búsqueda en Google y pinchamos en uno de los resultados, lo normal es que, esta propiedad tenga su valor establecido a *https://www.google.com/*.
`readyState`	Devuelve el estado actual de carga del documento. Los posibles valores por los que puede pasar son **loading**, que indica que está cargándose todavía, **Interactive**, que indica que se ha terminado de cargar y el DOM está accesible, pero todavía faltan imágenes, estilos o iframes que no se han cargado y complete, que indica que el documento está totalmente cargado. Cuando readyState entra en el estado Interactive, el evento **DOMContentLoaded** se dispara automáticamente y cuando el documento entra en este estado, el evento **onload** se dispara automáticamente. El modo de conseguir los estados por los que pasa el documento es establecer un oyente o **listener** sobre el objeto **onreadystatechange**.
`scripts`	Devuelve un objeto **HTMLCollection** que provee acceso a todos los scripts que están definidos en el documento.
`width`	Devuelve el ancho en píxeles del documento.

9.6.3 El objeto Screen

El objeto **Screen** proporciona información sobre la pantalla del dispositivo en el que nos encontramos actualmente.

Las propiedades más importantes son:

Propiedad	Descripción
availHeight	Devuelve el alto disponible de la pantalla. Lo habitual es que no suela coincidir con la altura de la pantalla porque, esta propiedad, le resta la altura asignada a la barra de tareas de la interfaz gráfica del sistema (lo que viene siendo la barra de tareas de Windows, por ejemplo).
availWidth	Devuelve el ancho disponible de la pantalla. Lo habitual es que este valor coincida con el ancho de la pantalla.
colorDeep	Devuelve la profundidad de color en bits de la pantalla. Lo habitual es que contenga el valor 24.
height	Devuelve la altura en píxeles de la pantalla.
orientation	Devuelve un objeto **ScreenOrientation** que contiene la información acerca de la orientación de la pantalla. Entre las diferentes propiedades que se nos ofrece podemos encontrar la propiedad **angle**, que devuelve el ángulo de giro de la pantalla y la propiedad **type**, que muestra una serie de posibles valores que son **landscape-primary**, que indica que la pantalla está en posición horizontal natural, **landscape-secondary**, que indica que la pantalla está en posición horizontal natural girada 180 grados, **portrait-primary**, que indica que la pantalla está en posición vertical natural y **portrait-secondary**, que indica que la pantalla está en posición vertical natural girada 180 grados.
width	Devuelve el ancho en píxeles de la pantalla.

9.6.4 La interfaz Navigator

La interfaz **Navigator** es un objeto que contiene la información sobre el agente de usuario, es decir, la información sobre la identidad del usuario.

La interfaz **Navigator** permite consultar, entre otras muchas más cosas, el lenguaje seleccionado por el usuario, la plataforma que está utilizando, el sistema operativo y si admite cookies.

Las propiedades más importantes son:

Propiedad	Descripción
appCodeName	Esta propiedad devuelve el nombre interno del navegador. Si se comprueba en diferentes navegadores, se puede observar que muchos, por no decir todos, tienen esta propiedad establecida a "Mozilla".
appName	Esta propiedad devuelve el nombre oficial del navegador. Si se comprueba en diferentes navegadores, se puede observar que muchos, por no decir todos, tienen esta propiedad establecida a "Netscape".
appVersion	Esta propiedad devuelve la versión del navegador. En varios navegadores, esta propiedad puede contener información adicional, como el sistema operativo.
connection	Esta propiedad devuelve un objeto **NetworkInformation** que contiene información acerca de la conexión de red del dispositivo.
cookieEnabled	Esta propiedad devuelve un booleano que indica si el navegador tiene habilitadas las cookies o no.
hardwareConcurrency	Si está disponible, esta propiedad devuelve el número de núcleos lógicos del procesador.
language	Esta propiedad devuelve el lenguaje que tiene seleccionado el navegador. El valor representado debe cumplir el estándar ISO 639-1.
online	Esta propiedad devuelve un booleano que indica si el navegador tiene acceso a la red, sea local o Internet.
platform	Esta propiedad devuelve la plataforma dónde se está ejecutando el navegador. Lo más frecuente es encontrar valores del tipo "Win32", "Win64", "MacIntel", ...
productSub	Si está disponible, esta propiedad devuelve el número de compilación del navegador.
userAgent	Esta propiedad devuelve un String que contiene la cadena que se corresponde con el agente de usuario. Lo habitual es que contenga mucha información, por lo que puede ser tratada para otros fines no "puramente identificativos".
vendor	Si está disponible, esta propiedad devuelve el fabricante del navegador.

9.6.5 La interfaz Location

La interfaz **Location** es un objeto que guarda toda la información referente a la URL actual. Los objetos **document** y **window** tienen, ambos, una propiedad que contiene los datos recuperados por la interfaz Location.

Las propiedades y métodos más importantes son:

Propiedad	Descripción
`href`	Contiene la URL completa.
`protocol`	Contiene el protocolo utilizado.
`hostname`	Contiene el dominio de la URL.
`port`	Contiene el puerto utilizado.
`pathname`	Contiene todo lo que no es el dominio.
`search`	Contiene los parámetros de la URL. Normalmente, le añade el símbolo de cierre de interrogación delante.
`reload`	Provoca la recarga de la página. `location.reload();`
`toString`	Devuelve la URL completa en formato String.

9.6.6 La interfaz HTMLElement

HTMLElement es una interfaz de JavaScript que representa a todos los elementos HTML del DOM. Hereda todas las propiedades del objeto Element e implementa las propiedades de los manejadores de eventos globales y táctiles. Además, es una interfaz muy útil cuando se desean añadir funcionalidades y/o sobrecargar métodos ya existentes.

A través de esta interfaz, se pueden leer y establecer la mayoría de los atributos que componen los elementos de HTML, así, por ejemplo, HTMLElement nos da acceso a atributos como los estilos del elemento (style), si está oculto (hidden), si es arrastrable (draggable), su orden de tabulación (tabindex), su combinación de teclado para acceder a él (accesskey), si su contenido es editable (contentEditable)... y así, casi una infinidad de propiedades.

Sirva como ejemplo que, gracias a esta interfaz, podríamos proveer a todos los elementos del DOM de un método que pueda eliminar nodos y elementos sin importar el navegador en el que nos encontramos, como se verá, más adelante, en el capítulo de "El DOM".

9.6.6.1 PROPIEDADES

A continuación, se muestran las propiedades más importantes o más frecuentemente utilizadas.

Propiedad	Descripción
`accesskey`	Devuelve o establece la combinación de teclado asignada al elemento. Dependiendo del navegador, el establecimiento de esta propiedad puede variar.
`accesskeyLabel`	Devuelve el contenido de la combinación de teclado asignada al elemento.
`attributes`	Devuelve todos los atributos que presenta un elemento.
`childNodes`	Devuelve todos los nodos hijos que tiene un elemento.
`children`	Devuelve todos los elementos hijos que tiene un elemento.
`className`	Permite manipular las clases de un elemento.
`clientHeight`	Devuelve la altura interior en píxeles del elemento.
`clientWidth`	Devuelve el ancho interior en píxeles del elemento.
`contentEditable`	Permite que los elementos de sólo lectura que, en principio no deberían ser editables, puedan serlo. Sus posibles valores son **true** o **false**. Si, por ejemplo, establecemos esta propiedad a true en un DIV, todo su contenido será editable.
`dataset`	Devuelve un objeto DOMStringMap que da acceso a la creación y manipulación de los atributos personalizados de un elemento.
`draggable`	Devuelve un booleano que indica si el elemento es arrastrable o no.
`hidden`	Devuelve un booleano que indica si el elemento está oculto o no.
`id`	Devuelve o establece el identificador del elemento.
`innerHTML`	Devuelve el contenido de todos los nodos o elementos hijos del elemento seleccionado en formato HTML con codificación de caracteres. **Nota**: a codificación de caracteres significa que, el código, se devuelve en formato de entidad HTML, es decir, que convertirá los caracteres especiales como "<" en "<" y ">" en ">", entre otros.
`innerText`	Devuelve el contenido de todos los nodos o elementos hijos del elemento seleccionado en formato HTML sin codificación de caracteres. Es equivalente a utilizar **childNodes[0].nodeValue**. Nota: esta propiedad no devolverá los elementos que estén ocultos por CSS.
`isContentEditable`	Devuelve si el elemento es editable o no.
`lang`	Devuelve o establece el idioma asignado al elemento.

`localname`	Devuelve el nombre local del elemento. Se considera nombre local de un elemento a la parte de la etiqueta que está detrás del símbolo dos puntos, es decir, la que está detrás del prefijo. Si no tiene prefijo, es equivalente al valor que devuelve la propiedad `tagName`.
`name`	Devuelve o establece el nombre del elemento.
`namespaceURI`	Devuelve el espacio de nombres del elemento. Habitualmente devolverá *http://www.w3.org/1999/xhtml* si estamos trabajando con HTML5. Si no tiene ningún valor asignado, su valor será null.
`nextSibling`	Devuelve el nodo inmediatamente posterior. Si no tiene, su valor será **null**.
`nextElementSibling`	Devuelve el elemento inmediatamente posterior. Si no tiene, su valor será **null**.
`nodeName`	Devuelve el nombre del nodo. Si el nodo es un elemento HTML, el nombre coincidirá con al valor devuelto por la propiedad `tagName`.
`nodeType`	Devuelve un número entero que representa el tipo de nodo. En este caso, como todo son elementos, esta propiedad siempre contendrá el valor 1.
`nodeValue`	Devuelve o establece el valor del nodo. Esta propiedad será null para el propio elemento. Para los nodos de tipo texto, comentario o **CDATA**, devolverá el contenido del nodo. Si el nodo es un atributo, devolverá el valor del atributo.
`offsetHeight`	Devuelve la altura en píxeles del elemento.
`offsetLeft`	Devuelve la distancia en píxeles que hay entre el borde izquierdo del elemento padre y el borde izquierdo del elemento actual.
`offsetParent`	Devuelve el elemento padre desde dónde se calculan los valores de offset. Normalmente se corresponde con el elemento que tiene el último posicionamiento relativo ascendente más cercano.
`offsetTop`	Devuelve la distancia en píxeles que hay entre el borde superior del elemento padre y el borde superior del elemento actual.
`offsetWidth`	Devuelve la anchura en píxeles del elemento.
`outerHTML`	Devuelve el contenido del elemento seleccionado (incluyéndose a sí mismo, no sólo sus hijos) en formato HTML con codificación de caracteres. ⓘ NOTA La codificación de caracteres significa que, el código, se devuelve en formato de entidad HTML, es decir, que convertirá los caracteres especiales como "<" en "<" y ">" en ">", entre otros.

`ownerDocument`	Devuelve un objeto document al que está asociado el elemento. Normalmente, será el documento actual, aunque puede que esté establecido a null.
`parentNode`	Devuelve el nodo padre (o contenedor) del elemento. Si no tiene padre, su valor será **null**.
`parentElement`	Devuelve el elemento padre (o contenedor) del elemento. Si no tiene padre, su valor será **null**.
`previousSibling`	Devuelve el nodo inmediatamente anterior. Si no tiene, su valor será **null**.
`previousElementSibling`	Devuelve el elemento inmediatamente anterior. Si no tiene, su valor será **null**.
`scrollHeight`	Devuelve la altura en píxeles de la barra de desplazamiento vertical del elemento.
`scrollLeft`	Devuelve la posición actual de la barra de desplazamiento horizontal de un elemento, con respecto a la izquierda.
`scrollTop`	Devuelve la posición actual de la barra de desplazamiento vertical de un elemento, con respecto a la parte superior.
`scrollWidth`	Devuelve el ancho en píxeles de la barra de desplazamiento horizontal del elemento.
`selectedIndex`	Devuelve o establece el índice seleccionado de un elemento de tipo desplegable (select). Si su valor es -1 indica que no hay ninguno seleccionado.
`style`	Devuelve el objeto CSSStyleDeclaration que contiene todos los estilos asociados al elemento.
`tabIndex`	Devuelve o establece un valor que representa el orden de enfoque del elemento cuando se accede a través del tabulador. El valor 0 indica orden secuencial por definición o aparición en el código. El valor -1 indica que no puede tomar el foco.
`tagName`	Devuelve el nombre de la etiqueta del elemento. Ejemplos de ello pueden ser DIV, LABEL, FORM, INPUT, BUTTON, ...
`textContent`	Devuelve o establece el contenido del elemento y todos sus descendientes en formato de texto plano. Si se establece esta propiedad, los nodos hijos serán eliminados y se convertirá en un nodo de tipo texto. Nota: esta propiedad sí devolverá los elementos que estén ocultos por CSS.
`title`	Devuelve o establece el texto que se mostrará cuando el cursor del ratón o puntero se sitúe encima del elemento.
`value`	Devuelve o establece el valor en un elemento de formulario. Estos pueden ser INPUT, BUTTON, SELECT y DATALIST.

9.6.6.2 MÉTODOS MÁS IMPORTANTES

A continuación, se muestran los métodos más importantes o más frecuentemente utilizados.

Método	Descripción y ejemplo
addEventListener	Añade o registra un manejador de evento a un elemento. No es posible utilizarlo con una colección de elementos directamente. Para ello habrá que recorrerla, elemento a elemento, con una estructura iterativa y asignar el listener de forma independiente, es decir, a cada elemento. `$0.addEventListener("click", nombreFn, false);`
appendChild	Inserta un nodo como último hijo del elemento. El nodo a insertar puede ser también un elemento. `document.body.appendChild(el);`
cloneNode	Realiza la copia del elemento, incluyendo su contenido si está establecido a **true**. `el.cloneNode(true)`
closest	Realiza una búsqueda ascendente desde el elemento hasta el último de sus padres y llegar a la raíz del documento. Si encuentra el nodo que coincida con el CSS selector especificado lo devuelve, en caso contrario, devuelve null. `$0.closest("body");`

dispatchEvent	Dispara el evento indicado por parámetro al elemento que se indique.
	
	`let evt = new Event('click');`
	`$0.dispatchEvent(event);`

getAttribute	Devuelve el valor del atributo proporcionado por parámetro del elemento indicado. `$0.getAttribute("class");`
getElementsBy ClassName	Devuelve un objeto **HTMLCollection** con todos los elementos que tengan el nombre de clase proporcionada por parámetro. `$0.getElementsByClassName("nombre_clase");`
getElementsBy TagName	Devuelve un objeto **HTMLCollection** con todos los elementos que estén definidos con la etiqueta proporcionada por parámetro. `$0.getElementsByTagName("nombre_etiqueta");`
querySelector	Devuelve el primer elemento descendiente del elemento que coincide con el grupo de selectores CSS especificado. `document.body.querySelector("div");`

`querySelectorAll`	Devuelve el conjunto de elemento descendientes del elemento que coinciden con el grupo de selectores CSS especificados. `document.body.querySelectorAll("div");`
`hasAttribute`	Devuelve si el elemento tiene establecido o no el atributo proporcionado por parámetro. `$0.hasAttribute("class");`
`hasChildNodes`	Devuelve un booleano que indica si el elemento tiene hijos o no. `$0.hasChildNodes();`
`insertAdjacent HTML`	Inserta el código HTML proporcionado como segundo parámetro en la posición especificada por el primer parámetro. Los posibles valores del primer parámetro son **afterbegin**, que inserta el código HTML como primer elemento hijo, **beforebegin**, que inserta el HTML antes del elemento, **afterend**, que inserta el HTML después del elemento, **beforeend**, que inserta el HTML como último elemento hijo. `$0.insertAdjacentHTML('afterend','<i>Texto</i>');`

`insertAdjacent Element`	Inserta el elemento HTML proporcionado como segundo parámetro en la posición especificada por el primer parámetro. Los posibles valores del primer parámetro son **afterbegin**, que inserta el elemento como primer elemento hijo, **beforebegin**, que inserta el elemento antes del elemento, **afterend**, que inserta el elemento después del elemento y **beforeend**, que inserta el elemento como último hijo.
	
	`let p = document.createElement("p");`
	`$0.insertAdjacentElement('afterend', p);`

`insertBefore`	Permite insertar un elemento inmediatamente antes que el elemento indicado. Tiene una variación de comportamiento que permite realizar inserciones inmediatamente detrás. Esto se consigue si elemento adyacente tienen establecida la propiedad **nextSibling**. `nodoPadre.insertBefore(nuevoNodo, NodoIndicado);`
`removeAttribute`	Elimina el atributo solicitado del elemento indicado. `$0.removeAttribute("class");`
`remove`	Elimina el elemento indicado. ⓘ **NOTA** No es válido para Internet Explorer 11 o inferiores. `$0.remove();`

removeEventListener	Elimina el manejador de evento del elemento indicado. No es posible utilizarlo con una colección de elementos directamente. Para ello habrá que recorrerla, elemento a elemento, con una estructura iterativa y eliminar el listener de forma independiente, es decir, a cada elemento. `$0.removeEventListener("click", nombreFn, false);`
setAttribute	Establece el valor del atributo proporcionado por parámetro al elemento indicado. `$0.setAttribute("data-row", "1");`

9.6.7 El objeto History

Este objeto proporciona una serie de métodos y propiedades que permiten controlar el historial del navegador.

Entre las propiedades que nos ofrece este objeto podemos encontrar:

Propiedad	Descripción
constructor	Devuelve la función constructora nativa.
length	Devuelve la longitud del array.
prototype	Permite añadir nuevas propiedades y métodos al objeto.
scrollRestoration	Permite establecer o configurar cómo serán los cambios de desplazamiento sobre la navegación del historial. Sus posibles propiedades son auto y manual. Su valor predeterminado es auto.
state	Permite recuperar el valor de estado que posee la parte superior de la pila del historial. En general, siempre será null hasta que se produzca una llamada a **pushState** o **replaceState**.

En lo referente a las acciones que se pueden realizar con este objeto, tenemos cinco métodos y un evento para controlar en avance o retroceso del historial.

9.6.7.1 MÉTODO BACK

Permite retroceder un paso atrás en la navegación como si le pulsásemos el botón de "atrás" del navegador.

```
history.back();
```

9.6.7.2 MÉTODO FORWARD

Permite avanzar un paso hacia adelante en la navegación como si le pulsásemos el botón de "adelante" del navegador.

```
history.forward();
```

9.6.7.3 MÉTODO GO

Permite saltar un número determinado de pasos en ambas direcciones, es decir, tanto retroceder como avanzar un número determinado de pasos en la navegación.

El número de pasos se indica como parámetro. Si su valor de este parámetro es negativo, retrocederá el número indicado de pasos en el historial. Si el valor resulta ser positivo, se avanzará el número indicado de pasos en el historial.

```
history.go(-2);
```

9.6.7.4 MÉTODO PUSHSTATE

Permite añadir registros o entradas en el historial del navegador.

Para poder configurarlo se deben suministrar tres parámetros.

Parámetro	Descripción
datos	Es un objeto que está asociado a la entrada y puede ser recuperable a través de la propiedad state desde dentro del evento denominado **PopStateEvent**. En este objeto sólo se puede almacenar hasta 640KB de texto y puede ser cualquier cosa que pueda ser convertida con el método **stringify** del objeto JSON.
Título	Es el nuevo título de la página que se va a insertar.
URL	Es la nueva URL de la página que se va a insertar en el historial.

```
history.pushState(null, 'Listado de Productos', "./catalogo.html");
```

Este método puede ser muy interesante si lo que queremos es controlar los botones de avance y retroceso del navegador, sin embargo, todas las entradas que aquí se manejen deben seguir la política del mismo origen. El intento de introducir una entrada que no pertenezca al mismo dominio provocará una excepción del DOM.

```
history.pushState(null, 'mosquis!', "http://google.es");
```

Otra cosa que cabe destacar de este método es que no provocan la navegación ni la recarga de la entrada, es decir, aunque insertemos una entrada que no exista, el navegador no informará de ello hasta que forcemos la navegación a través del método **reload** del objeto **location** o, a través de la pulsación de F5.

ⓘ NOTA

Es posible que algunos piensen que, en el fondo, el resultado de ejecutar este método es similar a ejecutar window.location = "#...", sin embargo, pushState es una opción mejor porque, por ejemplo, permite cambiar la URL entera si se desea.

9.6.7.5 MÉTODO REPLACESTATE

Permite reemplazar la entrada actual del historial del navegador.

Para poder configurarlo se deben suministrar tres parámetros.

Parámetro	Descripción
`datos`	Es un objeto que está asociado a la entrada y puede ser recuperable mediante la propiedad state desde dentro del evento denominado **PopStateEvent**. En este objeto sólo se puede almacenar hasta 640KB de texto y puede ser cualquier cosa que pueda ser convertida con el método **stringify** del objeto JSON.
`Título`	Es el nuevo título de la página que se va a reemplazar.
`URL`	Es la nueva URL de la página que se va a reemplazar en el historial.

Imaginemos el supuesto caso de estar en la URL indicada anteriormente por el método pushState, "catalogo.html". Si quisiéramos que apareciese "Catalogo" en vez de eso, podríamos realizar la siguiente acción:

```
history.replaceState(null, 'Mi Web', "/Productos/Catalogo");
```

Al igual que pasa con el método pushState, replaceState no provoca la navegación ni la recarga de la entrada, es decir, aunque insertemos una entrada que no exista, el navegador no informará de ello hasta que forcemos la navegación a través del método **reload** del objeto **location** o, a través de la pulsación de F5.

Si echamos una mirada atrás en el tiempo, igual alguno descubre que este tipo de acciones se realizaban a través del objeto **location** y su propiedad **hash**, que modificaban la parte del anclaje de una URL.

9.6.7.6 EVENTO ONPOPSTATE

Aunque este evento está asociado al historial, en realidad pertenece al objeto window.

Cada vez que el usuario pulsa en los botones de avance o retroceso del historial de navegación, se realiza una llamada al evento onpopstate.

El evento que recibe es un objeto PopStateEvent que contiene varias propiedades, no obstante, como se ha comentado antes, la propiedad que nos interesa es state. La propiedad state guarda el objeto con los datos que definimos a través de los métodos pushState y replaceState.

Si quisiéramos ver el valor se state cuando pulsamos en los botones de volver o avanzar en el historial podríamos verlo a través del siguiente código:

```
window.onpopstate = function(e){
    console.log(e.state)
}
```

NOTA

Los métodos de pushState y replaceState, trabajan de forma coordinada con este evento y el objeto History.

9.6.7.7 EJEMPLO DE ANULACIÓN DEL BOTÓN VOLVER DEL NAVEGADOR

Como decíamos antes, en el pasado, la anulación del botón volver se realizaba a través del objeto location y su propiedad hash. Desde hace ya algunos años, una nueva forma de hacer esto es mediante el siguiente script:

```javascript
let title = document.head.querySelector("title").innerHTML;

history.pushState(null, title, location.href);

window.onpopstate = function(e){
    history.forward();
}
```

9.6.8 El objeto this

El objeto **this** es un objeto genérico que provee acceso al objeto actual, ya sea una función u otro objeto. Si este objeto es llamado desde un contexto global, hará referencia al objeto window, mientras que, si se llama desde una función o evento, hará referencia al propio objeto destino.

En lo referente a su comportamiento, el objeto **this** puede provocar cierta confusión cuando se trata de manipular sus propiedades o métodos. Por ejemplo, puede ocurrir que un objeto trate de actualizar una de sus propiedades a través de this y el resultado sea que, aparentemente, no hace nada.

Supongamos el caso de un objeto que tiene que actualizar una de sus propiedades:

```javascript
function producto(a, b){
    let p = a * b;
    this.p = p;
}
producto.p = 0;

// Ejecutamos la función y mostramos su propiedad "p"
producto(2,3);
console.log(producto.p);                              // Devolverá 0
```

La razón de porqué la ejecución de este código da como resultado su valor inicial es que, la asignación de **this**, espera un objeto instanciado. Si en vez de ejecutar la función directamente, la ejecutamos instanciando primero el objeto, veremos que la propiedad **p** sí se ha actualizado.

```javascript
let prod = new producto(2,3);
console.log(prod.p);                                  // Devolverá 6
```

Ahora bien, si lo que queríamos era utilizarlo sin tener que instanciarlo, entonces la respuesta es únicamente cambiar this por el nombre del objeto, en este caso producto.

```
function producto(a, b){
    let p = a * b;Ç
    producto.p = p;
}
producto.p = 0;

// Ejecutamos la función y mostramos su propiedad "p"
producto(2,3);
console.log(producto.p);                          // Devolverá 6
```

Otra de las dudas que surgen cuando se realizan nuevos componentes en JavaScript es porqué, en ocasiones, **this** tiene un valor **undefined** o **null**. La respuesta a esa pregunta suele ser que se encuentra en modo estricto.

En modo no estricto, la ejecución del siguiente código devolvería verdadero, porque la función fue declarada en el contexto de window.

```
function valorThis(){
    console.log(this == window);
}
valorThis();                                      // Devolverá true
```

Sin embargo, en modo estricto, la ejecución del siguiente código devolvería falso, porque el objeto window es reemplazado por null.

```
function valorThis(){
    'use strict'
    console.log(this == window)
}
valorThis();                                      // Devolverá false
```

9.6.9 El objeto globalThis

Si el objeto this nos permite manejar el contexto actual, **globalThis** nos permite acceder al contexto global, que es dónde se encuentra el objeto this. Dicho de otra forma, si estamos dentro de una función de un objeto que fue declarado bajo el contexto de window, la propiedad this será la declaración de la función y globalThis será un alias de window.

```
let it = {name: 'IT', version: '1.0'}
it.imprimirContextos = function(){
    console.log("this: ", this);
    console.log("globalThis: ", globalThis);
}
```

Si ejecutamos el código, podremos comprobar que **this** representa al objeto **it** (que contiene la definición de imprimirContextos, name y versión), y que, **globalThis**, representa al objeto **window**.

Veamos otro ejemplo:

```
let it = function(){ console.log('IT inicializado'); }
it.imprimirContextos = function(){
    console.log("this: ", this);
    console.log("globalThis: ", globalThis);
}
```

Si ahora ejecutamos este código, podremos comprobar que **this** representa la declaración del **contenido de la función**, es decir, la función que contiene el método console mientras que, **globalThis**, representa al objeto **window**.

9.6.10 El objeto prototype

Todos los objetos en JavaScript provienen del objeto Object, por lo que, todos los objetos heredan sus métodos y propiedades. El problema surge cuando se desean incorporar nuevas funcionalidades o métodos a los objetos prototipados. Para eso JavaScript provee de la propiedad **prototype**, la cual permite precisamente esto.

El objeto **prototype** tiene bastantes propiedades obsoletas o no estandarizadas, pero hay 2 propiedades que no podemos ignorar:

Propiedad	Descripción
`constructor`	Especifica la función que creó el prototipo del objeto.
`__proto__`	Especifica la llamada de acceso provee acceso al interior del prototipo a través del cual se accede a ella.

En lo referente a sus métodos, hay algunos que cabe destacar:

Método	Descripción

`hasOwnProperty`	Devuelve un booleano que indica si la propiedad proporcionada por parámetro está presente en el objeto.
	
	```let data = { id: 1, code: 0 };```
	```data.hasOwnProperty("idd") // Devuelve false;```

`isPrototypeOf`	Devuelve un booleano que indica si el objeto pertenece a la cadena de prototipos del objeto especificado.
	
	```let data = { id: 1, code: 0 };```
	```data.isPrototypeOf(JSON) // Devuelve false;```

`propertyIsEnumerable`	Devuelve un booleano que indica si la propiedad tiene el atributo enumerable establecido.
	
	```let data = { id: 1, code: 0 };```
	```data.propertyIsEnumerable("id") // Devuelve true;```

`toString`	Devuelve la definición del objeto convertido en formato cadena de texto.
	
	```let data = { id: 1, code: 0 };```
	```data.toString() // Devuelve '[object Object]';```

A continuación, se muestra cómo se puede añadir la funcionalidad de fecha actual en formato español (Little Endian) al objeto Date de JavaScript:

```
Date.prototype.littleEndianFormat = function () {
    const local = new Date(this);

    // Se calcula el diferencial GMT
    local.setMinutes(this.getMinutes()-this.getTimezoneOffset());

    let aux = local.toJSON().slice(0, 10);
    aux = aux.split('-')[2] + "-" +
        aux.split('-')[1] + "-" +
        aux.split('-')[0];

    return aux;
};

new Date().littleEndianFormat();
```

La función **setMinutes** nos sirve para calcular el diferencial GMT.

Seguidamente, se transforma una cadena con la fecha y la hora en formato estándar de JavaScript a formato compatible con JSON y extraemos la subcadena del resultado desde la posición 0 hasta la posición 10.

Finalmente, y con ayuda de la función **split** convertimos la fecha, de formato inglés (Big Endian) a formato español (Little Endian) y, el resultado es lo que se devuelve.

9.7 OTRAS COSAS QUE SABER SOBRE LOS OBJETOS DE JAVASCRIPT

9.7.1 La herencia

Cuando se empieza a programar en un lenguaje como JavaScript, su sintaxis liberal puede causar muchos problemas de adaptación e, incluso, puede hacer que los desarrolladores rechacen el lenguaje.

El paradigma de JavaScript es, en varios aspectos, muy diferente a muchos lenguajes orientados a objetos. Sin embargo, no olvidemos que, en JavaScript, todo son objetos, incluyendo las entidades que, por definición, no deberían serlo.

Como decíamos en un capítulo anterior, en JavaScript todo hijo hereda de su padre y, casi todos, heredan de **Object**. El problema surge, cuando, se desean incorporar nuevas funcionalidades o métodos a los objetos prototipados, pero, para eso, JavaScript provee de algunas "técnicas" para ayudar durante el proceso.

Veámoslo con un ejemplo:

Si queremos crear un nuevo objeto desde cero, lo primero que debemos hacer es crear su constructor.

```
function Persona(nombre, apellidos, edad) {
    this.nombre = nombre + " " + apellidos;
    this.edad = edad;
};
```

Con esto hemos definido un objeto que hemos llamado **Persona** y al que le hemos dotado de unas pocas propiedades, no obstante, como no tiene ningún método, le creamos uno.

```
// Método para recuperar la edad de la persona
Persona.prototype.getEdad = function() {
    alert(this.nombre + ' tiene ' + this.edad + ' años!');
};

// Método para recuperar el nombre de la persona
Persona.prototype.getNombre = function() {
    alert('Mi nombre es ' + this.nombre);
};
```

Ahora lo que queremos hacer es, definir a esas personas como alumnos o profesores, por lo que tendremos que crear los objetos **Alumno** y **Profesor**.

```
function Alumno(persona, curso, asignaturas) {
    for(let key in persona){
        this[key] = persona[key];
    }

    this.curso = curso;
    this.asignaturas = asignaturas;
};

function Profesor(curso) {
    for(let key in persona){
        this[key] = persona[key];
    }
    this.curso = curso;
};
```

Ambos son Persona, por lo que tendrán que heredar de la clase que hemos definido antes. Para ello definimos cuál es el prototipo del que heredan y sobrescribimos su constructor para que las propiedades y métodos pertenezcan a ese objeto.

```
Alumno.prototype = new Persona();
Alumno.prototype.constructor = Alumno;

Profesor.prototype = new Persona();
Profesor.prototype.constructor = Alumno;
```

Ahora los objetos Alumno y Profesor son también Personas y, por tanto, ya hemos provocado la herencia de sus propiedades y métodos.

```
let pablo = new Persona('Pablo', 'Fernández',18);
let alumno = new Alumno(pablo, '1º FP', '...');
```

Si ahora consultamos lo que contiene la variable alumno, veremos que tiene todas las propiedades del objeto Alumno y todas las propiedades y métodos del objeto Persona.

```
console.log(pablo);
// devuelve lo siguiente:
{
    edad: 18
    nombre: "Pablo Fernández"
    ► __proto__: Object
}

console.log(alumno);

// Devuelve lo siguiente:
{
    asignaturas: "..."
    curso: "1º FP"
    edad: 18
    ► getEdad: f{}
    ► getNombre: f{}
    nombre: "Pablo Fernández"
    ► __proto__: Persona
}
```

9.7.2 Sentencias get y set

Permite definir un método que realizará una funcionalidad concreta cuando se acceda a una determinada propiedad.

```
get ultimo() {
    if (this.log.length > 0) {
        return this.log[this.log.length - 1];
    } else {
        return "";
    }
}
```

Si ejecutásemos el ejemplo anterior, podríamos observar que cuando se llama a la propiedad **ultimo**, el objeto nos devuelve el último elemento del array denominado log.

Y con la sentencia set pasa un poco lo mismo, podemos hacer que, cada vez que se actualice una propiedad, se ejecute una acción asociada de forma interna.

```
set mensaje(mensaje) {
    this.log.mensaje(mensaje);
}
```

Si ejecutásemos el ejemplo anterior, podríamos observar que, cuando se actualiza la propiedad mensaje, dicho mensaje se inserta en un array contenedor.

9.7.2.1 EJEMPLO COMPLETO DE GET Y SET

```
let Historico = {
    get ultimo() {
        if (this.log.length > 0) {
            return this.log[this.log.length - 1];
        } else {
            return "";
        }
    },
    set mensaje(mensaje) {
        this.log.push(mensaje);
    }, log: []
}

// Imprimimos el ultimo valor
console.log(Historico.ultimo);              // Devuelve ""

// Añadimos un mensaje
Historico.mensaje = "hola que tal";         // Devuelve "Hola que tal"

// Imprimimos el ultimo valor
console.log(Historico.ultimo);              // Devuelve "Hola que tal"
```

9.8 PRACTICA Y JUEGA

Test de JavaScript: Objetos	Código QR
Juega a averiguar todas las respuestas correctas con el mínimo número de errores y en el menor tiempo posible. **https://codepen.io/pefc/full/GRXMZoB**	

10

FUNCIONES EN JAVASCRIPT

Uno de los propósitos de las funciones en JavaScript es el de ser utilizadas como constructores para los objetos.

Por lo general, la definición de una función normal suele estar caracterizada por tener un nombre o identificador, una lista de argumentos incluidos entre paréntesis y separados por comas y un conjunto de instrucciones que se encuentran incluidas entre llaves que realizan unas acciones.

Las funciones en JavaScript no tienen por qué devolver nada, no obstante, si se necesita devolver algo, se puede hacer a través de la palabra reservada **return**.

10.1 CREACIÓN DE FUNCIONES

En JavaScript existen dos modos de definir una función, como expresión o como declaración. Cuando nos referimos a una función en **modo de expresión**, lo que se desea expresar es:

```
let fn = function(){
    console.log("Función definida como expresión")
}
```

Cuando nos referimos a una función en **modo de declaración**, lo que se desea expresar es:

```
function fn(){
    console.log("Función definida como expresión")
}
```

10.1.1 Diferencia entre modo estricto o modo no estricto

En JavaScript existen dos modos de programar funciones, el modo estricto y el modo no estricto. Si una función está diseñada en **modo no estricto**, su rendimiento será menor y no habrá errores silenciosos. Además, los valores de **null** y **undefined** serán reemplazados por el objeto global y los valores primitivos serán transformados a objetos. Veámoslo con un ejemplo:

En ocasiones los desarrollos requieren heredar de otros objetos o contextos que no son el actual. Por ejemplo, cuando se ejecuta una función o método desde la consola del navegador, el objeto **this** es equivalente al objeto desde donde se llama la función, en este caso, el objeto **window**.

```
let mostrarContenidoThis = function(){
    console.log(this)
}

mostrarContenidoThis();                    // Devolverá ► Window {postMessage:...}
```

Si ejecutamos el código veremos que el valor del objeto **this** ha sido remplazado por el objeto **window**. Esto es porque, como decíamos, la función está diseñada en **modo no estricto** y dado que la función mostrarContenidoThis está definida bajo el contexto del objeto window, **this**, se vuelve un alias de **window**.

Sin embargo, si la función mostrarContenidoThis la construimos en **modo estricto**, el resultado de su ejecución será completamente diferente.

```
let mostrarContenidoThis = function(){
    'use strict'
    console.log(this)
}

mostrarContenidoThis();                    // Devolverá undefined
```

Si ahora ejecutamos el código, veremos que el valor del objeto **this** ha sido remplazado por **undefined**. Esto es porque, ahora sí, la función está diseñada en **modo estricto** y JavaScript no hace ningún remplazo automático.

10.2 PASO DE PARÁMETROS

Las funciones de JavaScript tienen un comportamiento, diríamos, que dinámico.

Cuando los parámetros enviados a una función son **de tipo primitivo** (como pueda ser un tipo Number o un tipo String), **son pasados por valor**, es decir que, si el valor del parámetro es modificado, el cambio no se verá reflejado fuera del contexto de la función.

Sin embargo, cuando los parámetros enviados a la función **no son de tipo primitivo** (como pueda ser un Array o un JSON), **son pasados por referencia**, es decir que, si el valor del parámetro es modificado, el cambio sí se verá reflejado fuera del contexto de la función y puede que afecte, incluso, a nivel global.

Una vez que tenemos claro cómo se envían los parámetros a una función, sólo queda conocer cómo se reciben. Pues bien, se puede recibir por asignación directa o a través del objeto arguments.

10.2.1 Por asignación directa

En muchas ocasiones, cuando se declara una función se indican los nombres de los argumentos, es decir, si tenemos la función alert(msg) y realizamos una llamada con un valor concreto, el argumento "msg" contendrá el valor establecido o enviado.

```
alert("Página cargada");                    // "Página cargada" es el argumento
```

10.2.2 El objeto arguments

El objeto **arguments** es una variable local autogenerada que se "crea" cada vez que se invoca a un método o función. Este objeto se asemeja a un array (aunque no lo es puesto que la única propiedad que tienen en común es **length**) y contiene todos los argumentos que recibe una función, accesibles a través de su índice o posición.

El objeto **arguments** tiene tres propiedades importantes.

10.2.2.1 PROPIEDAD CALLEE

Esta propiedad nos permite averiguar el número de argumentos y el nombre de la función que se está ejecutando en el momento actual.

10.2.2.2 PROPIEDAD CALLER

Dentro de la propiedad **callee**, se encuentra esta propiedad, que lo que nos permite es conocer el nombre de la función que llamó a la función que se está ejecutando en momento actual. Por ejemplo, si una función getPersona llamase a otra función getApellidos, la propiedad caller debería tener como valor getPersona y la propiedad callee getApellidos.

10.2.2.3 PROPIEDAD NAME

También, dentro de **callee**, encontramos una propiedad nos permite recuperar el nombre de la función que se está ejecutando en el momento actual.

10.2.2.4 PROPIEDAD LENGTH

Esta propiedad está disponible tanto en la propiedad **callee**, como en la propiedad **caller**. Dependiendo de dónde sea leída, lo que nos indicará es cuántos argumentos tiene la función llamadora o cuántos argumentos tienen la función que se está ejecutando en el momento actual.

```
let square = function(a){
    return a ** 2;
}

let op = function(op, v1, v2){
    console.log(arguments);
    if(op == "Square") return square(v1);
}

op("Square", 2);
```

Si ejecutamos el código anterior, lo que devuelve es algo como lo siguiente:

```
Arguments(2) ["Square", 2, callee: ƒ, Symbol(Symbol.iterator): ƒ]
0: "Square"
1: 2
► callee: f (op, v1, v2)
    arguments: null
    caller: null
    length: 3
    name: "op"
    prototype: {constructor: ƒ}
    __proto__: f ()
length: 2
Symbol(Symbol.iterator): f values()
__proto__: Object
```

Como se puede apreciar en el desglose del objeto Arguments, cuando se llama a la función square, la propiedad callee tiene como valor el nombre de la función que la llamó. Además, se puede ver que el número de argumentos de la función square es de 2 y que, el número de argumentos de la función op (dentro de la propiedad callee) es de 3.

10.3 FUNCIONES ANÓNIMAS

En JavaScript hay dos formas de definir funciones. La más frecuente y conocida es la que se le asigna un nombre detrás de la palabra reservada **function**. Esta forma de declarar funciones es lo que se suele denominar función nominal.

Las funciones anónimas son exactamente idénticas a las nominales, con la diferencia de que no tienen un nombre o identificador asociado.

A continuación, se muestra un ejemplo de una función anónima.

```
function(){
    console.log("Página cargada");
}
```

Si intentamos ejecutar esta declaración de función, probablemente, nos aparecerá un mensaje de error de sintaxis puesto que no es posible asociarse a ningún objeto ni a ningún nombre de función.

Sin embargo, si esta definición, la encerramos entre paréntesis y colocamos otros dos al final de la declaración, lo que se conseguirá es que se defina y ejecute a la vez.

```
(function(){
    console.log("Página cargada");
})();
```

Todo sea dicho de paso, este tipo de declaraciones no es nada frecuente porque es como si ejecutásemos el contenido sin más. No obstante, las funciones anónimas sí que se utilizan mucho para el paso de parámetros, temporizadores, declaración de eventos y en otras muchas situaciones.

10.3.1 Ventajas e inconvenientes

Es muy frecuente utilizar funciones anónimas en listeners por su facilidad de declaración o porque pueden decrementar el tiempo de desarrollo considerablemente. En estos casos, en los que la función anónima no puede ser referenciada, aunque se permite, no se recomienda su uso, sobre todo, porque no puede ser alcanzada por el recolector de basura de JavaScript y, como consecuencia, no puede ser eliminada de la memoria.

Sin embargo, las ventajas de usar este tipo de funciones pueden ser muchas, puesto que se pueden pasar como parámetro a otra función y conseguir que todo lo que se defina o ejecute dentro de ella no interfiera con la aplicación.

Un claro ejemplo de esto y que se da bastante a menudo es en el uso de los métodos **setTimeout** o **setInterval**:

```
setTimeout(function(){
    console.log('Este mensaje está dentro de una función anónima')
}, 1000);
```

Si ejecutamos el código anterior veremos que, el método **setTimeout**, ahora muestra el mensaje pasados 1000 milisegundos.

```
let x = 0;
let interval = setInterval (function(){
    console.log('Este mensaje está dentro de una función anónima')

    x++;

    if(x == 10) clearInterval(interval)
}, 1000);
```

Si, ahora, ejecutamos el código anterior veremos que, el método **setInterval**, producirá la salida del mensaje en 10 ocasiones, una vez cada 1000 milisegundos. Pasados 10 segundos, se cumplirá la condición y se ejecutará la sentencia **clearInterval** que parará el temporizador.

10.4 FUNCIONES CLAUSURA

Las funciones clausura son funciones que se declaran dentro del contexto de otra función. Se les llama así porque siguen la técnica de implementación de contextos (también llamada ámbitos léxicos) aplicable a lenguajes de programación con funciones, como es el caso de JavaScript y porque, al tener una función definida dentro de otra, se produce un efecto de clausura y ocultación.

```
let Persona = function() {
    var _fname = new Array();

    function setName(val) {
        _fname['name'] = val;
```

```
    }

    function setSurname(val) {
      _fname['surname'] = val;
    }

    return {
        asignarApellidos: function(t) {
            setSurname(t);
        },
        asignarNombre: function(t) {
            setName(t);
        },
        mostrar: function() {
            return _fname['name'] + " " + _fname['surname'];
        }
    }
}

// Para utilizar esta función
let p = Persona();
    p.asignarNombre("Pablo");
    p.asignarApellidos("Fernández");

p.mostrar();                              // Devuelve "Pablo Fernández"
```

10.4.1 Ventajas e inconvenientes

Utilizar funciones de clausura son muy útiles para emular la declaración de propiedades y métodos privados, es decir, funciones que ni son visibles ni pueden ser llamadas desde fuera de su contexto (en nuestro ejemplo, **Persona**).

De hecho, si ahora quisiéramos ver el contenido del objeto **Persona** comprobaríamos que tanto el nombre de la propiedad como los métodos de asignación no están disponibles.

```
console.log(Persona())
console.log(p)

// Ambos devolverán lo mismo:

{asignarApellidos: ƒ, asignarNombre: ƒ, mostrar: ƒ}
    ▶ asignarApellidos: f (t)
    ▶ asignarNombre: f (t)
    ▶ mostrar: f (t)
    ▶ __proto__: Object
```

Sin embargo, las funciones de clausura tienen un gran inconveniente y es que bajan el rendimiento del sistema porque provocan un aumento innecesario de la memoria y, a veces, del procesamiento.

10.5 FUNCIONES FLECHA

Las funciones flecha (o funciones arrow) no son nada más que una forma de reducción de código, es decir, una forma abreviada de codificar funciones. Se las llama flecha porque se escriben con una simbología que recuerda a una flecha y pueden resultar muy cómodas a la hora de desarrollar, sin embargo, no son compatibles con varios navegadores, incluyendo Internet Explorer 11 ni Microsoft Edge 13.

Por ejemplo, una función flecha podría ser:

```
let getName = () => "Pablo Fernández";
```

Esto sería equivalente a:

```
let getName = function(){
    return "Pablo Fernández"
}
```

Todas las funciones flecha son anónimas y, todas ellas, definen sus argumentos en la parte izquierda de la "flecha" y el contenido a la derecha de la "flecha", pero, aunque puedan resultar muy similares a las funciones convencionales, se comportan de forma muy diferente como verá más adelante.

```
let a = new Array(3, 40, 200, 5, 1);
a.sort((a, b) => {
    return a - b;
});
```

Como se puede apreciar, la función de ordenación ascendente resulta ser un código corto y sencillo. Sólo a modo de aclaración, si cambiásemos la expresión "a - b" por "b - a", el resultado de la ordenación sería descendente.

Ahora veamos el ejemplo un poco más complejo con funciones de este tipo.

```
let ArrayOperations = function() {
    return Calculadora
}

ArrayOperations.sort = (arr) => arr.sort((a, b) => a - b );

ArrayOperations.max = (arr) => {
    return arr.reduce((a,b) => {
        return a >= b ? a : b;
    });
}

ArrayOperations.min = (arr) => {
    return arr.reduce((a,b) => {
        return a <= b ? a : b;
    });
}
```

```
ArrayOperations.addIVA = (arr, iva) => {
    return arr.map((a) => {
        return a * (1 + iva);
    });
}

let a = new Array(3, 40, 200, 5, 1);
console.log(ArrayOperations.sort(a));
console.log(ArrayOperations.max(a));
console.log(ArrayOperations.min(a));
console.log(ArrayOperations.addIVA(a, 0.21));
```

Si observamos el código anterior, una de las cosas que podremos ver que, por ejemplo, el método **sort** está declarado sin llaves y sin la sentencia **return**, pero, sin embargo, funciona perfectamente. Cuando se declaran funciones flecha en una única línea se pueden obviar las llaves y, por tanto, también la instrucción return.

Y otra cosa que se puede observar es que, las funciones **max** y **min**, podrían haberse desarrollado utilizando la librería Math de JavaScript, no obstante, aquí se han diseñado de la forma tradicional, como si no la tuviésemos o conociésemos. En ellas, sí que se utilizan las llaves y la sentencia return.

Por último, indicar que, las funciones flecha, se suelen ver mucho en declaraciones de promesas (que se verán más adelante) porque se vuelven, si cabe, más legibles y ayudan a su comprensión. Un ejemplo de ello podría ser:

```
leerFichero().then(() => analizarFichero()).then(() =>
devolverResumen());
```

10.5.1 Ventajas e inconvenientes

Las funciones flecha pueden ser un gran aliado a la hora de desarrollar clases u objetos, sin embargo, tienen un gran inconveniente, no pueden asociarse a un constructor. Si intentásemos realizar un new con una función flecha, lo menos que puede pasar es se produzca un error de "typeError".

Otra cosa que resulta llamativa es que las funciones flecha no tienen vinculado ningún objeto de binding como pueda ser this, super o arguments. De hecho, si llamásemos a this desde dentro de una función flecha, lo que se nos devolvería es el objeto global (en modo no estricto) o undefined (en modo estricto), a no ser que esté contendida dentro de otra función.

10.6 FUNCIONES ESPECIALES

En JavaScript existen unas funciones especiales que sirven para un mismo objetivo.

10.6.1 Función de prototipo bind

El método **bind** es una característica de JavaScript que permite crear una nueva función ligada en tiempo de ejecución a la que se le asigna un objeto **this** concreto, además de poder enviarle otros parámetros. Es decir, el método bind crea una copia de la función, pero bajo un contexto (this) que le indicamos como primer parámetro.

No obstante, this puede ser ignorado si la invocación viene precedida de la palabra reservada **new**.

Cabe destacar que, esta "copia de función" o "función ligada" **no se ejecuta**, sólo se realiza su definición para, más tarde, ser llamada.

Cuando se utiliza bind, el primer argumento es el objeto que se utilizará como this, y el resto, serán utilizados como parámetros comunes.

```
funcion.bind(nuevoThis, arg1, arg2, ..., argN);
```

10.6.1.1 EJEMPLO

```
// Definimos la función saludar
let saludar = function(){
    alert("Hola " + this.nombre)
}

// Definimos el objeto Persona
function Persona(nombre, apellidos, edad) {
    this.nombre = nombre + " " + apellidos;
    this.edad = edad;
};

// Llamaaos a la función
saludar.bind(new Persona("Pablo", "Fernández", 18));
```

Si ejecutamos el anterior código, podremos observar que no hace nada, o al menos eso parece. Efectivamente, como hemos dicho antes, el método bind no ejecuta la función, por lo que no hace nada porque no se ha llamado nada.

Para hacer que se ejecute debemos añadir unos paréntesis al final.

```
saludar.bind(new Persona("Pablo", "Fernández", 18))();
```

10.6.2 Función de prototipo call

El método **call** es una característica de JavaScript que permite enviar a una función el objeto que actuará como **this**.

El método **call** no sólo admite un argumento. Si se necesitan enviar más argumentos a la función, además del que actuará como this, se pueden ir añadiendo detrás de él separándolos por comas.

```
funcion.call(nuevoThis, arg1, arg2, ..., argN);
```

10.6.2.1 EJEMPLO

```
// Definimos la función saludar
let saludar = function(){
    alert("Hola " + this.nombre)
}

// Definimos el objeto Persona
function Persona(nombre, apellidos, edad) {
    this.nombre = nombre + " " + apellidos;
    this.edad = edad;
};

// Llamaaos a la función
saludar.call(new Persona("Pablo", "Fernández", 18));
```

Si observamos el resultado de la ejecución del anterior código, veremos que el navegador nos muestra una alerta que dice "Hola Pablo Fernández" porque, cuando se ejecuta la función de saludar, el objeto **this** toma como valor el objeto que se ha enviado como parámetro, en este caso el objeto Persona.

10.6.3 Función de prototipo apply

El método **apply** es similar al método **call**. La diferencia más notable es que apply invoca a las funciones asignando explícitamente el objeto this y que, en vez de aceptar una lista de argumentos, lo que acepta es un segundo argumento que contiene un array de valores.

Puede parecer absurdo tener dos funcionalidades tan similares, sin embargo, apply puede resultar interesante cuando no tenemos un número fijo de argumentos o cuando un argumento puede tener un número impredecible de valores.

Cierto es, además, que este array de valores podría ser sustituido por el objeto arguments, sin embargo, el código quedará más limpio si lo utilizamos en su forma predefinida.

10.6.3.1 EJEMPLO

Tomemos como ejemplo, el mismo que para el método call.

```
let saludar = function(){
    alert("Hola " + this.nombre)
}
function Persona(nombre, apellidos, edad) {
    this.nombre = nombre + " " + apellidos;
    this.edad = edad;
};

saludar.apply(new Persona("Pablo", "Fernández", 18));
```

Si observamos el resultado de la ejecución del anterior código, comprobaremos que es exactamente el mismo que si lo ejecutásemos con el método call. También comprobaremos que el objeto **this** toma su mismo valor, es decir, el objeto que se envió como parámetro que, en este caso, vuelve a ser el objeto Persona.

10.6.4 Diferencias entre call y apply

Ahora supongamos un caso en el que una empresa quiere dar la bienvenida a los usuarios cuando entran, sin embargo, su nombre de identificación puede ser una única palabra o dos (véase 'Pablo' o 'Pablo Fernández').

```
function Empresa(nombre) {
    this.nombre = nombre || 'una empresa desconocida';
};

let saludar = function(nombre, apellidos){
    if(typeof apellidos == "undefined") apellidos = "";

    const msg1 = "Acabas de acceder a " + this.nombre;
    const msg2 = "Bienvenid@ " + nombre + ' ' + apellidos;

    alert(msg1 + '.<br/>' + msg2);
}
```

Si observamos la función Empresa, vemos que, si el parámetro nombre no está definido o está determinado a **null**, se establece al valor "una empresa desconocida" por defecto.

En la función saludar pasa un poco lo mismo, pero se realiza de otra manera. Si el tipo de dato de apellidos es **undefined** (no está definido) se establece a cadena vacía.

Si ahora deseamos ejecutar función con **call**, lo que deberemos hacer es:

```
let empresa = new Empresa("Mi empresa");
saludar.call(empresa, 'Pablo', 'Fernández');
```

Mientras que, si queremos ejecutar la función con **apply**, lo que deberemos hacer es:

```
let empresa = new Empresa("Mi empresa");
saludar.apply(empresa, ['Pablo', 'Fernández']);
```

El resultado, en ambos casos, será algo parecido a:

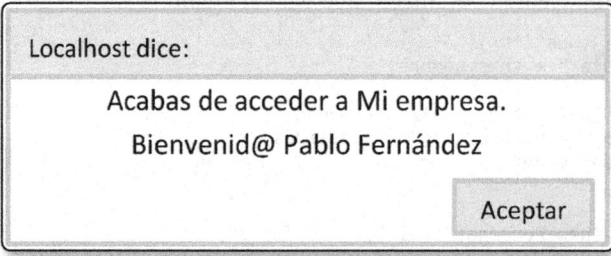

10.7 CONTEXTOS Y ENCAPSULAMIENTO

Según se va ejecutando un script, se van generando contextos.

Un **contexto** podría definirse como un fragmento o sección de memoria que contiene todas las variables y objetos a las que la función actual tiene acceso. Mientras la función actual esté ejecutándose, su contexto permanecerá. Cuando esta termine, su contexto terminará con ella, es decir, se eliminará.

Cualquier objeto o función que esté dentro de un contexto tendrá acceso a todas las variables y objetos que se encuentran a su mismo nivel y a todas las variables y objetos que pertenezcan a los contextos de niveles superiores.

Imaginemos que estamos declarando una nueva función. Durante ese proceso de "diseño" podemos distinguir dos contextos, el contexto dónde se define la función y el contexto que crea la función. Veamos un ejemplo:

```javascript
function sumaResta(a, b){
    let s = suma();
    let r = resta();

    function suma(){ let c = a + b; return c }
    function resta(){ let c = a - b; return c }

    return [s, r];
}

console.log(sumaResta(3, 2));
```

Según el ejemplo expuesto, desde cualquiera de las funciones **suma** o **resta** podemos acceder a la variable **c**, a la función **sumaResta** y a sus variables **a**, **b**, **s** y **r**.

Sin embargo, desde la función **sumaResta** podemos acceder a las funciones de **suma** y **resta**, a sus variables **a**, **b**, **s** y **r**, pero no a la variable **c**.

Si tuviésemos que representarlo gráficamente, sería algo así:

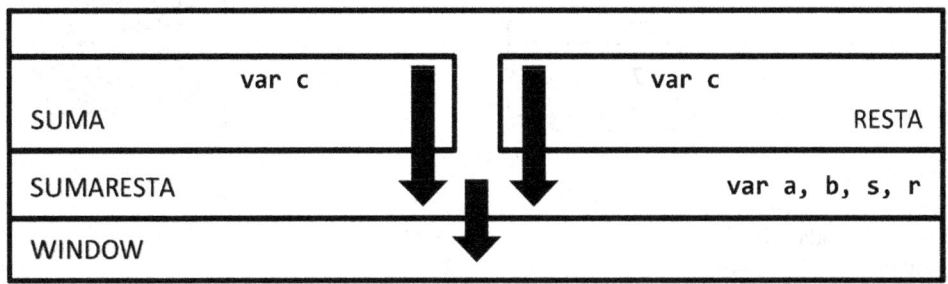

Si observamos detenidamente el gráfico, podremos ver que todo se gestiona como si fuese una especie de pila, en dónde los elementos más internos tienen acceso a las variables y objetos de los elementos más externos.

También podemos observar que, las funciones **suma** y **resta** están dentro de la función **sumaResta**, por lo que no podrán ser llamadas desde fuera de su contexto. Esto es lo que se suele denominar como encapsulación o encapsulamiento.

Sé que el **encapsulamiento** es un concepto que, en ocasiones, se confunde, por ello intentaremos resumirlo de una forma sencilla. Si los contextos permiten el acceso a las variables y objetos que están en niveles superiores y ya definidos, el encapsulamiento impide el acceso a las variables u objetos desde fuera de su propio contexto.

En nuestro ejemplo de **sumaResta**, las funciones de **suma** y **resta** se encuentran encapsuladas, por lo tanto, si intentamos acceder a alguna de ellas desde fuera de la susodicha función **sumaResta**, se producirá un error indicándonos que no existe.

10.8 PRACTICA Y JUEGA

Cuenta atrás	Código QR
Crear una función que genere una cuenta atrás a partir de un valor dado en segundos y otra que provoque la parada y puesta a cero. **https://codepen.io/pefc/full/bGxoyQX**	

Regla Producto Rápido	Código QR
Crear dos funciones que realicen el producto de dos números de 1 o 2 dígitos (p.e. 57*49) de forma normal y a través de la siguiente regla: 	

7 * 9 = 63	=> 3
9*5 + 7*4 + llevada = 45+28+6=79	=> 9
5 * 4 + llevada = 20 + 7	=> 27
Juntamos: 27-9-3 y nos da	=>2793

https://codepen.io/pefc/full/rNZpmXL

11

CLASES EN JAVASCRIPT

La construcción de clases es una característica que se introdujo en el estándar ECMAScript 2015 y que pretende ser una mejora sintáctica de la herencia basada en prototipos.

Como no podía ser de otra manera, las clases no son otra cosa que un tipo especial de objeto, donde la sintaxis cambia para intentar ser un poco más legible y asemejarse más a cómo se codifica en otros lenguajes de programación.

De hecho, una característica común que comparten las clases y las funciones en JavaScript es que se pueden codificar como una expresión o como una declaración.

11.1 CREACIÓN DE CLASES

Como decíamos existen dos formas de definir clases. Si lo que se desea es realizar una declaración de clase, la forma de crearla en JavaScript es comenzando con la palabra reservada **class**.

```
class Persona {
    constructor(nombre, apellidos) {
        this.nombre = nombre;
        this.apellidos = apellidos;
    }
}
```

Si lo que se desea es realizar una definición de clase a modo de expresión, la forma de hacerlo es declararla como una variable y escribir la clase, igual que si fuese una declaración, pero sin el nombre.

```
let Persona = class {
    constructor(nombre, apellidos) {
        this.nombre = nombre;
        this.apellidos = apellidos;
    }
}
```

Cabe destacar que las clases de JavaScript funcionan de manera diferente a como lo hacen las funciones.

▶ Las clases **siempre se ejecutan en modo estricto**, lo que hace que mejore su rendimiento.

▶ Las clases pueden tener **la declaración de variables en cualquier posición** del código ya que son asignadas durante el proceso de compilación. No como pasa en las funciones que requieren tener la declaración de variables al principio de la definición.

11.2 INSERCIÓN DE MÉTODOS

Como se ha visto, cuando se empieza a escribir una clase, lo primero que se hace es definir su **constructor**. El método **constructor** es el encargado de crear e inicializar la clase y sólo puede ser definido una única vez, puesto que es un método considerado especial. Si por casualidad, durante la definición del código, apareciese otro método constructor, el sistema lanzaría una excepción de error de sintaxis.

Pero, evidentemente, una clase no sólo tiene un método constructor, también necesita de otros métodos para poder llegar a ser funcional.

Para definir un método en una clase, lo que se debe hacer es declararlo como si fuese una función, pero sin la palabra reservada **function**.

```
getNombre(){
    return this.nombre + " " + this.apellidos
}
```

Este tipo de métodos sólo pueden ser llamados cuando la clase está instanciada. Probablemente, esta afirmación no le resulte extraña a nadie, si tenemos en cuenta que es una característica normalizada en la definición de clases de cualquier lenguaje de programación.

Y posiblemente tampoco resultará raro, como pasa en otros lenguajes, la necesidad de poder definir métodos estáticos, es decir, métodos que no requieren que se instancie la clase.

Si queremos crear un método para que sea accesible sin tener que instanciar la clase, lo que se debe hacer es definirlo con la palabra reservada **static,** la cual permite definir un método para que pueda ser utilizado precisamente así, sin tener que instanciar su clase.

```
static getList(){
    let personasList = globalThis.personas;
    for(let x in personasList){
        console.log(personasList [x]);
    }
}
```

Si observamos el ejemplo, veremos que se utiliza el objeto **globalThis**. En lo referente a clases, este objeto, permite acceder al objeto global al que pertenece el método, es decir, a la clase constructora y, esto es así, porque el objeto this hace referencia al método, no a la clase.

11.2.1 Sentencias get y set

Las clases, como los objetos, pueden utilizar la sentencia **get** y la sentencia **set**, sin embargo, en las clases, no deben utilizarse directamente si lo que se está gestionando es una propiedad porque puede provocar desbordamientos de pila. Veamos un ejemplo:

```
class Persona {
    get age(){
        return this.age;
    }

    set age(n){
        this.age = n;
    }
}

let p1 = new Persona("Pablo", "Fernández");
p1.age = 18;
```

Cuando definimos un getter y un setter como los mostrados arriba, y ejecutemos la instrucción **p1.age = 18**, la actualización de la propiedad provocará que se vuelva a ejecutar el setter porque la propiedad y el método tienen el mismo identificador, por lo que entrará en una recursión infinita y causará un desbordamiento de pila.

Para evitar esto, una posible solución es establecer unos nombres de propiedad diferentes a los de la función para manipular la propiedad. Veamos un ejemplo:

```
class Persona {
    get age(){
        return this._age;
    }

    set age(n){
        this._age = n;
    }
}

let p1 = new Persona("Pablo", "Fernández");
p1.age = 18;
```

Como se puede apreciar, las propiedades que se manipulan llevan delante un guion bajo, lo que permite que podamos actualizar y recuperar el valor a través de sus métodos, pero como si fuese una propiedad.

Ahora, sólo por cimentar lo aprendido, veamos un código de ejemplo completo:

```
class Persona {
    constructor(nombre, apellidos) {
        this.nombre = nombre;
        this.apellidos = apellidos;
    }

    nombreCompleto(){ return this.nombre + " " + this.apellidos; }

    get edad(){ return this._age; }

    set edad(n){ this._age = n; }
}

// Creamos una nueva instancia
let p1 = new Persona("Pablo", "Fernández");

// Le asignamos la edad
p1.edad = 18;

// Recuperamos el nombre completo como propiedad
p1.nombreCompleto();
```

Cuando creamos la nueva instancia de Persona, se asignan el nombre y los apellidos a través del constructor. Seguidamente, se le asigna una edad a modo de propiedad y, como última instrucción, se solicita el nombre completo a modo de método normal.

11.3 EXTENSIÓN DE CLASES

La extensión de clases es también una característica muy habitual en los lenguajes de programación y son muy útiles cuando se desean crear objetos que tienen rasgos o herencias comunes.

De hecho, en JavaScript, es frecuente ver extensiones de clases sobre objetos nativos, como el objeto Date, para obtener funcionalidades personalizadas y manejarlas como si fuesen funciones nativas.

Además, las extensiones permiten sobrescribir los métodos, incluso lo constructores por defecto, lo que proporciona mucha potencia y facilidad de uso.

La forma de crear este tipo de clases es a través de la palabra reservada **extends**.

```
class Persona {
    constructor(nombre, apellidos) {
        this.nombre = nombre;
        this.apellidos = apellidos;
    }

    saluda(){
        return "Hola soy " + this.nombre + " " + this.apellidos;
```

```
        }
    }

class Estudiante extends Persona {
    saluda(){
        return "Hola soy " + this.nombre + " " + this.apellidos +
        " y soy estudiante";
    }
}

// Creamos una nueva instancia
let e1 = new Estudiante("Pablo", "Fernández");

// Le pedimos que salude
e1.saluda();
```

Como se aprecia en el ejemplo, para instanciar un nuevo estudiante, lo que se hace internamente es crear una instancia de la clase Persona y luego se sobrescribe el método saluda para que haga referencia al propio de la clase Estudiante.

11.3.1 Extensión a través de species

La extensión a través de species (perteneciente al tipo de datos Symbol) nos permite trabajar con otro tipo de objeto en vez de con el constructor propio de la clase.

```
class String2 extends String {
    static get [Symbol.species]() { return String; }
}

let s = new String2("Esto es una prueba");
let r = s.toString();

console.log(s);                              // Devuelve String2
console.log(r);                              // Devuelve un String
console.log(s instanceof String);           // Devuelve true
```

Lo que, en realidad, está sucediendo es que, la propiedad **species** nos devuelve el constructor predeterminado para el objeto solicitado, en este caso String y, eso, hace que podamos devolver objetos de la clase String desde los métodos de la clase String2.

11.3.2 Extensión a través de super

Si se desea, también es posible llamar a un método de una clase padre desde la extensión. La forma de hacerlo es utilizando la palabra reservada **super**.

Si la palabra **super** la ponemos en el constructor, tendremos acceso a todas las propiedades y métodos y se instanciará como un objeto de la clase padre, además de la suya.

```
class CustomArray extends Array{
    constructor(){
        super();
    }

    static get [Symbol.species]() { return Array; }

    sumarTodo(){
        return this.reduce(function(a, b){ return a + b });
    }
}

let ca = new CustomArray();
ca.push(1,1,2,3,5,8);
ca.sumarTodo();
```

Si ejecutamos el código anterior, veremos que nos devuelve 20, que es la suma de todos los elementos que hay en el array, en este caso.

Cabe destacar que la variable **ca** es una instanciación tanto del objeto CustomArray como al objeto Array.

```
console.log(a instanceof MyArray);        // Devolverá true
console.log(a instanceof Array);          // Devolverá true
```

Sin embargo, si la variable la hubiésemos instanciado como Array, en vez de CustomArray, la única diferencia perceptible para nosotros, sería que no tendríamos disponible el método sumarTodo.

Pero la palabra **super** no es sólo aprovechable para la construcción de clases, también se puede utilizar para llamar a los métodos del padre desde uno de los métodos de la extensión. Veámoslo con un ejemplo.

```
class Persona {
    constructor(nombre, apellidos) {
        this.nombre = nombre;
        this.apellidos = apellidos;
    }

    saluda(){
        return "Hola soy " + this.nombre + " " + this.apellidos;
    }
}

class Estudiante extends Persona {
    saluda(){
        return super.saluda();
    }
}

// Creamos una nueva instancia
let e1 = new Estudiante("Pablo", "Fernández");
```

```
// Le pedimos que salude
e1.saluda();
```

Si ejecutamos el código, podremos comprobar que, ahora, el saludo es "Hola soy Pablo Fernández", sin la coletilla de estudiante. Esto sucede porque, en realidad, desde el método **saluda** de la clase extendida, se está llamando al método **saluda** de la clase padre.

11.4 CLASES ABSTRACTAS Y MIXINS

Según la definición del estándar de ECMAScript sólo puede haber una clase padre. En términos de herencia, la clase padre se puede considerar una superclase y la clase hija una subclase (lo que hasta ahora hacíamos con una extensión). Pues bien, las clases abstractas son aquellas que aplican múltiples superclases para crear grupos relacionados de clases modificadas.

Los mixins, por su parte, son unas subclases que, normalmente, no están ideadas para funcionar de forma autónoma, sino que están pensadas para proporcionar otras capacidades.

En JavaScript, hoy por hoy, ni las clases abstractas ni los mixins son una opción a tener en cuenta, puesto que muchos navegadores no tienen esta funcionalidad soportada.

11.5 PRACTICA Y JUEGA

Regla Producto Rápido con clase	Código QR
Convertir el código de la práctica anterior referente a la regla de multiplicación rápida para que funcione mediante una clase de JavaScript. **https://codepen.io/pefc/full/PodEvmO**	

12

EVENTOS EN JAVASCRIPT

En la programación del lado del servidor las aplicaciones se ejecutan en orden de principio a fin y, normalmente, bajo el paradigma de la programación orientada a objetos. Sin embargo, en los lenguajes de script como es JavaScript, aunque la ejecución sigue los mismos principios, el paradigma que se utiliza es la programación orientada a eventos.

Un evento podría definirse como la interacción que se produce cuando un usuario realiza alguna acción sobre una aplicación o sistema.

Por ejemplo, cuando un usuario realiza una acción como escribir en un elemento de formulario o realizar un clic en un botón, el sistema, provoca la ejecución de un fragmento de código específico. Ese fragmento de código, es seleccionado mediante un oyente o listener que es quién establece un vínculo entre la acción del usuario y el objeto con el que interactúa.

Sólo como aclaración. Cuando decimos interacción con el usuario, no nos referimos sólo a la interacción entre máquina y persona, también puede referirse a la interacción con el sistema u otra entidad. Sirva como ejemplo que hay eventos que pueden ser programados por los desarrolladores para ejecutarse de forma automática.

El DOM (Document Object Model), del cual se hablará más adelante, tiene una serie de eventos que permite a los lenguajes como JavaScript registrar esos listeners, que hablábamos antes, en cualquiera de sus elementos o nodos.

12.1 PRINCIPIO FUNDAMENTAL DE PROPAGACIÓN

El principio fundamental de propagación o "burbujeo" en JavaScript afirma: Después de que un evento se desencadene en el elemento más profundo posible, se dispararán los mismos eventos en sus ancestros por orden de anidamiento.

Dicho de otro modo, supongamos que se tienen tres elementos anidados, el primero en disparar el evento será el que esté más abajo en la jerarquía, es decir, el nieto. Después, se disparará su ancestro inmediatamente superior, es decir, su padre y, finalmente, se disparará el ancestro de su ancestro inmediatamente superior, es decir, su abuelo.

Este proceso de propagación, normalmente, se realiza en 2 fases. Primero se captura y luego se propaga. La **captura** se realiza en orden descendente, es decir, va bajando desde el abuelo hasta el nieto y es aquí donde lanza el primer evento. La **propagación**, sin embargo, se realiza al revés, es decir, va subiendo en la jerarquía y va lanzando el evento en cada elemento hasta llegar al último en la escala.

Todo sea dicho de paso, este principio proporciona muchas ventajas e inconvenientes a los desarrolladores puesto que puede ayudar a controlar todo lo que sucede en la página, pero también puede provocar pérdidas de rendimiento significativas. Por esta razón, existe un método que permite detener la propagación de eventos.

```
event.stopPropagation();
```

12.2 EL OBJETO EVENT

Cuando el usuario realiza una interacción con la aplicación, un objeto Event es creado y enviado a los listeners para que pueda ser accedido desde los manejadores de eventos a través de un parámetro de entrada.

Todos los eventos en JavaScript tienen muchas propiedades y métodos, algunos específicos de cada tipo. Por esa razón, sólo vamos a destacar los importantes o más comunes.

12.2.1 Propiedades más frecuentes

12.2.1.1 PROPIEDAD TARGET

Contiene la referencia al objeto del elemento que lanzó el evento.

Todos los eventos tienen esta característica en su definición y es habitual utilizarla para acceder o modificar sus propiedades.

```
input.addEventListener('change', function (e){
    // Mostramos por consola el valor del input cuando cambia
    console.log(e.target.value);
});
```

12.2.1.2 PROPIEDAD TYPE

Contiene un String con el nombre o identificador del tipo de evento y, aunque resulte increíble, este parámetro puede no estar disponible en Internet Explorer.

```
input.addEventListener('change', function (e){
    console.log(e.type);                      // Devuelve 'change'
});
```

12.2.1.3 PROPIEDAD BUBBLES

Contiene un valor booleano que indica si el evento puede propagarse a través del DOM según el principio fundamental de propagación. Por defecto, está establecido a **true**, lo que significa que el efecto de propagación o "burbujeo" está habilitado.

No todos los eventos tienen esta característica en su definición, sin embargo, es habitual encontrarlo en los más frecuentemente utilizados.

```
elemento.addEventListener('keydown', function (e){
    if(e.bubbles) console.log("El burbujeo está habilitado!");
});
```

12.2.1.4 PROPIEDAD CANCELABLE

Contiene un valor booleano que indica si el evento puede ser cancelado por el usuario. Por defecto, está establecido a **true**, lo que significa que se puede cancelar.

La cancelación de eventos es una característica que sólo puede determinarse en el momento en el que son inicializados y la forma de hacerlo es a través del método **preventDefault**.

```
// Mostrar si es cancelable en el momento de hacer click
elemento.onclick = function(e){ console.log(e.cancelable); });
```

12.2.1.5 PROPIEDAD DEFAULTPREVENTED

Contiene un valor booleano que indica si el evento lanzó una llamada al método **preventDefault**.

```
console.log(event.defaultPrevented);
```

12.2.1.6 PROPIEDAD PATH

Contiene una estructura de árbol con la ruta desde el objeto window hasta el elemento que lanzó el evento.

```
console.log(event.path);
```

Viendo el contenido de esta propiedad podemos ver quiénes son los ancestros del elemento que lanzó el evento, deducir el posible burbujeo o acceder a uno de sus ancestros directamente, entre otras cosas.

```
KeyboardEvent {
    ...
    ► path: Array(5)
    0: input#fecha
    1: body.chrome
    2: html
    3: document
    4: window
}
```

12.2.1.7 PROPIEDADES CLIENTX, CLIENTY, PAGEX Y PAGEY

Estas propiedades permiten conocer la posición del puntero del ratón en el momento que el evento ocurrió.

Las propiedades que contienen la letra X hacen referencia a la horizontalidad y las propiedades que contienen la letra Y hacen referencia a la verticalidad.

Estas propiedades están disponibles para todos los eventos en los que interviene el ratón.

```
// Mostrar la posición del puntero en el momento de hacer click
elemento.onclick = function(event){
    console.log(event.clientX, event.clientY);
});
```

12.2.1.8 PROPIEDADES KEYCODE Y WHICH

Estas propiedades permiten conocer el código de la tecla que se presionó. Si por cualquier razón no se pudiese recuperar el código de tecla, estos valores serían establecidos 0.

Estas propiedades están disponibles para los eventos keydown, keyup y keypress.

```
input.addEventListener('keydown', function (e){
    var code = e.keyCode | e.which;
    console.log(code); // Si pulsamos la tecla 'a' devuelve 65
});
```

En el ejemplo podemos observar que ser está realizando una operación tipo OR entre las dos propiedades por si una de las dos no existiese, estuviese vacía o fuese nula.

12.2.1.9 PROPIEDADES ALTKEY, CTRLKEY Y SHIFTKEY

Estas propiedades sólo están disponibles para los eventos **keydown** y permiten conocer si la tecla pulsada es una combinación de dos como, por ejemplo, Ctrl+F5.

Todas ellas contienen un valor booleano que indica si están o no presionadas, no obstante, sólo tienen valor cuando se están presionando, como mínimo, dos teclas a la vez.

Si únicamente pulsamos la tecla **Shift** el evento devolverá el código de tecla 16 y la propiedad **shiftKey** estará a false o no tendrá valor.

Si únicamente pulsamos la tecla **Ctrl** el evento devolverá el código de tecla 17 y la propiedad **ctrlKey** estará a false o no tendrá valor.

Si únicamente pulsamos la tecla **Alt** o **Alt Gr** el evento devolverá el código de tecla 18 y la propiedad **altKey** estará a false o no tendrá valor.

```
input.addEventListener('keydown', function (e){
    var code = e.keyCode | e.which;
```

```
        console.log('Ctrl presionada:', e.ctrlKey, ', Código:', code);
});
```

Si ejecutásemos el código de este evento en un elemento de formulario podríamos comprobar que, si pulsamos la tecla 'a', lo que se mostrará por consola es "Ctrl presionada: false, Código: 49" y si presionamos la tecla Ctrl + F1, lo que se mostrará es "Ctrl presionada: true, Código: 112".

12.3 LA INTERFAZ TOUCHEVENT

La interfaz TouchEvent es un objeto que puede ser utilizado cuando se está trabajando con dispositivos sensibles al tacto como son las pantallas táctiles o trackpads. Además, tiene la peculiaridad de poder gestionar más de un punto de contacto a la vez o detectar el desplazamiento.

El evento TouchEvent utiliza el objeto Touch que describe desde la posición y el tamaño hasta el elemento que lo percibe.

Los manejadores de eventos disponibles para esta interfaz son: touchstart, touchend, touchleave, touchmove y touchcancel.

Entre sus propiedades más importantes podemos encontrar:

Propiedad	Descripción
changedTouches	Devuelve un array con la información de cada toque cuando se añade o elimina un toque, o cuando se produce un cambio de estado en los toques.
targetTouches	Devuelve un array con la información de cada toque con respecto al elemento de origen.
touches	Devuelve un array con la información de cada toque que encuentra en el dispositivo.

12.3.1 El objeto Touch

Este objeto es el responsable de describir el punto de contacto cuando se realiza un toque en un dispositivo sensible al tacto.

Al ser un objeto que representa una entidad estática, no dispone de método alguno y sólo proporciona una definición de propiedades descriptivas.

12.3.1.1 PROPIEDADES MÁS IMPORTANTES

Propiedad	Descripción
`create`	Devuelve un identificador único para cada toque. Mientras el toque se siga produciendo, es decir, mientras no se levante el puntero o dedo, el código identificador se mantendrá. Esto puede servir para controlar el desplazamiento, por ejemplo. `Object.create({});` `// Devolverá {}`

Propiedad	Descripción
`identifier`	
`clientX`	Devuelve la posición en píxeles del toque respecto al eje horizontal desde la parte la izquierda de la ventana.
`create`	Este método es otra forma de llamar al constructor de la clase. `Object.create({});` `// Devolverá {}`
`clientY`	Devuelve la posición en píxeles del toque respecto al eje vertical desde la parte superior de la ventana.
`pageX`	Devuelve la posición en píxeles del toque respecto al eje horizontal desde la parte la izquierda del documento.
`pageY`	Devuelve la posición en píxeles del toque respecto al eje vertical desde la parte superior del documento.
`radiusX`	Devuelve el radio del eje horizontal (en píxeles) que define la elipse que será utilizada para manejar el área de contacto.
`radiusY`	Devuelve el radio del eje vertical (en píxeles) que define la elipse que será utilizada para manejar el área de contacto.
`radiusAngle`	Devuelve el valor del ángulo de rotación. Este ángulo sólo puede adquirir valores entre 0 y 90. El 0 indica que está en posición vertical y el 90 indica que está en posición horizontal.
`force`	Devuelve un valor numérico decimal que indica la presión del puntero o dedo. Va desde 0.0 a 1.0 y sólo lo soportan algunos dispositivos.
`screenX`	Devuelve la posición en píxeles del toque respecto al eje horizontal desde la parte la izquierda de la pantalla.
`screenY`	Devuelve la posición en píxeles del toque respecto al eje vertical desde la parte superior de la pantalla.
`target`	Devuelve el elemento que recibió el toque.

12.4 LA INTERFAZ KEYBOARDEVENT

La interfaz KeyboardEvent es un objeto que puede ser utilizado cuando se está trabajando con elementos que pueden interactuar con el teclado. Sólo cuenta con tres métodos, pero permiten un gran control sobre el elemento que se maneja.

Los manejadores de eventos disponibles para esta interfaz son: keydown, keypress y keyup.

12.4.1 Propiedades más importantes

Propiedad	Descripción
altKey	Es un valor booleano que indica si la tecla ALT fue presionada cuando el evento de **keydown** se lanzó.
bubbles	Es un valor booleano que indica si el evento puede propagarse a través del DOM según el principio fundamental de propagación. Por defecto está establecido a **true**, lo que significa que el efecto de propagación o "burbujeo" está habilitado.
cancelable	Es un valor booleano que indica si el evento puede ser cancelado o no. Por defecto está establecido a **true**, lo que significa que se puede cancelar. Esta característica sólo puede determinarse en el momento en que es inicializado el evento.
charCode	Es el valor del carácter Unicode que disparó o lanzó el evento. En muchas ocasiones suele estar establecido a 0.
code	Devuelve un String con el nombre en clave de la tecla que se pulsó. Por ejemplo, si pulsamos la tecla "1" devuelve "Digit1".
ctrlKey	Es un valor booleano que indica si la tecla CTRL fue presionada cuando el evento de **keydown** se lanzó.
key	Es el carácter Unicode de la tecla que lanzó el evento. Por ejemplo, si pulsamos la tecla "A" devuelve "A".
keycode	Es el código Unicode de la tecla que lanzó el evento. Por ejemplo, si pulsamos la tecla "1" devuelve 49. También se corresponde con la tabla de códigos ASCII.
location	Devuelve la ubicación o zona física dónde se encuentra la tecla que disparó el evento. En muchas ocasiones suele estar establecido a 0.
metaKey	Es un valor booleano que indica si la tecla META fue presionada cuando el evento de **keydown** se lanzó. Si estamos en OSX este valor se corresponde con la tecla COMMAND.
shiftKey	Es un valor booleano que indica si la tecla SHIFT (mayúsculas) fue presionada cuando el evento de **keydown** se lanzó.
target	Es el elemento que originó el evento.
type	Es el nombre del evento que se lanzó.
which	Es el código Unicode de la tecla que lanzó el evento. Por ejemplo, si pulsamos la tecla "1" devuelve 49. También se corresponde con la tabla de códigos ASCII y, por lo general, suele ser el mismo que el valor de la propiedad **keyCode**.

12.5 LA INTERFAZ MOUSEEVENT

La interfaz MouseEvent es un objeto que puede ser utilizado cuando se está trabajando con dispositivos de tipo puntero como pueda ser un ratón.

La interfaz MouseEvent cuenta con bastantes métodos que permiten un gran control sobre el elemento que se maneja.

Los principales manejadores de eventos disponibles para esta interfaz son: click, dblclick, mouseeenter, mouseleave, mouseover, mouseout, mousedown, mouseup, mousewheel y mousemove.

12.5.1 Propiedades más importantes

Propiedad	Descripción
button	Devuelve un entero que representa el botón que se ha presionado. Normalmente, el 0 indica que es el botón izquierdo.
butons	Devuelve el número de botones del dispositivo o ratón. Con frecuencia está establecido a 0.
clientX	Devuelve la posición en píxeles del ratón respecto al eje horizontal desde la parte la izquierda de la ventana.
clientY	Devuelve la posición en píxeles del ratón respecto al eje vertical desde la parte superior de la ventana.
movementX	Devuelve la distancia recorrida en píxeles del ratón con respecto a la anterior posición X de la pantalla. Es decir, es la diferencia entre la propiedad screenX del evento actual y la propiedad screenX del evento anterior.
movementX	Devuelve la distancia recorrida en píxeles del ratón con respecto a la anterior posición Y de la pantalla. Es decir, es la diferencia entre la propiedad screenY del evento actual y la propiedad screenY del evento anterior.
offsetX	Sobre el eje horizontal, devuelve la posición en píxeles del puntero con respecto al elemento que provocó el evento.
offsetY	Sobre el eje vertical, devuelve la posición en píxeles del puntero con respecto al elemento que provocó el evento.
screenX	Devuelve la posición en píxeles del ratón respecto al eje horizontal desde la parte izquierda de la pantalla.
screenY	Devuelve la posición en píxeles del ratón respecto al eje vertical desde la parte superior de la pantalla.
relatedTarget	Devuelve el elemento padre del elemento que recibió el evento.
target	Devuelve el elemento que recibió el evento.

12.6 PRINCIPALES MANEJADORES DE EVENTOS

12.6.1 Eventos de ratón

En esta descripción de eventos suponemos que el ratón está configurado para diestros. Por ello, si estuviese configurado para zurdos, los eventos asociados al botón izquierdo serían los del botón derecho.

Todos los eventos aquí descritos pueden ser utilizados por todos los elementos.

Evento	Cuando se produce
click	Cuando pulsa el botón izquierdo del ratón.
dblclick	Cuando se pulsa rápidamente dos veces el botón izquierdo del ratón.
mousedown	Cuando se presiona un botón del ratón, pero todavía no se ha soltado.
mouseup	Cuando se suelta el botón del ratón.
mouseover	Cuando el puntero del ratón está dentro de los límites del elemento. **ⓘ NOTA** Si se define este evento en elementos que contienen otros elementos, el evento será efectivo para todos y cada uno de los hijos, incluyendo el padre. Es decir, que se lanzará cuando pase por el elemento seleccionado y cuando pase por cualquiera de sus hijos.
mouseout	Cuando el puntero del ratón sale de los límites del elemento. **ⓘ NOTA** Si se define este evento en elementos que contienen otros elementos, el evento será efectivo para todos y cada uno de los hijos, incluyendo el padre. Es decir, que se lanzará cuando pase por el elemento seleccionado y cuando pase por cualquiera de sus hijos.
mouseenter	Sucede cuando el puntero del ratón entra al elemento.
mouseleave	Sucede cuando el puntero del ratón sale del elemento.
mousemove	Mientras se está moviendo el puntero del ratón dentro de los límites del elemento.
mousewheel	Cuando se manipula la rueda del ratón. Este método está obsoleto.
drag	Cuando se arrastra un elemento.
drop	Cuando se suelta un elemento durante el proceso de arrastre.

12.6.2 Eventos de formulario

Evento	Cuando se produce	Se puede utilizar en
`select`	Al seleccionar un texto.	input y textarea
`change`	Cuando el valor del campo cambia y pierde el foco.	input, select y textarea
`submit`	Cuando se envía el formulario, ya sea por una pulsación en un botón de tipo "submit", ya sea por envío a través de JavaScript.	form
`reset`	Cuando se inicializa un formulario o se pulsa un botón de tipo "reset".	form
`focus`	Cuando el elemento de formulario toma el foco.	button, label, input, select, textarea y body
`focusin`	Cuando el elemento de formulario está a punto de tomar el foco.	button, label, input, select, textarea y body
`focusout`	Cuando el elemento de formulario está a punto de perder el foco.	button, label, input, select, textarea y body
`blur`	Cuando el elemento de formulario pierde el foco.	button, label, input, select, textarea y body

12.6.3 Eventos de HTML

Evento	Cuando se produce	Se puede utilizar en
`load`	Cuando el objeto que lo lanzó terminó la descarga. Cuando se utiliza para controlar la página, indica que todo ha sido descargado, pero no así el DOM.	Todo elemento susceptible de poder descargar algo. Por ejemplo, scripts, hojas de estilo, imágenes, marcos, ...
`unload`	Cuando se abandona la página por una nueva solicitud de navegación o cualquier otro motivo.	Body
`abort`	Cuando se aborta la carga de un elemento. Sólo es compatible con Internet Explorer.	img
`error`	Cuando hay un error de carga de imágenes o de script en la página.	img y por el DOM
`resize`	Cuando el tamaño de la ventana cambia.	Con el objeto window de JavaScript
`scroll`	Cuando el valor que indica la posición de una barra de desplazamiento horizontal o vertical cambia.	Todos los elementos que sean susceptibles de tener una barra de desplazamiento
`DOMContentLoaded`	Cuando el documento ha sido completamente cargado y que el árbol DOM está construido, pero puede que haya recursos externos que no estén cargados aún.	En el Objeto document de JavaScript

12.6.4 Eventos de tratamiento táctil

Todos los eventos aquí descritos pueden ser utilizados por todos los elementos.

Evento	Cuando se produce
touchstart	Cuando se presiona con el dedo o puntero en la pantalla de un dispositivo táctil.
touchend	Cuando se levanta el dedo o puntero de una pantalla de un dispositivo táctil.
touchmove	Cuando se arrastra el dedo o puntero por la pantalla de un dispositivo táctil.
touchenter	Cuando el dedo o puntero entra en contacto con la pantalla de un dispositivo táctil. Este evento no se propaga.
touchleave	Cuando el dedo o puntero abandona el contacto con la pantalla de un dispositivo táctil. Este evento no se propaga.
touchcancel	Cuando se interrumpe la pulsación en un dispositivo móvil.

12.7 OYENTES O LISTENERS

La especificación del DOM define dos métodos para definir y controlar los eventos que suceden en las páginas o aplicaciones. Estos métodos son **addEventListener** y **removeEventListener**.

12.7.1 Método addEventListener

Este método define un manejador de evento para un elemento u objeto específico.

Se puede utilizar para elementos de formulario, en los objetos document o window de JavaScript o incluso en peticiones Ajax.

Los manejadores de eventos suelen ser referidos con el prefijo "on" delante, sin embargo, en este método, se debe obviar y poner sólo el identificador de evento.

A continuación, se muestra cómo definir un evento en la barra de desplazamiento de un documento HTML.

```
document.addEventListener('scroll', function (e){
    console.log(e)
});
```

Cada vez que la barra de desplazamiento asociada al documento en pantalla se mueva se mostrará en consola la descripción completa del evento, habitualmente en formato JSON.

12.7.2 Método removeEventListener

Este método elimina un manejador de evento para un elemento u objeto específico.

Se puede utilizar para elementos de formulario, en los objetos document o window de JavaScript o incluso en peticiones Ajax.

Los manejadores de eventos suelen ser referidos con el prefijo "on" delante, sin embargo, en este método, se debe obviar y poner sólo el identificador de evento.

A continuación, se muestra cómo eliminar un evento en la barra de desplazamiento de un documento HTML.

```
function addEvent(){
    ...
}

document.removeEventListener('scroll', addEvent);
```

El método **removeEventListener** sólo será efectivo cuando se defina sin funciones anónimas, puesto que las funciones anónimas no guardan referencia en memoria y, por tanto, no pueden ser recuperadas por el recolector de basura. Como consecuencia, no pueden ser eliminados los manejadores de eventos.

12.7.3 Otras formas de establecer listeners

12.7.3.1 A TRAVÉS DE HTML

Se puede habilitar un manejador de eventos, a través de HTML, usando el identificador precedido del prefijo 'on' como propiedad.

```
<input type="number" onclick="console.log(Event)/>
```

12.7.3.2 A TRAVÉS DE UN OBJETO O ELEMENTO

Se puede habilitar un manejador de eventos, a través de JavaScript, usando el identificador precedido del prefijo 'on' como método.

```
input.onclick = function (e){ console.log(e) });
```

12.8 PRINCIPALES EVENTOS DEL DOM

12.8.1 Document DOMContentLoaded

Cuando se trabaja con JavaScript una buena práctica es esperar a que el DOM esté cargado para ejecutar un código concreto.

```
function allReady(){
```

```
        console.log("El DOM está cargado!");
}

document.addEventListener("DOMContentLoaded", ready);
```

Esto suele ser más rápido de ejecutar que el evento **onload** porque no espera a que las imágenes, marcos o peticiones Ajax, etcétera hayan terminado de cargar.

12.8.2 Window load

Este evento se ejecuta cuando la página se ha cargado por completo, es decir, que se han cargado todos los elementos de la página, incluyendo peticiones Ajax, marcos e imágenes, etcétera.

```
window.onload = function (e){
    console.log("Página cargada");
});
```

12.8.3 Window resize

Este evento se ejecuta cuando se realiza un cambio en el tamaño del campo de visualización de la ventana del navegador.

```
window.onresize = function (e){
    console.log("El tamaño de la ventana cambió");
});
```

12.8.4 El evento scroll

Permite controlar el scroll de un objeto, incluido el objeto **window**.

```
window.onscroll = function (){
    console.log(document.body.scrollTop);
});
```

Esta declaración de evento nos mostrará por consola el valor de la posición de la barra de desplazamiento vertical. Si, por el contrario, queremos conocer la posición de la barra de desplazamiento horizontal sólo debemos cambiar la propiedad del objeto body **scrollTop** por **scrollLeft**.

12.9 PRACTICA Y JUEGA

Juego: JSRobot	
	Se trata de un juego en 2D en el que tendremos que avanzar completando una serie de diferentes scripts, la consola y unas determinadas propiedades. Se puede acceder desde la dirección *https://lab.reaal.me/jsrobot/*.

Crear evento personalizado	Código QR
Se trata de crear una funcionalidad que controle cuándo se ha cargado completamente la página. Para ello, nos valdremos de una variable que previamente estará declarada a false. Cuando esta variable, llamada loaded, se establezca a true, el programa terminará y mostrará "¡Página cargada!". **https://codepen.io/pefc/pen/GRXQqea**	

Juego del ahorcado	Código QR
Crear el juego del ahorcado. 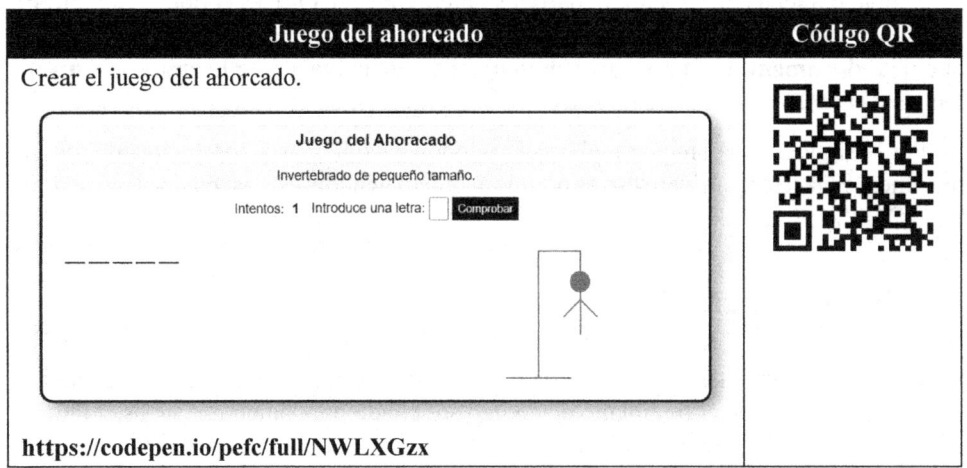 **https://codepen.io/pefc/full/NWLXGzx**	

13

EL DOM DE JAVASCRIPT

El DOM (Document Object Model), es un modelo que indica cómo se deben estructurar las páginas o aplicaciones web. Estás páginas o aplicaciones se construyen y se interpretan de forma secuencial, por lo que puede pasar que se desee acceder a un elemento concreto y todavía no esté disponible.

El objeto inicial del que parten todos los objetos, en el DOM, es el objeto **document**, y de este objeto se van definiendo y estructurando todos los demás. Sólo por aclarar, el objeto **document** de JavaScript representa, de alguna manera, a la etiqueta **html** del lenguaje HTML, no a la etiqueta body.

Por si alguien se lo pregunta, el objeto window es quién está por encima del objeto document en la jerarquía, pero eso es porque el objeto window está asociado al navegador, no al DOM.

13.1 PROCESO DE CARGA

Cada vez que insertamos una librería o framework de JavaScript, la página detiene la carga hasta que recibe el fragmento de código solicitado previamente. Este es el motivo por el que las herramientas como Google PageSpeed Insights recomiendan poner la solicitud de los scripts al final de la página, y no al principio.

Evidentemente, si el uso de librerías es escaso, el tiempo de carga de las páginas no se verá muy afectado, sin embargo, lo más normal en un proyecto actual, es que utilice gran cantidad de librerías, frameworks o personalizaciones.

Algunos pensarán que, gran parte de este problema, es solucionable sólo con establecer el atributo **async** en las etiquetas **script**, no obstante, esta configuración puede provocar que las cosas no se carguen en el orden adecuado porque muchas de los fragmentos de código que insertamos a través de estas etiquetas tienen dependencias con otros.

Sin ir más lejos, el framework Bootstrap requiere que esté ya insertado el código de jQuery. Si se intentase añadir Bootstrap antes que jQuery, provocaría un error en la página y se pararía el proceso de carga.

Por todos estos motivos, el proceso de carga, hay que mirarlo con rigor sabiendo lo que se hace y optimizarlo para bajar al máximo sus tiempos.

13.2 LOS NODOS Y SUS TIPOS

Como decíamos, el objeto inicial del DOM es **document** y, de él, aparecen otros como el objeto **body** o el objeto **head**. Todos estos objetos se suelen denominar comúnmente como nodos por su similitud jerárquica con la teoría de grafos.

Aunque existen 12 tipos de nodos en JavaScript, en realidad, sólo se suelen utilizar 5 porque son los que se necesitan para realizar todas las acciones u operaciones cuando se trabaja con páginas o aplicaciones web.

Tipo Nodo	Descripción
`Document`	Nodo raíz del que dependen todos los demás.
`Element`	Son los elementos representados por las etiquetas HTML.
`Attr`	Son las propiedades de las etiquetas asociadas a cada Element.
`Text`	Son los valores o textos contenidos dentro de las etiquetas del HTML.
`Comment`	Son los que se ha generado a partir de etiquetas doctype y que se transforman en nodos o han sido creados como comentarios.

13.3 SELECCIÓN DE ELEMENTOS

Antiguamente, para acceder a los elementos del DOM debíamos recurrir, básicamente a los métodos de **getElementById** y **getElementsByTagName**. El primero, permite recuperar el objeto referenciado a través de un identificador enviado por parámetro mientras que, el segundo, permite recuperar todos los nodos del DOM que concuerden con el nombre de etiqueta proporcionado como parámetro y los devuelve en un objeto de tipo array.

También se podía recurrir al método **getElementsByClassName** que permite recuperar todos los nodos del DOM que concuerden con el nombre de clase proporcionada por parámetro y los devuelve en un objeto de tipo array.

```
// Encontrar todos los elementos tipo tabla
document.getElementsByTagName("table");

// Encontrar todos los elementos que contengan la clase "card"
document. getElementsByClassName("card");
```

```
// Encontrar el elemento con id="cabecera"
document.getElementById("cabecera");
```

Por suerte, hoy día disponemos de dos instrucciones más completas y, a veces eficientes, para recuperar los diferentes elementos o nodos del DOM y que veremos más adelante.

13.3.1 Interfaz NodeList

NodeList es una interfaz de JavaScript que representa un conjunto de nodos. Habitualmente, este objeto, será utilizado por métodos como **querySelectorAll** o **childNodes**.

Un de las curiosidades de **NodeList** es que es un objeto que puede tener un comportamiento estático o dinámico, dependiendo de cómo se utilice. Es decir, según sea el caso, los cambios se reflejarán en DOM de forma automática o no. En el caso que **querySelectorAll** la lista devuelta es estática.

```
document.querySelectorAll("body");
```

Si ejecutamos el código anterior, nos devolverá todos los elementos que sean hijos directos de la etiqueta body de HTML.

13.3.1.1 MÉTODO ITEM

Permite acceder a un elemento del objeto NodeList devuelto a través de su índice. Si el índice no se corresponde con ningún elemento del conjunto, devolverá "undefined".

```
document.querySelectorAll("body").item(0)
```

13.3.1.2 MÉTODO FOREACH

Permite recorrer el objeto NodeList devuelto y parsearlo a través de una función de retorno (callback) proporcionada como parámetro.

```
var list = document.querySelectorAll('body > *');
Array.prototype.forEach.call(list, function (element) {
    console.log(element)
});

// Otra manera, un poco más clara, de hacer lo mismo sería:
var list = document.querySelectorAll('body > *');
list.forEach(function (element) {
    console.log(element)
});
```

13.3.2 Los selectores

La base para acceder a los nodos del DOM son los selectores.

Para los que están familiarizados con CSS, les resultará bastante sencillo ya que usa el mismo sistema de selectores para interactuar con los elementos HTML.

Si no se está familiarizado con los selectores de CSS siempre se puede ir al **apéndice I: "Resumen de Selectores de CSS"** para ver una muestra de los selectores más frecuentemente utilizados.

La elección de buenos selectores es un punto a tener en cuenta cuando se desea mejorar el rendimiento del código. Sirva como ejemplo que, incluir el nombre de la etiqueta HTML cuando se realiza una selección por el nombre de clase, puede acotar la búsqueda y disminuir el tiempo de acceso.

Por otro lado, si intentamos ser demasiado precisos en nuestro selector puede que se vuelva perjudicial y convertirse en una búsqueda ineficiente.

A continuación, se muestran unos cuantos ejemplos de cómo realizar la selección:

```
// Encontrar el primer elemento que contenga la clase button
document.querySelector(".button");

// Encontrar todos los elementos que contengan la clase button
document.querySelectorAll(".button");
```

13.3.3 Métodos para acceder a los nodos y elementos

Como decíamos antes, además de los métodos getElementById, getElementsByTagName y getElementsByClassName, JavaScript dispone de otros dos que, en la actualidad, son los más frecuentemente utilizados en el desarrollo de aplicaciones web.

13.3.3.1 MÉTODO QUERYSELECTOR

Este método devuelve el primer nodo (o elemento) que coincida con el selector proporcionado por parámetro. Si la búsqueda fue infructuosa devolverá **null**.

Para que este método sea efectivo, la sintaxis a utilizar en el parámetro de entrada debe seguir el estándar de CSS, de lo contrario, devolverá un valor nulo.

```
document.querySelector("table");
document.querySelector(".tarjeta");
document.querySelector("#cabecera");
```

13.3.3.2 MÉTODO QUERYSELECTORALL

Este método devuelve todos los nodos (o elementos) que coincidan con el selector proporcionado por parámetro. Si la búsqueda fue infructuosa devolverá un objeto **NodoList** con longitud cero.

Para que este método sea efectivo, la sintaxis a utilizar en el parámetro de entrada debe seguir el estándar de CSS, de lo contrario, devolverá un valor nulo.

```
document.querySelectorAll("input");
document.querySelectorAll(".button");
document.querySelectorAll(":checked");
```

Según el orden presentado de los ejemplos:

▶ La primera instrucción, devolverá un objeto NodoList con todos los inputs que haya en el DOM.

▶ La segunda instrucción, devolverá un objeto NodoList con todos los elementos que tengan la clase "button" en el DOM.

▶ La tercera instrucción, devolverá un objeto NodoList con todos los elementos que estén seleccionados o chequeados, es decir, que devolverá una colección con los elementos **option** (pertenecientes a elementos **select**) que estén seleccionados y los inputs de tipo radio y checkbox que estén chequeados.

13.4 MANUPULACIÓN DE NODOS Y ELEMENTOS

En JavaScript, como si de un partido de futbol se tratase existen un conjunto de métodos que podríamos llamar el "dream-team" de la creación por su utilización.

Si pensamos un poco en los métodos que más se utilizan en los proyectos, seguro que llegaremos a la conclusión de que la mayoría de las necesidades de estos proyectos se podrían resolver con las propiedades y métodos que conforman este "equipo".

13.4.1 Interfaz DOMTokenList

DOMTokenList es una interfaz de JavaScript con propiedades similares a un array y que representa un conjunto de tokens (habitualmente nombres o palabras concretas) separados por espacios.

DOMTokenList tiene como índice inicial el 0, al igual que los arrays, y es sensible a mayúsculas y minúsculas.

Dicho así, es posible que este objeto no llame mucho la atención, sin embargo, resulta muy útil porque es quién nos proporciona unos métodos que, seguramente, usaremos con mucha frecuencia. Estos métodos son contains, add, remove y toggle.

Método	Descripción y ejemplo
`add`	Permite agregar al final un token concreto dentro de un conjunto, siempre y cuando no exista. Es decir, si el identificador que se está intentando agregar en el DOMTokenList no existe, se añade al final. `document.queySelector("body").classList.add("open");`
`contains`	Permite averiguar si existe un token concreto dentro de un conjunto. Es decir, devuelve true si identificador buscado está contenido en el DOMTokenList. `document.queySelector("body").classList.contains("open");`
`item`	Permite acceder a un elemento del DOMTokenList a través de su índice. Si el índice no se corresponde con ningún elemento del conjunto, devolverá "undefined". `document.queySelector("body").classList.item(0);`
`remove`	Permite eliminar un token concreto de un conjunto, siempre y cuando exista. Es decir, si el identificador que se está intentando eliminar del DOMTokenList existe, se elimina. `document.queySelector("body").classList.remove("open");`
`toggle`	Permite agregar o quitar un token concreto de un conjunto de tokens. Es decir, si el identificador existe, se llamará a **remove**. Si el identificador no existe, se llamará a **add**. `document.queySelector("body").classList.toggle("open");`

13.4.2 Método createElement

Este método permite la creación de nuevos nodos y elementos en el DOM para, más tarde, insertarlos en el documento.

El método **createElement** sólo requiere de un parámetro que indica que tipo de elemento HTML es el que se va a crear.

```
var label = document.createElement("label");
```

No obstante, cuando se trata de crear elementos nuevos, este método resulta insuficiente, porque necesita de otros métodos y propiedades para poder finalizar el proceso de creación. Todos estos métodos y propiedades de los hablados, se cuentan en detalle a continuación.

13.4.3 Propiedad id

Esta propiedad permite establecer el nombre de identificador único en el documento. Aunque este identificador debe ser único, no existen restricciones para poder utilizarlo de forma repetida, por lo que, aunque exista un elemento con ese mismo ID, el sistema no advertirá ningún tipo de error.

No se recomienda el uso de caracteres especiales que no sigan las especificaciones de CSS, como es el caso del símbolo de los dos puntos, porque puede dificultar su uso en operaciones posteriores. Pero, si se desea utilizar caracteres especiales como el símbolo de dos puntos, lo que se debe hacer es escaparlo a través de la barra invertida.

```
label.id = "nombre-label";
```

13.4.4 Propiedad innerHTML

Esta propiedad permite devolver o establecer el contenido HTML en un elemento del DOM. Si se intenta establecer un contenido que no está bien formado, es decir, una construcción HTML con errores, JavaScript advertirá un mensaje de error de sintaxis.

La propiedad innerHML está disponible para la mayoría de los elementos del DOM, exceptuando los elementos de formulario que utilizan la propiedad value en su lugar.

```
console.log(document.body.innerHTML);
```

Cuando se establece un contenido HTML a través innerHTML se pierden todos los manejadores eventos, aunque se hayan definido con anterioridad. La única forma de que no se pierdan los manejadores de eventos es si se establecen como atributo en el elemento, como por ejemplo **onclick**.

```
label.innerHTML = '<label for="name">Nombre de Usuario</label>';
```

13.4.5 Propiedad value

Esta propiedad permite devolver o establecer el valor de un elemento de formulario del DOM. Si se intenta establecer un contenido que no sea un tipo primitivo de datos, JavaScript advertirá un mensaje de error de sintaxis.

La propiedad value está disponible sólo para los elementos de formulario.

```
// Establecemos un valor en el elemento con ID "name"
document.querySelector("#nombre").value = "Pablo";

// Recuperamos su valor y lo mostramos por consola
console.log(document.querySelector("#nombre").value);
```

13.4.6 Método setAttribute

Este método permite establecer atributos a los elementos accesibles desde JavaScript. Sirve para cualquier tipo de elemento que pueda ser referenciado desde la capa vista de la página o HTML.

El método **setAttribute** requiere de dos parámetros que indican el nombre del atributo que se va a establecer y el valor que se desea asignar a ese atributo.

```
label.setAttribute("class", "clase-de-prueba");
```

13.4.7 Propiedad classList

Esta propiedad devuelve un objeto DOMTokenList con las diferentes clases que tiene asignado el elemento.

La propiedad classList es, posiblemente, la única propiedad de HTML5 de este tipo que se utiliza con frecuencia en las aplicaciones. Quizás sea porque es compatible con todos los navegadores, incluyendo Internet Explorer 10 y superiores.

La propiedad classList, además de los métodos que obtiene por herencia del objeto DOMTokenList, nos proporciona otro adicional que permite realizar reemplazos de forma sencilla.

```
var body = document.body;

// Añadimos la clase "Chrome" al body
body.classList.add("Chrome");

// Añadimos la clase "Firefox" al body, porque no la tiene
body.classList.toggle("Firefox");

// Eliminamos la clase "Chrome" de la etiqueta body
body.classList.remove("Chrome");

// Reemplazamos la clase "Firefox" por "IE" en la etiqueta body
body.classList.replace("Firefox", "IE");

// Si contiene la clase IE, la eliminamos, si no, no hacemos nada
body.classList.contains("IE") ? body.classList.remove("IE")  : ''
```

13.4.8 Propiedad previousElementSibling

Esta propiedad devuelve el elemento que se encuentra justo antes del referenciado, es decir, devuelve su hermano anterior.

Si se desea acceder al nodo anterior, en vez del elemento, la propiedad que se debe que utilizar es **previousSibling**, ya que previousElementSibling ignora los nodos de texto y comentario.

```
var elem = document.querySelector("#cabecera");
console.log(elem.previousElementSibling);
```

13.4.9 Propiedad nextElementSibling

Esta propiedad devuelve el elemento que se encuentra justo después del referenciado, es decir, devuelve su hermano posterior.

Si se desea acceder al siguiente nodo, en vez del elemento, la propiedad que se debe utilizar es **nextSibling**, ya que nextElementSibling ignora los nodos de texto y comentario.

```
var elem = document.querySelector("#cabecera");
console.log(elem.nextElementSibling);
```

13.4.10 Propiedad parentElement

Esta propiedad devuelve el contenedor del elemento referenciado, es decir, devuelve su padre.

Si se desea acceder al nodo padre, en vez del elemento padre, la propiedad que se debe utilizar es **parent**, ya que **parentElement** ignora los nodos de texto y comentario.

```
var elem = document.querySelector("#cabecera");
console.log(elem.parentElement);
```

13.4.11 Método appendChild

Este método añade un nodo o elemento proporcionado como parámetro a un contenedor o padre.

Si se intenta utilizar esta instrucción con código HTML en formato texto producirá un error de sintaxis.

```
// Creamos un nuevo elemento
var label = document.createElement("label");

// Le asignamos un ID
label.id = "nombre-label";

// Le añadimos el atributo for
body.setAttribute("for", "nombre");

// Le añadimos al documento
document.body.appendChild(label);
```

13.4.12 Método insertBefore

Este método permite insertar un nodo o elemento antes del elemento o nodo que se proporciona como referencia.

Si el contenedor donde se va a insertar el elemento está vacío, lo añade como primer hijo. Si el contenedor donde se va a insertar ya tiene el elemento referenciado, lo inserta justo antes y desplaza los demás una posición hacia abajo.

```
// Imaginemos un documento con la siguiente estructura:
► body
  └ span


var nuevo = document.createElement("label");
var span = document.querySelector("#span");
span.parentElement.insertBefore(nuevo, span);


// la estructura quedaría:
► body
  ├ label
  └ span
```

Si lo que se desea es insertarlo después, en vez de antes, se puede realizar una pequeña modificación en el método insertBefore que provocará que la inserción se realice por detrás. Esa modificación, básicamente es, llamar a la propiedad **nextSibling** o **nextElementSibling** desde el elemento referenciado.

```
var nuevo = document.createElement("label");
var span = document.querySelector("#span");
span.parentElement.insertBefore(nuevo, span.nextElementSibling);
```

Si ejecutamos este último bloque de instrucciones, la situación debería quedar de la siguiente manera:

```
// la estructura quedaría:
► body
  ├ span
  └ label
```

Otra necesidad habitual que se suele cubrir con este método es añadir un elemento dado como el primer hijo del elemento referenciado. Para realizar este efecto, lo que podemos hacer es:

```
var nuevo = document.createElement("label");
var span = document.querySelector("#span");
span.insertBefore(nuevo, span.childNodes[0]);
```

Esta modificación, lo que provocará es la siguiente situación.

```
// la estructura quedaría:
► body
  └ span
    └ label
```

13.5 ELIMINACIÓN DE NODOS Y ELEMENTOS

13.5.1 Método remove

Este método elimina el elemento o nodo referenciado del DOM.

```
label.remove();
```

Este método no es compatible con Internet Explore, pero si queremos que funcione se puede añadir al DOM un polyfill a través del objeto **HTMLElement**.

```
HTMLElement.prototype.remove=function(){
    try{ this.parentElement.removeChild(this); } catch(e){}
}
```

13.5.2 Método removeChild

El método **removeChild** elimina un elemento o nodo hijo proporcionado como parámetro. Funciona de forma muy similar al método **remove**, con la diferencia de que debe ser llamado desde el nodo o elemento padre.

```
// Añadimos un elemento label
var label = document.createElement("label");
document.body.appendChild(label);

// Ahora eliminamos el elemento label
var parentNode = document.body;
parentNode.removeChild(label);
```

Si utilizamos este método sin asignarlo a una variable, como es el caso, el elemento será eliminado del DOM y de la memoria.

```
// Ahora eliminamos el elemento label
var parentNode = document.body;
var oldElement = parentNode.removeChild(label);
```

Sin embargo, si hiciésemos este último caso, el elemento eliminado ya no formaría parte del DOM, pero permanecería en memoria y podría seguir siendo referenciado más tarde en cualquier parte de la aplicación.

Si en el proceso de eliminación se produjese algún error, la razón más frecuente es que no se ha encontrado o que no hay coincidencia de tipos.

13.6 DEFINICIÓN DE ESTILOS

13.6.1 La interfaz CSSStyleDeclaration

CSSStyleDeclaration es una interfaz de JavaScript con propiedades similares a un JSON y que representa un conjunto de pares de propiedades CSS con sus respectivos valores. Habitualmente se accede a ella a través de la propiedad style de un objeto HTML y las propiedades y métodos que proporciona pueden ser útiles cuando se desea crear estilos o reglas en las aplicaciones en tiempo de ejecución.

A partir de aquí, y para entender mejor sus propiedades y métodos supongamos que el elemento $0 que tiene declarado en su atributo STYLE lo siguiente:

```
$0.style = "width: 360px; height: 100vh;";
```

13.6.1.1 PROPIEDADES

Entre las propiedades más frecuentes podemos encontrar:

Propiedad	Descripción y ejemplo
`length`	Devuelve la longitud o número total de propiedades CSS del elemento referenciado. `document.body.style.length`

`cssText`	Devuelve o establece una declaración en formato String de estilos del elemento referenciado.
	
	`$0.style.cssText;`
	`// devuelve "width: 382px; height: 100vh;"`

`parentRule`	Si estamos trabajando con hojas de estilo, devuelve un objeto CSSRule que representa un conjunto de reglas CSS con su selector y declaraciones. `document.styleSheets[0].rules[0].style.parentRule`

13.6.1.2 MÉTODOS

Entre los métodos más frecuentes podemos encontrar:

Método	Descripción y ejemplo
`item`	Permite acceder a un elemento del NodeList a través de su índice. Si el índice no se corresponde con ningún elemento del conjunto, devolverá "undefined". `$0.style.item(0);` `// devuelve "width"`

setProperty	Permite añadir una propiedad CSS al elemento referenciado. Si el segundo argumento es un literal no vacío, se añadirá la propiedad CSS a la declaración en línea. Por el contrario, si el segundo argumento es una cadena vacía, se provocará el efecto contrario y se eliminará de su declaración en línea.
	
	`$0.style.setProperty("height", "100%")`
	`// Cambia el valor de height de 100vh a 100%`

getProperty Value	Permite recuperar la propiedad CSS solicitada del elemento referenciado. Si el argumento enviado no existe en la declaración de estilos en línea del elemento referenciado, se devolverá una cadena vacía.
	
	`$0.style.getPropertyValue("height")`
	`// devuelve "100%"`

getProperty Priority	Permite recuperar la prioridad aplicada a la propiedad CSS solicitada del elemento referenciado. Si el argumento solicitado no tiene asignada la prioridad "important" o no existe en la declaración de estilos en línea del elemento referenciado, se devolverá una cadena vacía.
	
	`$0.style.getPropertyPriority("height")`
	`// devuelve "" porque no tiene !important asociado`

Remove Property	Permite eliminar una propiedad CSS del elemento referenciado y devolver su valor antes de provocar su eliminación. Si el argumento enviado no existe en la declaración de estilos en línea del elemento referenciado, se devolverá una cadena vacía. `$0.style.removeProperty("height")`

13.6.2 La interfaz CSSStyleSheet

Las hojas de estilo están compuestas por reglas CSS que puede definir el aspecto y cambiar el comportamiento de los elementos que se presentan en pantalla.

CSSStyleSheet es una interfaz de JavaScript con propiedades similares a un JSON y que representa un conjunto de esas reglas que están asociadas a los elementos de la aplicación. Todas y cada una de ellas, pueden ser manipuladas de forma independiente a través del objeto **CSSRule**, la interfaz que representa a una regla CSS.

Para acceder a todas las hojas de estilo de un documento se puede hacer a través de la propiedad **styleSheets** del objeto **document**. Esta propiedad devolverá un array con todas las hojas de estilo definidas en la aplicación.

```
console.log(document.styleSheets);

// Devolverá algo parecido a:
► 0: CSSStyleSheet {ownerRule: null, cssRules: CSSRuleList, ...}
► 1: CSSStyleSheet {ownerRule: null, type: "text/css", ...}
► 2: CSSStyleSheet {ownerRule: null, type: "text/css", ...}
```

Una vez que recuperemos uno de estos objetos **StyleSheetList**, que representa una de las hojas del documento actual, podremos acceder a sus propiedades y métodos para poder manipular las reglas que deseemos.

13.6.2.1 PROPIEDADES

Entre las propiedades más frecuentes podemos encontrar:

Propiedad	Descripción y ejemplo
`cssRules`	Devuelve todas las reglas CSS de una hoja de estilo en formato array de objetos. `document.styleSheets[0].cssRules`
`disabled`	Esta propiedad permite conocer si la hoja de estilo actual se está aplicando actualmente o no. `document.styleSheets[0].disabled`
`href`	Devuelve la dirección absoluta donde se encuentra localizada la hoja de estilos. Si el valor es null, indica que la hoja de estilos ha sido insertada a través de una etiqueta style de HTML. `document.styleSheets[0].href`
`media`	Especifica el medio dónde se aplica la hoja de estilos. Sus valores, habitualmente, son screen, print o all. `document.styleSheets[0].media`
`ownerNode`	Devuelve el nodo (elemento link) que asocia la hoja de estilos con el documento. Si el valor es null, indica que la hoja de estilos ha sido insertada a través de una etiqueta style de HTML. `document.styleSheets[0].ownerNode`
`ownerRule`	Indica si la hoja de estilo proviene de una llamada interna a través de la cláusula @import de CSS. `document.styleSheets[0].ownerRule`
`parentStyle Sheet`	Si procede, devuelve la hoja de estilos que incluye la actual hoja de estilos. `document.styleSheets[0].parentStyleSheet`
`title`	Devuelve el título de la hoja de estilos. Al ser un parámetro opcional, lo normal es que esta propiedad esté establecida a null. `document.styleSheets[0].title`
`type`	Especifica el lenguaje de programación utilizado por la hoja de estilos. Normalmente devolverá "text/css". `document.styleSheets[0].type`

13.6.2.2 MÉTODOS

Entre los métodos más frecuentes podemos encontrar:

Método	Descripción y ejemplo

insertRule	Añade una regla de la hoja de estilos seleccionada.
	
	`let styleSheet = document.styleSheets[0];`
	`styleSheet.insertRule("#w { color: white }", 0);`

deleteRule	Elimina una regla de la hoja de estilos seleccionada. `styleSheet.removeRule(0);`

13.6.3 Propiedad style

Esta propiedad es una de esas propiedades que muchas veces no podemos evitar utilizar. Su utilización es equivalente a la definición a través del atributo style declarado desde código HTML.

En realidad, la propiedad style, es un objeto que contiene un montón de propiedades y métodos que tienen como fin, establecer y definir todo lo que se podría definir desde las hojas de estilos.

Cabe destacar que, en general, es mejor utilizar la propiedad style para aplicar estilos a los elementos que realizarlo a través del método **setAttribute** puesto que, este último, reemplaza y/o elimina todos los estilos anteriormente declarados.

Para establecer, modificar o eliminar estilos a un elemento debemos basarnos en la interfaz **CSSStyleDeclaration**. Por ejemplo, si se desea establecer la propiedad display a un elemento deberíamos hacer lo siguiente:

```
document.getElementById("id").style.display = "block";
```

Para recuperar el valor de una propiedad CSS aplicada a un elemento concreto deberíamos hacer:

```
console.log(document.getElementById("id").style.display);
```

Sin embargo, para eliminar el valor de una propiedad CSS aplicada a un elemento concreto, deberíamos establecerlo a una cadena vacía, es decir:

```
document.getElementById("id").style.display = "";
```

13.6.4 Método insertRule

Este método inserta una nueva regla CSS en una hoja de estilos. Para ello, requiere que se le proporcione tanto la declaración de la nueva regla como la posición dónde se insertará. Si el valor de posición es CERO, la regla se insertará al principio de la hoja de estilos, de lo contrario, se insertará en la posición que se le indique.

Para poder realizar la eliminación de la regla, previamente, se deberá recuperar la hoja de estilos a través de la propiedad **document.styleSheets**.

```
// Recuperamos la hoja de estilo
var s = document.styleSheets[0];

s.insertRule("label { color: red; } ", s.cssRules.length);
```

13.6.5 Método deleteRule

Este método elimina una regla CSS de una hoja de estilos. Para ello, se le debe proporcionar un índice o posición como parámetro.

Para poder realizar la eliminación de la regla, previamente, se deberá recuperar la hoja de estilos a través de la propiedad **document.styleSheets**.

```
// Recuperamos la hoja de estilo
var s = document.styleSheets[0];

s.deleteRule(0);
```

13.7 PRACTICA Y JUEGA

Juego: Juego de Simon	
	Simon es un juego electrónico en el que, de forma aleatoria, se van iluminando unos botones de colores que emiten un sonido propio y hay que reproducir en el orden correcto. Al principio, la secuencia es de una única pulsación, pero, según van aumentando los niveles, el número de pulsaciones también aumenta, lo que incrementa su dificultad con el tiempo. Se puede acceder desde la dirección *https://codepen.io/pefc/full/JjapmBG*

Juego de memoria	Código QR
Crear un típico juego de memoria de cartas con un tablero de 4x4 con iconos de LineAwesome.  **https://codepen.io/pefc/full/RwYQpdr**	

14

JAVASCRIPT ASÍNCRONO

La programación AJAX (Asynchronous JavaScript And XML) es un modelo de desarrollo que, hoy día, está más que presente en muchos aplicativos y sistemas web.

La razón de que tenga tanto éxito es porque permite actualizar código dinámicamente sin tener que recargar la página o enviar y recibir datos del servidor en segundo plano sin que el usuario pierda la sensación de control ni tenga frustraciones por la falta de compresión de lo que hace la página.

14.1 EL ESTÁNDAR CORS

El estándar CORS (Cross Origin Resource Sharing) es un mecanismo que permite configurar las capacidades y el modo de comunicación con el servidor cuando se realizan peticiones desde un cliente que está en diferente dominio. Esto es lo que se suele denominar como Intercambio de Peticiones de Orígenes Cruzados.

Este mecanismo es muy recurrido, sobre todo, en aplicaciones móviles por su fácil manejo.

Por temas de seguridad, los navegadores restringen las solicitudes de orígenes cruzados que se realizan desde JavaScript. Por esta razón, si se quiere hacer peticiones Ajax a sitios remotos, tanto el servidor como el cliente deberán tener configurada la CORS.

Sin embargo, aunque no lo parezca, este estándar está más presente de lo que los usuarios normales puedan pensar. Esto se debe a que se utiliza, además de en peticiones Ajax, cuando se realizan peticiones de Web Fonts (como Google Fonts), o cuando se cargan hojas de estilo o scripts remotos.

14.1.1 Encabezados de solicitud HTTP

El estándar CORS dispone de una lista de cabeceras de solicitud que los clientes envían a los servidores y, de este modo, poder utilizar el mecanismo de intercambio de orígenes cruzados.

Encabezado	Descripción y ejemplo
Access-Control-Request-Method	Este encabezado indica el método que se va a realizar en la solicitud. Este encabezado siempre se incluye, aunque el método sea un método HTTP simple como GET, POST o HEAD. `Access-Control-Request-Methos: GET`
Access-Control-Request-Headers	Este encabezado indica qué cabeceras que se va a requerir la solicitud. Los valores de este encabezado deben ir separados por comas. `Access-Control-Request-Headers: X-Custom-Header`

14.1.2 Encabezados de respuesta HTTP

El estándar CORS dispone de una lista de cabeceras de respuesta que los servidores devuelven a los clientes y, de este modo, poder utilizar el mecanismo de intercambio de orígenes cruzados.

Encabezado	Descripción y ejemplo
Access-Control-Allow-Origin	Este encabezado indica quién puede tener acceso. Lo más frecuente es que este valor sea *, lo que significa que se admitirá cualquier origen. `Access-Control-Allow-Origin: "*"`
Access-Control-Allow-Credentials	Es un valor booleano que indica si se deben incluir las cookies en los encabezados. Si esta cabecera está establecida a true, el valor de la propiedad withCredentials también debe ser true. `Access-Control-Allow-Credentials: true`
Access-Control-Expose-Headers	Es un String que indica las cabeceras que están expuestas. Los valores de esta cabecera deben ir separados por comas. Por defecto, esta cabecera está configurada para acceder, únicamente, a encabezados de respuesta simple, es decir, los que se definen como Cache-control, Content-Language, Content-Type, Expires, Last-Modified y Pragma. `Access-Control-Expose-Headers: "X-UA-Compatible"`
Access-Control-Max-Age	Es un valor entero que indica el tiempo, en segundos, que pueden estar almacenadas las respuestas en caché. `Access-Control-Max-Age: 900`

Access-Control-Allow-Methods	Es un String que indica los métodos que se pueden utilizar o están permitidos. Los valores de esta cabecera vendrán separados por comas. `Access-Control-Allow-Methods: "POST, GET, OPTIONS"`
Access-Control-Allow-Headers	Es un String que indica los encabezados que se pueden utilizar o están permitidos. Los valores de esta cabecera deben ir separados por comas. `Access-Control-Allow-Headers: "*"`

14.2 CONEXIONES HTTP

Una solicitud de conexión HTTP es una comunicación entre cliente - servidor que se realiza a través del protocolo HTTP. El cliente demanda una conexión enviándole un mensaje con la solicitud y, el servidor, le contesta con otro mensaje parecido que, lleva consigo, el estado de la conexión y el resultado de la misma.

Las conexiones HTTP pueden manejar varios métodos para demandar, al servidor, un tipo de acción que se desea realizar sobre un recurso concreto. Esto significa que, dependiendo de cuál sea, se podrán realizar unas determinadas acciones. A continuación, se muestra una lista con los tipos de conexión o métodos más utilizados.

Tipo/Método	Descripción
DELETE	Representa una eliminación de datos. Lo habitual es que, si la conexión tuvo éxito, devuelva un código de estado 200 o 204, en función de si retorna o no algún contenido.
GET	Representa una lectura, recuperación o descarga de datos, aunque se suele utilizar para envíos, con ciertas limitaciones. Lo habitual es que, si la conexión tuvo éxito, devuelva un código de estado 200.
HEAD	Representa una recuperación de datos cabecera HTTP, incluyendo su código de respuesta. Es decir, en la respuesta no se incluye el HTTP Response (cuerpo de la respuesta). Lo habitual es que, si la conexión tuvo éxito, devuelva un código de estado 200.
POST	Representa un envío de datos. Lo habitual es que, si la conexión tuvo éxito, devuelva un código de estado 201.
PUT	Representa una creación o actualización de datos. Lo habitual es que, si la conexión tuvo éxito, devuelva un código de estado 201 o 204, en función de si retorna o no algún contenido.
OPTIONS	Representa una solicitud de información sobre las opciones de comunicación. Lo habitual es que, si la conexión tuvo éxito, devuelva un código de estado 200.

En JavaScript, las conexiones HTTP se realizan a través de un objeto que, por cierto, lo diseñó Microsoft, fue adoptado por Mozilla y que, actualmente se ha convertido en un estándar de la W3C. Ese objeto es XMLHttpRequest.

14.2.1 Objeto XMLHttpRequest

El objeto **XMLHttpRequest** se supone que proporciona una forma sencilla de realizar las conexiones, aunque, en ocasiones, puede volverse una forma de trabajar un poco tediosa.

Aunque se supone que este objeto está pensado para realizar conexiones asíncronas, la realidad, es que permite realizar llamadas síncronas gracias a uno de sus parámetros de configuración.

A continuación, destacamos las propiedades y métodos más utilizados o frecuentes de este objeto.

14.2.1.1 PROPIEDADES

Propiedad	Descripción
readyState	Esta propiedad indica el estado de la petición AJAX.

Valor	Estado	Descripción
0	Uninitialized	La petición todavía no está inicia-lizada. En otras palabras, no se ha lla-mado al método open.
1	Loading	La petición está inicializada pero todavía no se ha solicitado su envío, En otras palabras, no se ha llamado al método **send**.
2	Loaded	La petición se ha realizado y ya se tienen los encabezados y el estado de la conexión.
3	Interactive	La petición se encuentra en progreso. Se supone que la propiedad **responseText** ya contiene información de forma parcial, pero sigue recibiendo más datos.
4	Completed	La petición se ha completado. Esto no quiere decir que haya tenido éxito, sólo que ha terminado. La propiedad que indica si la operación ha tenido éxito o no es **status**.

Propiedad	Descripción
Response Text	Esta propiedad devuelve un String con el contenido de la respuesta que creó la petición. Si la respuesta de la petición no fue exitosa, el contenido devuelto será **null**.

responseXML	Esta propiedad devuelve el contenido de la respuesta que creó la petición en formato DOM Document. Si la respuesta de la petición no fue exitosa, el contenido devuelto será **null**. Para que esta propiedad sea efectiva, el **contentType** debe estar establecido a "text/xml".
status	Esta propiedad devuelve el código de estado HTTP enviado por el servidor y representa cómo terminó la petición. Por ejemplo, si la petición fue exitosa, el valor devuelto será un 200, pero, si la petición tuvo un error interno, el valor devuelto, normalmente será un 500.
statusText	Esta propiedad devuelve mensaje de texto asociado al código de status que envió el servidor. Por ejemplo, si la petición fue exitosa, lo más normal sería que este valor fuese "200 OK", pero, si la petición no fue realizada por falta de comunicación con el servidor, lo más normal sería que este valor fuese "404 Not Found".
with Credentials	Esta propiedad contiene un valor booleano que indica cuando una petición debe llevar las credenciales del usuario en los encabezados. El método para enviar dichas credenciales puede ser a través de cookies, encabezados de autorización o certificados de cliente TSL. No obstante, esta propiedad no tiene ningún efecto cuando se realizan peticiones dentro del mismo dominio.
onready statechange	Esta propiedad establece la forma de controlar los diferentes estados por los que pasa la petición AJAX. Se realiza a través de una función que será llamada, de forma automática, cada vez que la propiedad status cambie.

14.2.1.2 MÉTODOS

Método open

Este método inicializa la petición. Para abrir la petición se necesitan proveer, al menos, dos parámetros, pero admite cinco, los cuales son **método**, que normalmente será GET o POST, pero admite cualquier método de petición HTTP, **URL**, que es la dirección donde realizar la petición, **modo**, que por defecto está a true y es un booleano que indica si la petición será realizada de forma asíncrona o no y **usuario** y **password**, que son opcionales, están vacíos y representan el nombre y contraseña del usuario.

```
http.open("GET", "http://ejemplo.org/doc");
```

Método setRequestHeader

Este método permite establecer valores de encabezado a través de pares nombre – valor. Aunque se pueden establecer muchísimas posibilidades de configuración, aquí sólo describiremos las más comunes:

Campo	Descripción
Accept	Es un String que indica los tipos de medios o contenido que son aceptables para la respuesta. `Accept: text/html`
Accept-Chartset	Es un String que indica los conjuntos de caracteres que son aceptables para la respuesta. `Accept-Charset: utf-8`
Accept-Encoding	Es un String que indica las posibilidades de codificación permitidas para la respuesta. `Accept-Encoding: gzip, deflate`
Autorization	Es un String que indica las credenciales de autorización. `Autorization: Basic QWx67bjp2YGW12zxYl==`
Cache-Control	Es un String que indica las directivas que deben cumplir los sistemas de almacenamiento en caché. `Control-Cache: no-cache`
Connection	Es un String que indica si la conexión debe permanecer abierta, una vez termine la solicitud. Los valores que suele tener son **close** (para indicar que la conexión se ha cerrado al terminar la solicitud) o **keep-alive** (para indicar que la conexión es persistente y, por tanto, no se cerrará). `Connection: keep-alive`
Content-Language	Es un String que indica el idioma utilizado en el cuerpo de la solicitud. `Content-Language: es, en`

Content-Type	Es un String que indica el tipo de contenido del cuerpo de la solicitud. Los más utilizados son:
	
	`Content-Type: application/json`
	`Content-Type: application/x-www-form-urlencoded`
	`Content-Type: text/html`
	`Content-Type: application/octet-stream`
	`Content-Type: application/pdf.`

Date	Es un String que indica la fecha y hora en que se realizó la solicitud. `Mon, 29 Jul 2019 09:02:45 GMT`
Expires	Es un String que indica la fecha y hora en que se considerará que, la respuesta guardada en caché será caducada. `Tue, 30 Jul 2019 09:02:45 GMT`

Last-Modified	Es un String que indica la fecha y hora de modificación para el contenido solicitado. `Mon, 29 Jul 2019 09:02:45 GMT`
Pragma	Es un String que indica uno o varios campos específicos de implementación que pueden tener diferentes efectos en cualquier parte de la cadena de solicitud-respuesta. `Pragma: no-cache`

```
http.setRequestHeader("Content-type", " text/html; charset=utf-8");
```

Método send

Este método es el que realiza petición. Si la petición se configuró como asíncrona la secuencia de código de JavaScript seguirá su curso normal. Si, por el contrario, se configuró como síncrona, el método se quedará a la espera de la respuesta del servidor y, como consecuencia, la secuencia del código no continuará hasta que termine.

```
http.send();
```

14.2.2 Eventos

Evento	Descripción
onloadstart	Este evento se lanza cuando la petición empieza a transferir datos.
onload	Este evento se lanza cuando la petición se haya completado correctamente.
onprogress	Este evento se lanza periódicamente cuando la petición se encuentra en progreso, es decir, mientras se está ejecutando.
onloadend	Este evento se lanza cuando la solicitud se completa por cualquier motivo, sea satisfactoriamente o no.
ontimeout	Este evento se lanza cuando la petición supera el número máximo de milisegundos permitido para obtener una respuesta. Su valor predeterminado es 0, lo que significa que no tiene establecido un tiempo máximo para responder. Cabe destacar que este evento no es aconsejable utilizarlo cuando la petición está configurada en modo síncrono.
onerror	Este evento se lanza cuando la petición fracasó, sea por la razón que sea.
onabort	Este evento se lanza cuando la petición es abortada, normalmente, por el usuario.

14.2.3 Ejemplo sencillo de XMLHttpRequest

```
var http = new XMLHttpRequest();
http.open('GET', 'http://ejemplo.org/doc', true);
http.setRequestHeader("Content-type", " text/html; charset=utf-8");

http.onreadystatechange = function (aEvt) {
  if (http.readyState == 4) {
    if(http.status == 200)
     console.log(http.responseText);
    else
    console.log("Error al realizar la petición");
  }
};

http.send(null);
```

14.3 PROMESAS

Una promesa es una entidad que permite gestionar la finalización y/o el fallo de una operación asíncrona.

Se les llama promesas porque devuelven un objeto que garantiza que, la operación, terminará más tarde o más temprano. Además, representan valores que pueden existir en el momento actual, en el futuro o nunca.

Al igual que pasa con muchos métodos de JavaScript, como es el método ForEach, las promesas utilizan dos funciones de retorno o callbacks, sin embargo, su manipulación y sintaxis están algo más elaboradas. El objetivo de esas funciones de retorno, será emplear una, en caso de éxito y la otra, en caso de fracaso o fallo.

No obstante, aunque todo parezca jauja, uno de los grandes problemas que tienen las promesas es que no son compatibles con muchos navegadores, incluyendo Internet Explorer 11, ya que es una funcionalidad bastante nueva y sólo se contempla en la versión de ECMAScript 6.

14.3.1 Objeto Promise

Como se puede deducir, el objeto Promise es quién permite manipular las promesas en JavaScript. Sin embargo, puede no estar disponible de forma nativa. Para detectar si el navegador dispone de promesas de forma nativa podemos utilizar el siguiente script:

```
if(!self.Promise) {
    console.log("El objeto Promise no está disponible");

    let f = document.createElement('script');
    f.src = "//cdn.jsdelivr.net/npm/bluebird@3.7.2/js/browser/bluebird.min.js";

    f.onload = function() { continuar_la_carga(); };
}
```

Este objeto se alimenta de una función que se suele denominar como ejecutora y que recibe dos funciones como argumentos adjuntos. Estos argumentos, serán los que resuelvan o rechacen la promesa en función de si se provocó o no un error.

Cuando la promesa se ejecuta, la función ejecutora nos devuelve, de manera inmediata, un objeto que tiene dos propiedades, **state**, que es el estado (que inicialmente está establecida a "pending" y, luego, cambia a "fulfilled", si se tuvo éxito o a "rejected", si se produjo un error) y **result**, que es el resultado (que inicialmente se establece a "undefined" y, más tarde, cambia a "value", si se tuvo éxito o a "error", si se produjo un error.

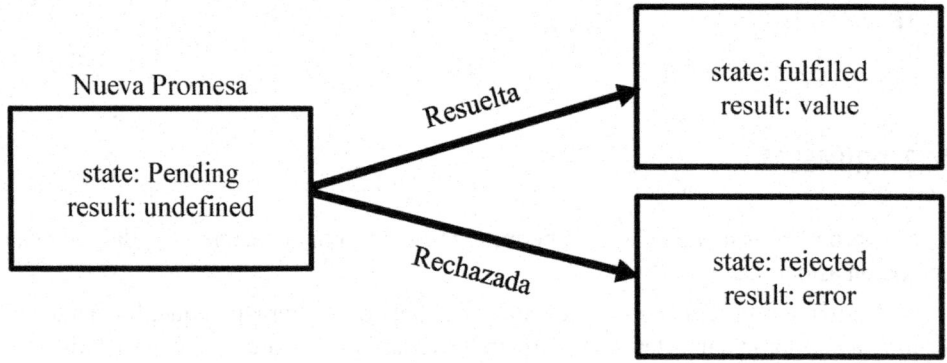

Dicho esto, una manera sencilla de utilizar las promesas de JavaScript podría ser:

```
var promise = new Promise(function(resolve, reject) {
    setTimeout(() => resolve((function(){
        alert("Promesa resuelta");
    })()), 1000);
});
```

Si ejecutamos el código anterior, comprobaremos que se ejecuta el método **resolve** sin problemas y nos saca una alerta diciendo "Promesa resuelta".

Sin embargo, si ejecutamos el siguiente código, lo que comprobaremos es que se ejecuta el método **reject** y nos saca por consola un error que dice "Uncaught (in promise) Error: Promesa rechazada".

```
var promise = new Promise(function(resolve, reject) {
    setTimeout(() => reject(new Error("Promesa Rechazada")), 1000);
});
```

Cabe destacar, que los métodos **resolve** y **reject** de dentro de la promesa, son funciones predefinidas por JavaScript, es decir, que no necesitan ser creadas. Pero, además, deben ser únicos en una misma secuencia, es decir, aunque haya varios resolve o reject declarados uno detrás de otro, sólo el primero será ejecutado, el resto, se ignorarán.

Otra cosa interesante de las promesas es que, si asignamos su definición a una variable, además de ser ejecutada podremos recuperar el objeto descriptivo **Promise** con el resultado de la ejecución, como se puede ver a continuación:

```
▾ Promise {<resolved>}
  ► __proto__: Promise
    [[PromiseStatus]]: "resolved"
    [[PromiseValue]]: "Promesa resuelta"

▾ Promise {<rejected>: "Promesa Rechazada"}
  ► __proto__: Promise
    [[PromiseStatus]]: "rejected"
    [[PromiseValue]]: "Promesa Rechazada"
```

Visto el funcionamiento de las promesas, el siguiente paso es entender los consumidores then, catch y finally.

14.3.1.1 CONSUMIDOR THEN

Es, quizás, el más importante, porque puede gestionar tanto el éxito como el rechazo.

El consumidor then recibe dos argumentos. El primero, es una función que se ejecuta cuando se resuelve la promesa con éxito. El segundo, es otra función que se ejecuta en cualquier otro caso y que es opcional. Veamos un ejemplo:

```
var nuevaPromesa = new Promise((resolve, reject) => {
    setTimeout(function(){
        try {
            allert("¡Hola mundo!");
            resolve("¡Todo bien!");
        } catch(err) {
            reject(err.message);
        }
    }, 1000);
});

nuevaPromesa.then(
    (result) => { console.log(result); },
    (error) => { console.log(error); },
);
```

Si ejecutamos esta nueva promesa, lo que veremos es que, pasado un segundo, se muestra el mensaje de error "allert is not defined" en la consola. Sin embargo, si eliminamos la doble "l" del bloque try y escribimos correctamente la sentencia alert, veremos que, se saca la alerta y, en la consola se nos muestra un mensaje de "¡Todo bien!".

14.3.1.2 CONSUMIDOR CATCH

Como se ha visto, el consumidor then, permite gestionar tanto el éxito como el fracaso de las promesas, sin embargo, si sólo nos interesa gestionar el error o queremos gestionarlo por separado, podemos recurrir a este consumidor.

El consumidor catch recibe un único argumento, la función que se ejecuta cuando se produce un error. Veamos el ejemplo anterior, pero con los mensajes gestionados por separado:

```javascript
var nuevaPromesa = new Promise((resolve, reject) => {
    setTimeout(function(){
        try {
            allert("¡Hola mundo!");
            resolve("¡Todo bien!");
        } catch(err) {
            reject(err.message);
        }
    }, 1000);
});

nuevaPromesa.then((result) => { console.log(result); });
nuevaPromesa.catch((error) => { console.log(error); });
```

A igual que antes, si ejecutamos este código, el objeto Promise ejecutará el método **reject** y desviará la ejecución por el consumidor **nuevaPromesa.catch**.

Sin embargo, si eliminamos la doble "l" del bloque try y escribimos correctamente la sentencia alert, el objeto Promise saldrá por el método **resolve** y seguirá la ejecución por el consumidor **nuevaPromesa.then**.

14.3.1.3 CONSUMIDOR FINALLY

Al igual que tenemos un finally para el manejo de errores (try - catch), también lo tenemos para las promesas.

El consumidor finally no tiene argumentos. Su cometido es, únicamente, hacer que el código que tenga asociado, se ejecutará sí o sí, es decir, se ejecute independientemente de que tenga éxito o error.

El uso de finally es una buena práctica para ejecutar código que se ejecuta, tanto en el consumidor then, como en el consumidor catch.

El orden de posicionamiento del consumidor finally es indiferente, es decir, que puede estar antes o después de cualquiera de los demás consumidores.

```javascript
new Promise((resolve, reject) => {
  throw new Error("Se lanza excepción");
})
.finally(() => alert("Se ejecutó la promesa"))
.catch(err => alert(err));
```

Como creo que ya sabremos que hace este último ejemplo de promesa, sólo comentaré lo referente al finally. Cuando se lance esta promesa, se mostrarán dos alertas. La primera e inmediata, será el finally con el mensaje de "Se ejecutó la promesa" y, la segunda, con el mensaje de error.

14.3.2 La API fetch

La API fetch es un nuevo estándar que proporciona una alternativa a XMLHttpRequest, pero con un diseño más actual y basado en promesas.

Dado que esta API es bastante reciente, la compatibilidad entre navegadores es un poco escasa, por ello, si se desea utilizar y no se dispone de ella, se puede recurrir al polyfill de *https://github.com/github/fetch*.

Para detectar si el navegador dispone de la API fetch de forma nativa, podemos utilizar el siguiente script:

```
if(!self.fetch) {
    console.log("La API fetch no está disponible");

    var f = document.createElement('script');
    f.src = "//raw.githubusercontent.com/github/fetch/master/fetch.js";
    f.onload = function() {
        continuar_la_carga();
    };

    document.head.appendChild(f);
}
```

La sentencia fetch puede recibir dos parámetros que pueden ser definidos de forma independiente o a través del objeto Request. Tanto en uno, como en otro caso, el primero de estos parámetros, es un String que representa a la URL de destino. El segundo, es un JSON con las opciones de configuración y que nos permite personalizar el método, modo, cabeceras, credenciales, entre otras opciones y, es opcional.

```
fetch('http://www.islavisual.com/rss')
.then(function(response) {
    return response.text();
})
.then(function(myRSS) {
    console.log(myRSS);
});
```

Si ejecutamos el código anterior, veremos que se nos muestra el contenido de la URL solicitada, que en este caso es de tipo RSS. También se observa que, al igual que las promesas, se gestiona mediante consumidores then. El primero, se ejecuta para recuperar el texto, el segundo, se utiliza para mostrarlo por consola.

No obstante, como decíamos, puede recibir un JSON al que se le deberá indicar qué valor de propiedad pertenece a qué nombre o clave.

Las principales propiedades de este JSON son:

14.3.2.1 PROPIEDAD BODY

Indica el tipo de contenido que se va a recuperar. Sus posibles valores son:

Valor	Descripción
String	Indica que el contenido será de texto plano. Va asociado con una cabecera tipo text/plain;charset=UTF-8.
URLSearchParams	Indica que el contenido está en formato application/x-www-form-urlencoded;charset=UTF-8.
FormData	Indica que el contenido es un formulario codificado en formato multipart/form-data.
Blob	Indica que el contenido es un fichero de datos planos inmutables.
ArrayBuffer	Indica que el contenido es búfer de datos binarios sin longitud fija.
TypedArray	Indica que el contenido es búfer de datos binarios de longitud fija.

Cuando se reciba la respuesta, se podrán utilizar los siguientes métodos:

Método	Descripción
text	Recupera el texto de respuesta como un String.
json	Recupera el texto de respuesta y lo devuelve parseado de forma automática. Esto es equivalente a realizar un JSON. parse(responseText).
blob	Recupera el contenido como un fichero de datos inmutables.
arrayBuffer	Recupera el contenido como un búfer de datos binarios sin longitud fija.
formData	Recupera el contenido como si fuese un objeto FormData o formulario.

Como dato adicional, diremos que existen otros métodos de respuesta como son clone(), Response.error() o Response.redirect() pero son bastante menos frecuentes.

14.3.2.2 PROPIEDAD CACHE

Define el comportamiento de la solicitud con la caché. Sus posibles valores que puede tomar son:

Valor	Descripción
default	Indica que la solicitud se recuperará de la caché de un modo normal o habitual.
no-store	Indica que la solicitud ignore la caché, es como si no existiese, por lo que nunca se guardará en la caché.

`reload`	Indica que la solicitud no debe consultarse desde la caché, pero sí será guardada o actualizada.
`no-cache`	Indica que la solicitud se debe traer desde el servidor remoto, aunque esté ya en caché. Además, la encuentre o no, sea nueva o no, siempre provocará la actualización de la caché.
`force-cache`	Indica que siempre se utilice la versión que se encuentra en caché, aunque esté obsoleta.

14.3.2.3 PROPIEDAD CREDENTIALS

Define cómo y desde dónde se deben recuperar las credenciales de la solicitud. Sus posibles valores son:

Valor	Descripción
`include`	Indica que las credenciales van incluidas. Puede ser cookies.
`same-origin`	Indica que las credenciales sólo deben ser enviadas cuando la solicitud es del mismo origen.
`omit`	Indica que las credenciales no deben ser incluidas en la solicitud nunca.

14.3.2.4 PROPIEDAD HEADERS

Definen las cabeceras de la solicitud y respuesta. Tiene las mismas opciones que las utilizadas por el objeto XMLHttpRequest.

Un posible ejemplo muy utilizado:

```
headers:{ 'Content-Type': 'application/json' }
```

14.3.2.5 PROPIEDAD MODE

Define el modo de recuperación. Esto permite que sólo se resuelvan ciertas solicitudes. Sus posibles valores son:

Valor	Descripción
`same-origin`	Únicamente permitirá solicitudes que provengan del mismo origen. En otras palabras, todas las solicitudes que se realicen desde fuera serán rechazadas.
`cors`	Permitirá solicitudes que provengan del mismo origen y de otros orígenes, siempre y cuando devuelvan los encabezados CORS correspondientes.
`cors-with-forced-preflight`	Obligará a realizar una verificación previa antes de realizar la solicitud deseada.
`no-cors`	Permite realizar solicitudes a otros orígenes que no disponen de encabezados CORS, pero no podremos recuperar los datos devueltos ni ver el estado de la solicitud, lo que significa que no podremos verificar si la solicitud fue exitosa o no.

14.3.2.6 PROPIEDAD METHOD

Define el método para realizar la solicitud, normalmente, GET o POST.

14.3.2.7 EJEMPLO COMPLETO DE SOLICITUD EN MODO TEXTO PLANO

```
var request = new Request("https://www.islavisual.com/rss", {
    method: 'POST',
    mode: 'cors',
    credentials: 'omit',
    cache: 'no-cache',
    referrerPolicy: 'no-referrer'
});

fetch(request)
.then(function(response) { return response.text(); })
.then(function(data) { console.log(data); })
.catch(function(err) { console.error(err); });
```

El código anterior, solicita a una web su RSS y, cuando recibe la respuesta, lo trata como texto y lo muestra por la consola. Si hubiese algún problema, se desviaría por el catch, mostrando el consecuente mensaje de error.

14.3.2.8 EJEMPLO COMPLETO DE SOLICITUD CON JSON

```
var request = new Request("http://ejemplo.com/municipios.json", {
    method: 'GET',
    mode: 'cors',
    credentials: 'include',
    cache: 'default',
    referrerPolicy: 'no-referrer'
});

fetch(request)
.then(function(response) {
    console.log('response.body =', response.body);
    console.log('response.bodyUsed =', response.bodyUsed);
    console.log('response.headers =', response.headers);
    console.log('response.ok =', response.ok);
    console.log('response.redirect =', response.redirect);
    console.log('response.status =', response.status);
    console.log('response.statusText =', response.statusText);
    console.log('response.type =', response.type);
    console.log('response.url =', response.url);
    return response.json();
});
.then(function(json) { console.log('Municipio', json[0].name); })
.catch(function(err) { console.error(err); });
```

Este último código, realiza una solicitud a un servidor para traerse un JSON con todos los municipios de España. Después, una vez que lo ha recibido, muestra los datos de la respuesta y, finalmente, muestra el registro 4362 del array de JSONs. Si se produjese algún problema, se desviaría por el catch, mostrando el consecuente mensaje de error.

El resultado podría ser similar a lo siguiente:

```
response.body = ReadableStream {locked: false}
response.bodyUsed = false
response.headers = Headers {}
response.ok = true
response.redirect = undefined
response.status = 200
response.statusText = OK
response.type = cors
response.url = http://datosejemplo.com/municipios.json
Municipio "Amurrio"
```

14.4 PRACTICA Y JUEGA

RSS Feed	Código QR
Extraer las últimas noticias del feed RSS de la URL *https://www.islavisual.com/rss* mediante la API Fetch. **https://codepen.io/pefc/full/JjaLjRE**	

15

VALIDACIÓN DE FORMULARIOS CON JAVASCRIPT

Dicen que una de las razones por las que se diseñó el lenguaje de JavaScript fue la necesidad de poder validar la introducción de datos de usuario. Independientemente de que esto sea o no una leyenda, los formularios son una de esas cosas que más se utilizan en el desarrollo de aplicaciones web. Ya sea por estructurar, recopilar y enviar información o, simplemente, por ayudar a la introducción de datos, la realidad es que, el uso de elementos de formulario en las páginas web, es un recurso absolutamente necesario.

15.1 PROPIEDADES DE LOS FORMULARIOS

Cada vez que se produce la carga o actualización de una página, JavaScript rellena la propiedad **forms** del objeto **document** con una referencia a todos los formularios que encuentra de forma automática. Esta propiedad, básicamente, es un array de objetos que puede ser accedido a través de su índice.

Por ejemplo, si quisiésemos ver todos los formularios de la página podríamos iterar esta propiedad de la siguiente forma:

```
for(var i = 0; i < document.forms.length; i++){
    console.log(document.forms[i]);
}
```

A su vez, cada vez que el sistema añade un formulario, este es analizado y se le añaden todos los elementos que lo componen. Todos estos elementos de formulario están disponibles a través de la propiedad **elements**, que también puede ser manipulada como si fuese un array.

```
document.forms[0].elements[0];
```

El acceso a los elementos de formulario a través de estos arrays es un método francamente rápido, sin embargo, en entornos dinámicos no suele ser posible utilizarlo porque la posición de los elementos o, incluso, de los formularios puede cambiar en función de cómo se creen los objetos.

Cuando los entornos son dinámicos y no podemos predecir la posición donde se encontrarán los formularios, lo frecuente es acceder a ellos a través de su propiedad **name** o propiedad **id**.

```
var formName = document.forms.nombreFormulario;
var formID = document.forms.idFormulario;
```

Sin embargo, un formulario no solo dispone de los atributos de nombre y de identificación. También tiene atributos para definir la codificación, el método de envío o la dirección de destino.

A continuación, se muestran las principales propiedades a gestionar:

Propiedad	Descripción
acceptCharset	Establece o devuelve el conjunto de caracteres que serán utilizados para la recepción o envío del formulario. Si el atributo no está establecido o está vacío, el conjunto de caracteres será el que defina la codificación de la página en la que se encuentre.
action	Indica dónde se van a enviar los datos del formulario cuando se envíe el formulario. Si el atributo no está establecido o está vacío, la acción del formulario será llamarse a sí mismo.
autocomplete	Indica al navegador si el formulario puede o no recuperar los valores anteriormente introducidos por el usuario y, así, ayudarle en la introducción de los mismos ahorrando pulsos de teclado y tiempo. Por defecto, está activado y establecido a **"on"**.
enctype	Indica cómo se deben codificar los datos antes de ser enviados al servidor. Por defecto, su valor es **application/x-www-form-urlencoded**, lo que significa que todos los datos del formulario se codifican como si fueran URLs, sin embargo, admite los valores de **multipart/form-data** (que envía los datos sin codificar) y **plain/text** (que sólo convierte los espacios a +).
length	Devuelve el número de elementos que tiene el formulario.
method	Establece o devuelve el método por el que se realizará el envío del formulario. Sus posibles valores son **GET** y **POST**.
name	Indica el nombre del formulario.
noValidate	Indica si el formulario debe validarse antes de ser enviado. Sus posibles valores son **true** o **false** y, por defecto, está establecido a **true**.
target	Indica dónde debe mostrarse la respuesta tras el envío del formulario al servidor. Habitualmente. sus posibles valores son **_blank** (para indicar que se abra en una nueva ventana) y **_self** (para indicar que se abra en la misma ventana). Por defecto, su valor es _self.

Como se puede deducir, los formularios y sus elementos también son accesibles a través de las funciones que proporciona el DOM. Puede que no sean tan eficaces, pero sí que lo hacen, en ocasiones, muy cómodo.

```
var formName = document.querySelector("[name='nombreFormulario']");
var formID = document.getElementById("idFormulario");
```

15.2 PROPIEDADES DE LOS ELEMENTOS DE FORMULARIO

Sea cual sea el tipo de elemento de formulario y su método para acceder a él, cada uno de ellos tiene unas propiedades o atributos que le define y configura. Dado que el número de propiedades o atributos que pueden tener es muy grande, a continuación, se muestran las más frecuentes.

Propiedad	Descripción
autofocus	Indica que el elemento debe tomar el foco cuando se carga o reinicia la página.
disabled	Indica que el elemento se encuentra desactivado. Esta propiedad es válida para todos los elementos de formulario.
form	Indica que el elemento pertenece al formulario que tiene como nombre el valor indicado por este parámetro. Esto permite que el elemento de formulario pueda encontrarse fuera del ámbito de declaración del mismo. Esta propiedad es válida para todos los elementos de formulario.
id	Indica el ID, se supone que único, del elemento. Esta propiedad es válida para para todos los elementos de formulario y HTML.
list	Indica que el elemento está vinculado a una lista predefinida suministrada por el elemento datalist. Esta propiedad es válida sólo para input.
max	Indica el valor máximo que puede tomar el elemento. Esta propiedad es válida para inputs de tipo range, number, date, datetime-local, month, time y week.
min	Indica el valor mínimo que puede tomar el elemento. Esta propiedad es válida para inputs de tipo range, number, date, datetime-local, month, time y week.
maxlength	Indica que el elemento tiene establecida una longitud máxima de caracteres. Esta propiedad es válida para input y textarea.
minLength	Indica que el elemento tiene establecida una longitud máxima de caracteres. Esta propiedad es válida para input y textarea.

`multiple`	Indica que el elemento puede admitir varios valores en su selección. Esta propiedad es válida para los inputs de tipo email y file y, para el elemento select.
`name`	Indica el nombre, se supone que único, del elemento. Esta propiedad es válida para para todos los elementos de formulario.
`pattern`	Indica una expresión regular que será utilizada como validación de entrada. Esta propiedad es válida para los inputs de tipo text, search, url, tel, email, y password.
`placeholder`	Indica el texto de ayuda o una sugerencia de valor que se muestra cuando el elemento no contiene ningún valor. Esta propiedad es válida para los inputs de tipo text, search, url, tel, email, y password.
`readonly`	Indica que el elemento se encuentra en modo de sólo lectura. Esta propiedad es válida para todos los elementos de formulario.
`required`	Indica que el elemento es un parámetro requerido. Esta propiedad es válida para todos los elementos de formulario.
`selectionStart`	Indica la posición de inicio del texto seleccionado. Esta propiedad es válida para todos los elementos de formulario que permitan la edición de texto.
`selectionEnd`	Indica la posición de finalización del texto seleccionado. Esta propiedad es válida para todos los elementos de formulario que permitan la edición de texto.
`size`	Indica el tamaño en caracteres del elemento. Esta propiedad es válida para todos los tipos de input.
`step`	Indica el intervalo de incremento o decremento del elemento cuando se pulsan sus indicadores o se pulsan los cursores de arriba y abajo. Esta propiedad es válida para los inputs de tipo number, range, date, datetime-local, month, time y week.
`type`	Indica el tipo del elemento (Consultar el apéndice II al final del libro). Esta propiedad es válida para todos los tipos de input.
`value`	Indica el valor inicial del elemento. Esta propiedad es válida para los todos los elementos de formulario.

15.3 CREACIÓN Y ENVÍO DE FORMULARIOS

Primero definimos el elemento que actuará como formulario y sus propiedades:

```
// Creamos el elemento de formulario
var f = document.createElement("form");

// Establecemos el método de envío y su URL destino
f.setAttribute('method',"post");
f.setAttribute('action',"cambiarcontraseña.html");
```

Ahora, procedemos a crear sus elementos. Primero definimos los campos de entrada.

```
// Añadimos un elemento de formulario
var i = document.createElement("input");
i.setAttribute('type',"email");
i.setAttribute('name',"email");
```

Seguidamente, definimos el botón que actuará como control de envío.

```
// Añadimos el botón para envío
var b = document.createElement("button");
b.setAttribute('type',"submit");
b.setAttribute('value',"Enviar");
```

Finalmente, añadimos los elementos al formulario de forma ordenada y, si lo deseamos, lo añadimos al body.

```
// Añadimos el input y el button al formulario
f.appendChild(i);
f.appendChild(b);

// Finalmente, lo añadimos al body
document.body.appendChild(f);
```

Efectivamente, lo más frecuente es añadir una declaración de formulario en JavaScript al elemento body, pero, no lo hiciésemos y le añadiésemos un valor a través de su propiedad value, podríamos llamar a su método submit para realizar un envío automático directamente desde memoria.

```
// Enviamos el formulario ahora
f.submit();
```

15.4 VALIDACIÓN DE FORMULARIOS

La validación de formularios, hasta no hace tanto, no era casi personalizable ni eficiente. Ahora, sin embargo, gracias a la amplia gama de propiedades que poseen los elementos de formulario, junto con los métodos de notificación y manipulación que nos provee HTML5, podemos realizar validaciones de forma bastante rápida y sencilla.

15.4.1 La interfaz ValidityState

La interfaz **ValidityState** es un objeto que representa todos los posibles estados por los que puede pasar un elemento de formulario. Además, suele indicar la razón o el motivo por el que se encuentra en ese estado. Entre sus propiedades más frecuentes podemos encontrar:

Propiedad	Descripción
`badInput`	Esta propiedad devuelve true si ha habido algún problema con la conversión del dato introducido.
`customError`	Esta propiedad devuelve true si el elemento tiene asignado un error personalizado establecido a través del método **setCustomValidity**.
`patternMismatch`	Esta propiedad devuelve true si el elemento no cumple el patrón definido. Si su valor es true, la pseudo-clase :invalid de CSS también se activará.
`rangeOverflow`	Esta propiedad devuelve true si el elemento contiene un valor mayor al provisto por la propiedad **max**. Si su valor es true, las pseudo-clases :invalid y :out-of-range de CSS también se activarán.
`rangeUnderflow`	Esta propiedad devuelve true si el elemento contiene un valor menor al provisto por la propiedad **min**. Si su valor es true, las pseudo-clases :invalid y :out-of-range de CSS también se activarán.
`stepMismatch`	Esta propiedad devuelve true si el elemento contiene un valor que no concuerde con paso provisto por la propiedad **step**. Si su valor es true, las pseudo-clases :invalid y :out-of-range de CSS también se activarán.
`tooLong`	Esta propiedad devuelve true si el elemento tiene una longitud mayor a la provista por el atributo **maxlength**. Si su valor es true, las pseudo-clases :invalid y :out-of-range de CSS también se activarán.
`tooShort`	Esta propiedad devuelve true si el elemento tiene una longitud menor a la provista por el atributo **minlength**. Si su valor es true, las pseudo-clases :invalid y :out-of-range de CSS también se activarán.
`typeMismatch`	Esta propiedad devuelve true si el elemento contiene una sintaxis incorrecta y sólo es válido para los tipos de input **email** y **url**. Si su valor es true, la pseudo-clase :invalid de CSS también se activará.
`valid`	Esta propiedad devuelve true si el elemento cumple todas las restricciones requeridas. Si su valor es true, la pseudo-clase :valid de CSS también se activará.
`valueMissing`	Esta propiedad devuelve true si el elemento es requerido y se encuentra vacío. Si su valor es true, la pseudo-clase :invalid de CSS también se activará.

15.4.2 Propiedades y métodos

A continuación, se muestran los principales métodos y propiedades que pueden ser utilizados en la validación de formularios.

Propiedad / Método	Descripción
validity	Esta propiedad es un objeto que devuelve un conjunto de datos de tipo **ValidityState** y permite conocer el resultado de todos los posibles problemas que se han producido tras realizar una comprobación de validación.
setCustomValidity	El método **setCustomValidity** permite definir mensajes de error personalizados en los elementos de formulario. El mensaje, proporcionado como parámetro, es guardado en la propiedad **validationMessage**.
validationMessage	Esta propiedad contiene el mensaje generado tras el proceso de validación. Si el elemento no ha sido validado aún o ha pasado con éxito todo el proceso de validación, el contenido de esta propiedad estará establecida a cadena vacía. Si, por el contrario, existe algún error o problema con la validación, esta propiedad mostrará el mensaje de error o información sobre el problema.
checkValidity	El método **checkValidity** comprueba si se cumplen las restricciones que tiene definido el elemento de formulario. Si todo es correcto, es decir, que pasa la validación, devolverá true, en cualquier otro caso, devolverá false.

15.4.3 Eventos

A continuación, se muestran los principales eventos que pueden ser utilizados en la validación de formularios.

Evento	Descripción
invalid	Cada vez que se solicita la acción de enviar un formulario, se realiza una acción de validación previamente. Si el proceso de validación no tuvo éxito, el navegador lanza una especie de excepción que marca al elemento como inválido y le asigna la pseudo-clase de CSS :invalid. Pues bien, si además de controlar la validación interna queremos o necesitamos gestionarla de forma externa, para esto, tenemos el evento **invalid**. El evento **invalid** es lanzado cuando el elemento realiza el proceso de validación y no cumple alguna de sus restricciones. Una vez, dentro de este evento podemos, por ejemplo, mostrar los mensajes personalizados que hemos creado para nuestra aplicación en el lugar de los predefinidos.
onsubmit	Este evento ocurre cada vez que se envía un formulario y permite realizar una validación justo antes de ser enviado. Si el valor devuelto por la función que realiza la validación es false, el formulario no se enviará, provocando la sensación de que no hace nada. Por ello es recomendable que, cada vez que se use esta técnica se muestre un mensaje de aviso o alerta para que el usuario sepa por qué no se ha realizado el envío del formulario.

15.4.4 Ejemplo de validación

Imaginemos que deseamos comprobar que el valor introducido en un input denominado status concuerde con uno de los tres posibles valores "Asignado", "En Progreso" o "Finalizado".

Para ello, primero necesitaremos declarar un código HTML que contenga un label con un campo de entrada y dos elementos externos para poder establecer los posibles mensajes de error.

Cuando se introduzca un estado inválido se mostrará, en el elemento validateMsg, el mensaje de invalidez y, en el elemento validity, el listado de las restricciones incumplidas.

Cuando sea válido, se eliminarán el mensaje de error y su estado de invalidez.

```html
<h1>Prueba de validación</h2>
<form name="frm" enctype="multipart/form-data" method="get">
    <label>
        Estado:
        <input id="status" type="text" oninput="check(this)" />
    </label>

    <h2>Mensaje tras validación</h2>
    <div id="validateMsg"></div>

    <h2>Listado de errores de validity</h2>
    <div id="validity"></div>
</form>
```

Una vez insertado el HTML, necesitamos declarar la funcionalidad de JavaScript que realizará la validación:

```javascript
function check(input) {
    var val = input.value;
    var vm  = document.getElementById("validateMsg");
    var va  = document.getElementById("validity");

    if (input.value != "Asignado" &&
        input.value != "En Progreso" &&
        input.value != "Finalizado") {
        var msg = '"' + val + '" no es un estado.';
        input.setCustomValidity(msg);
        vm.innerHTML = input.validationMessage;
        va.innerHTML = '';
        for(var key in input.validity){
            var status = input.validity[key];
            if(status){
                va.innerHTML += key + ": " + status.toString();
                va.innerHTML += "<br/>";
            }
        }
    } else {
```

```
        // Todo correcto.
        // Eliminamos el mensaje y el listado.
        input.setCustomValidity('');
        vm.innerHTML = "";
        va.innerHTML = "";
    }
}

var s = document.getElementById("status");
s.addEventListener("invalid", check, true);
```

15.5 PRACTICA Y JUEGA

Validación de formulario	Código QR
Crear la validación del formulario del capítulo 7, y que estaba expuesto en la dirección o URL *https://codepen.io/pefc/full/PodjamM*. **FORMULARIO DE REGISTRO** Nombre de usuario — Nombre / Alias Correo electrónico — Nombre para dirgirnos a ti Campo requerido — Campo requerido Contraseña — Repita contraseña Mínimo 8 caracteres — Debe coincidir con el valor anterior Campo requerido — Campo requerido VOLVER REGISTRASE Información básica sobre protección de datos **Responsable** Tutorial SA **Finalidad** Gestión y control de los contenidos **Legitimación** Artículo 6.1.e del RGPD **Destinatarios** No se cederán datos a terceros salvo obligación legal **Derechos** De acceso, rectificación y eliminación de los datos ☐ He leído y acepto los Términos y Condiciones y la Política de Privacidad. Debes aceptar las condiciones	
https://codepen.io/pefc/pen/VwGXwXX	

REFERENCIAS

Casado, P. E. (2020). *Diseño y Construcción de Páginas Web.* Ra-Ma.

Casado, P. E. (2020). *Domine JavaScript 4ª Edición.* Ra-Ma.

Mozilla.org. (Marzo de 2023). *https://developer.mozilla.org/es/docs/Web/.* Obtenido de https://developer.mozilla.org/es/docs/Web/.

W3C Schools. (2023, Febrero). *HTML The language for building web pages.* Retrieved from HTML The language for building web pages: https://www.w3schools.com/

World Wide Web Consortium. (2023, Febrero). *W3C.* Retrieved from *https://www.w3.org*

MATERIAL ADICIONAL

El material adicional de este libro puede descargarlo en nuestro portal web: *https://www.ra-ma.es*.

Debe dirigirse a la ficha correspondiente a esta obra, dentro de la ficha encontrará el enlace para poder realizar la descarga.

Cuando descomprima el fichero obtendrá los archivos que complementan al libro para que pueda continuar con su aprendizaje.

INFORMACIÓN ADICIONAL Y GARANTÍA

- RA-MA EDITORIAL garantiza que estos contenidos han sido sometidos a un riguroso control de calidad.

- Los archivos están libres de virus, para comprobarlo se han utilizado las últimas versiones de los antivirus líderes en el mercado.

- RA-MA EDITORIAL no se hace responsable de cualquier pérdida, daño o costes provocados por el uso incorrecto del contenido descargable.

- Este material es gratuito y se distribuye como contenido complementario al libro que ha adquirido, por lo que queda terminantemente prohibida su venta o distribución.

SÍGUENOS EN INSTAGRAM Y ACCEDE GRATIS A NUESTRA BIBLIOTECA DIGITAL DURANTE 30 DÍAS.

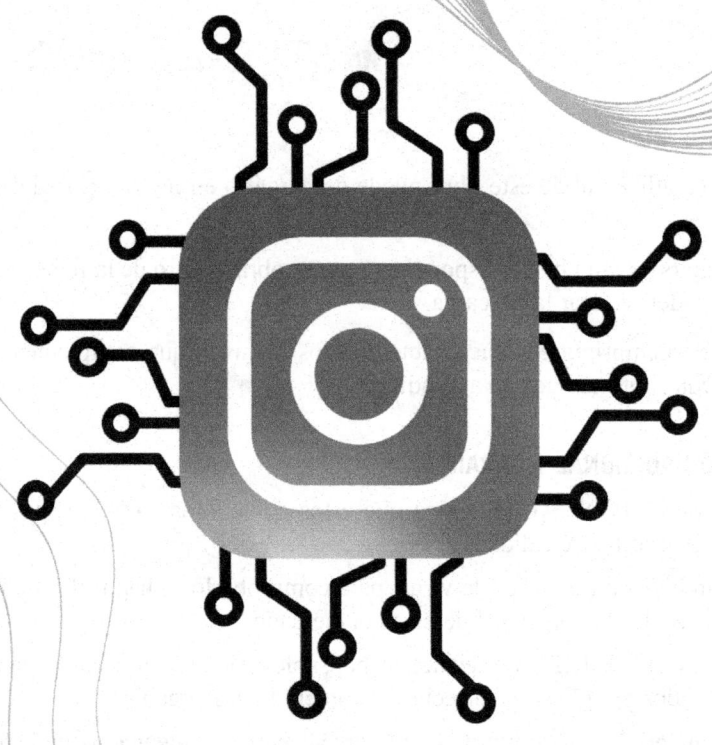

@grupoeditorialrama

¡ENVIANOS TU MAIL POR PRIVADO!

Grupo Editorial
ra-ma

40 ANIVERSARIO